H. J. Kagelmann (Hg.)
Tourismuswissenschaft

W0377386

Quintessenz Tourismuswissenschaft

H. Jürgen Kagelmann (Hg.)
unter Mitarbeit von S. Granzow

Tourismus-wissenschaft

Soziologische, sozialpsychologische und sozialanthropologische Untersuchungen

Quintessenz

Anschrift des Herausgebers:
Dr. H. Jürgen Kagelmann
Veilchenstr. 41
8000 München 21

Mitarbeit:
Dipl.-Psych. Stefan Granzow
Schellingstr. 83
8000 München 40

Die Deutsche Bibliothek – CIP-Einheitsaufnahme

Tourismuswissenschaft : soziologische, sozialpsychologische und sozialanthropologische Untersuchungen / H. Jürgen Kagelmann (Hrsg.). – München : Quintessenz, 1993
(Quintessenz Tourismuswissenschaft)
ISBN 3-928036-68-8
NE: Kagelmann, H. Jürgen [Hrsg.]

Alle Rechte, auch die des Nachdrucks und der Wiedergabe in jeder Form, behalten sich Urheber und Verleger vor. Es ist ohne schriftliche Genehmigung des Verlages nicht erlaubt, das Buch oder Teile daraus auf photomechanischem Wege (Fotokopie, Mikrokopie) zu vervielfältigen oder unter Verwendung elektronischer bzw. mechanischer Systeme zu speichern, systematisch auszuwerten oder zu verbreiten (mit Ausnahme der in den §§ 53, 54 URG ausdrücklich genannten Sonderfälle).

© 1993 by Quintessenz Verlags-GmbH, München
Umschlagentwurf: Dieter Vollendorf, München, unter Verwendung eines Fotos vom Ullstein Bilderdienst (Strand von Magaluf)
Satz: Stefan Granzow, München
Druck und Bindung: WB-Druck, 8959 Rieden
Printed in Germany
ISBN 3-928036-68-8, Verlagsbestellnr. 5091

Inhalt

Einleitung
H. Jürgen Kagelmann 1

Was amerikanische Reisende lernen
Ithiel de Sola Pool 9

Urlaub als Auszug aus dem Alltag
Helmut Kentler 21

Tourismus, Geschäftspraktiken und ethnische Kategorien in einer mexikanischen Stadt
Jeffrey D. Brewer 27

Marginale Paradiese
Bungalow-Tourismus auf den Inseln Südthailands
Erik Cohen 41

Urlaub auf Amerikanisch
Alma Gottlieb 77

Zwischen Dankbarkeit und Verpflichtung
Eine Analyse des Trinkgeldgebens
Boas Shamir 97

Sonntags nie? Mexikanische Touristen am Strand
Phyllis Passariello 115

Interrail: Zur Phänomenologie des Jugendtourismus
Rainer Schönhammer 127

Quellenverzeichnis 144

Einleitung

H. Jürgen Kagelmann

Die Idee zu diesem Buch entstand bei der Vorbereitung zu einem Seminarzyklus über Tourismuspsychologie an der Ludwig-Maximilians-Universität in München. Erstaunlicherweise war bei ersten Recherchen über die üblichen Datenbanken nur sehr wenig an einschlägigen Überblicken, Handbüchern, Lehrbüchern u.ä. herausgekommen. Tourismuspsychologie, ja, im weiteren Sinne Tourismuswissenschaft, schien – zumindest im deutschen Sprachraum – nicht zu existieren. Eigentlich war damit zu rechnen, daß angesichts der evidenten öffentlichen Relevanz des Themas „Reisen – Urlaub – Tourismus" in Deutschland, Europa und der ganzen westlichen Welt schon längst die Sozialwissenschaften sich dieses Themas bemächtigt und grundlagen- und anwendungsorientierte Forschungen durchgeführt hätten. Bei näherem Hinsehen zeichnete sich dann folgendes Bild ab:

(1) Die (sozial-)wissenschaftliche Untersuchung des weltweit bedeutenden sozialen und ökonomischen Faktors „Tourismus" ist insgesamt – handele es sich um Psychologie, Soziologie, Pädagogik – verglichen mit anderen Bereichen (z.B. Arbeit, Organisation, Schule, Krankheit/Gesundheit usf.) als minimal zu bezeichnen.
(2) Im angloamerikanischen Bereich gibt es seit einigen Jahrzehnten eine kleine, aber konstante und lebendige Forschungsrichtung eher interdisziplinärer und methodisch vielgestaltiger Ausrichtung. Für ihr Fortbestehen darf man sicher die Existenz der Fachzeitschrift „Annals of Tourismus Research" und die abwechslungsreichen Beiträge unterschiedlicher Provenienz in ihr verantwortlich machen.
(3) Im deutschen Sprachraum konnte sich aber bisher eine Tradition akademischer Grundlagenforschung nicht entwickeln. Das Thema spielt in der gegenwärtigen deutschsprachigen Psychologie schlicht keine Rolle. Frühe Ansätze in den späten 50er und in den 60er Jahren wurden nicht weitergeführt.
(4) Die tourismuswissenschaftliche Forschungssituation im deutschen Sprachraum ist nach Disziplinen unterschiedlich intensiv und umfangreich. Relativ gering scheinen die Anstrengungen bisher in der Psychologie zu sein. In der Soziologie konnte sich eine gewisse Aufmerksamkeit für den Bereich Tourismus-Reisen in Zusammenhang mit der Freizeitsoziologie entwickeln. In der Pädagogik schließlich ist ein vergleichsweise intensiver Fokus in Zusammenhang mit der Herausbildung neuer Berufsperspektiven und Berufsfelder für Pädagogen und pädagogische Berufe (Stichworte: Animation, Freizeitpädagogik, Reisepädagogik, Kulturpädagogik, Erlebnispädagogik usf.) zu konstatieren.
(5) Dennoch gibt es auch in Deutschland eine Tradition von Tourismusforschung, die aber charakteristischerweise nicht an den Universitäten angesiedelt

ist, sondern von privaten oder halbkommerziellen Forschungsinstitutionen getragen wurde (und wird) und sich an den Bedürfnissen der Touristikindustrie orientiert. Insbesondere sind hier die langjährigen Bemühungen des Anfang der 60er Jahre gegründeten Starnberger Studienkreises für Tourismus zu nennen, dessen vielfältige Forschungsarbeiten sich durch einen marktpsychologischen Akzent auszeichnen. Im schwierigen Verhältnis zwischen dem Ziel, einerseits grundlagen- und praxisbezogene Forschung zu initiieren und zu fördern, und andererseits den funktionalen Erwartungen der Touristikindustrie zu genügen, glückte es u.a., Grundlagendaten über das tatsächliche Reiseverhalten und die Urlaubswünsche und Erholungsbedürfnisse der Deutschen (in der bekannten, jährlich durchgeführten „Reiseanalyse") über 30 Jahre kontinuierlich zu erheben und zu analysieren.

Daneben wurden, wenn auch von den „offiziellen" (akademischen) Wissenschaften nur wenig beachtet, viele interessante und originelle Ideen und Ansätze initiiert und verfolgt, darunter auch früh qualitative Studien angeregt und neue Themen, insbesondere neue Urlaubsformen (z.B. Cluburlaub) untersucht, sowie aktuellen und gesellschaftlich relevanten Themen (z.B. Jugendaustausch als Motor der Völkerverständigung; Bedeutung von Jugendlichenreisen überhaupt) nachgegangen. Leider sind aus Gründen, die mit der hierzulande festzustellenden starren Trennung von universitärer Forschung und praxisgebundener „Industrie"-forschung zusammenhängen, zu wenige dieser Arbeiten in den Sozialwissenschaften rezipiert worden.

(6) Das Fehlen einer einschlägigen Tradition kann auch Vorteile haben. So zeigt sich in vielen Arbeiten, daß gerade dieser „Mangel" im Gegensatz zu vielen anderen Forschungsbereichen eine allzu starre Fixierung auf ausgetretene methodische und inhaltliche Bahnen verhindert und das Verfolgen innovativer und ausgesprochen origineller Forschungsfragestellungen ermutigt und erlaubt hat. Und nicht zuletzt wird deutlich, daß eine auch in anderen Bereichen nicht selten übliche strenge und starre disziplinäre Abgrenzung im Fall des Tourismus weder sinnvoll noch machbar ist, sondern vielmehr die fruchtbarsten Arbeiten dort und dann entstehen, wo interdisziplinär gearbeitet wird.

Über die Relevanz dieses Forschungsthemas für die Sozialwissenschaften dürften kaum Divergenzen bestehen. Schließlich ist der Tourismus heute ein Wirtschaftsfaktor erster Ordnung (und vieles spricht dafür, daß er dies auch in den nächsten Jahrzehnten bleiben wird). Seine Auswirkungen betreffen – sei es auf der Ebene der „Besucher" oder der der „Besuchten" – viele Millionen von Menschen.

Das Interesse an einschlägigen Studiengängen – auch wenn es sie hierzulande bisher nur im Fachhochschulbereich gibt – hat zugenommen, wie die steigenden Zahlen der letzten Jahre deutlich zeigen. Die vorhandene Literatur ist aber, worauf bereits zu Beginn hingewiesen wurde, defizitär. Das bedeutet m.E. als nächste Teilaufgabe in Richtung auf eine zu schaffende Tourismuswissenschaft, daß wichtige, aus unterschiedlichen Disziplinen stammende Arbeiten bzw. Autoren bekannt (gemacht) werden müssen. Der vorliegende Reader stellt in diesem Sinne ausgewählte klassische und neuere Arbeiten zusammen, die in ihrer Breite einen Eindruck von der schon existierenden sozialwissenschaftlichen Tourismusforschung zu geben vermögen und als Grundlage eines tourismuswissenschaftlichen Seminars dienen können. Der Reader soll einen ersten Querschnitt bieten, wobei der Akzent auf sozialpsychologische, soziologische und sozialanthropologische Arbeiten gelegt wurde. Leitende Gesichtspunkte bei der Auswahl der hier zusammengestellten Arbeiten waren:

- Deutsche und angloamerikanische Arbeiten sollten, etwa im Verhältnis ihrer quantitativen Bedeutung, wiedergegeben werden.
- Der Spannbreite von etwa 40 Jahren Tourismuswissenschaft sollte durch die Auswahl von klassischen (De Sola Pool; Kentler) bis hin zu jüngeren Arbeiten (Schönhammer) abgedeckt werden.
- Die Sammlung sollte den interdisziplinären Charakter der Tourismuswissenschaft widerspiegeln. Da es heute keine explizite Tourismuspsychologie oder -soziologie gibt, sollten Arbeiten Aufnahme finden, die sich durch die Berücksichtigung unterschiedlich disziplinärer Gedanken oder Methoden auszeichnen. Daher finden sich z.B. auch ethnographische Arbeiten (Passariello, Brewer) – wie überhaupt der Einbeziehung gerade anthropologischer Ansätze im angloamerikanischen Sprachraum Rechnung getragen wird – oder solche, die unterschiedliche disziplinäre Perspektiven zu vereinigen suchen (Shamir).
- Die Bedeutung des Fern-Tourismus sollte durch die regionale Bezogenheit unterstrichen werden. Es waren also Arbeiten einzubeziehen, die sich mit tourististisch wichtigen Regionen in der Dritten Welt wie z.B. Südostasien und Mittelamerika befassen.
- Auch unterschiedliche Tourismusarten und -formen sollten berücksichtigt werden, weshalb die Spannbreite in diesem Fall z.B. von Geschäftsreisen (de Sola Pool) über Jugendreisen (Kentler, Schönhammer) und dem *drifter* oder alternativen Rucksacktourismus (Cohen, Passariello) bis zu „normalen" Urlaubsreisen (Gottlieb, Brewer) reicht.
- Schließlich sollte auch dem – für das „frühe" Stadium der Entwicklung einer Wissenschaft charakteristischen – Kennzeichen einer methodischen und theoretischen Vielfalt Rechnung getragen werden. Das bedeutet u.a., daß verschiedene „qualitative" Ansätze präsentiert werden, worunter wiederum die Akzentuierung verschiedener Beobachtungsformen (Passariello, Brewer, Schönhammer) noch einmal eine besondere Rolle spielt; aber auch, daß erste weiterzuverfolgende theoretische Entwicklungen (Shamir, Gottlieb) vorgestellt werden, die zu einer Fundierung der theoretischen Grundlagen der Tourismuswissenschaft beitragen könnten.

Der Herausgeber hofft, daß diese Idee eines „Seminars Tourismuswissenschaft" von den Lesern akzeptiert wird, so daß diesem Reader weitere folgen können, die immerhin eines deutlich machen würden: daß der Nachteil eines nur wenig entwickelten, wenig konturierten Forschungsfelder auch den Vorteil hat, daß viele „Blumen sprießen“ und immer wieder neue originelle Arbeiten durchgeführt werden können.

Einige Bemerkungen zur Einordnung der Arbeiten des vorliegenden Bandes:

Die Geschichte der Tourismusforschung – nach dem Ende des II. Weltkrieges und in einer Phase zunehmenden Wohlstandes in den westlichen Ländern – weist schon früh einige Arbeiten von bemerkenswerter Originalität und Innovativität auf. Für die USA ist die hier aufgenommene Arbeit des Soziologen und Kommunikationswissenschaftlers *Ithiel de Sola Pool* herauszustellen, der sich bereits früh Gedanken über den – ja lange Zeit immer wieder stereotyp behaupteten – allgemeinen Nutzwert des Reisens für den Abbau von ethnischen Vorurteilen und die Idee der Völkerverständigung per „Kontakt“ machte. Wie er in seinen kleinen Fallstudien einiger junger amerikanischer Touristen nahelegt, gibt es ganz unterschiedliche psychische Lagen und daraus resultierende Motive oder Motivationen, die jemand dazu bewegen können, aus der Vertrautheit des eigenen kulturellen und nationalen Milieus heraus das Wagnis einer Reise von mittlerer oder längerer Dauer in einen anderen Kulturkreis zu unternehmen. Dementsprechend variieren auch die Möglichkeiten, aus solchen Reisen und den dabei stattfindenden, mehr oder weniger gesuchten spezifischen Kontakten mit anderen Menschen, den sog. Einheimischen, Eindrücke zu gewinnen, die im weitesten Sinne als Vorurteile abbauend und interkulturelles Verständnis aufbauend betrachtet werden können. Zumindest ist die Wirkung eines interkulturellen Kontaktes sehr differenziert zu betrachten, was auch implizieren würde, daß sich Vorurteile und Stereotypen, welcher Art auch immer sie sein mögen, als Folge eines Auslandsaufenthaltes behaupten oder sogar verstärken oder daß negative Einstellungsets sogar erst während eines Auslandsaufenthaltes gelernt werden können.

Die Forschung in den späten 50er und 60er Jahren ist sowohl in den USA als auch in Deutschland von einem spezifisch pädagogischen Impetus geprägt: Im Mittelpunkt stehen nicht selten die Jugendlichen, die sich als organisiert oder (wenn auch erst in bescheidenem Maße) auf „eigene Faust“ damals anschickten, fremde Ländern kennenzulernen, soweit es die politischen Grenzen zuließen. Diese Jugendlichen vor negativen Einflüssen zu schützen und insbesondere vor dem Hintergrund eines Weltkrieges und ihm nachfolgender Phasen des „Kalten Krieges“ davor zu bewahren, chauvinistische, rassistische, nationalistische Stereotypen zu entwickeln, war eine ganz bewußt formulierte Aufgabe der damaligen Pädagogik, die auch in einer intensiven Beschäftigung mit pädagogisch organisierten, ja, durch-organisierten Jugendreisen, und insbesondere im Jugendaustausch zum Ausdruck kam. Diese „pädagogische“ Variante der Betrachtung des Tourismus zeigte sich aber auch in anderen Bereichen, und dies kann man auch eine Form des Versuches, soziale Kontrolle auszuüben, betrachten. Was heute als völlig normal gesehen würde, nämlich die Tatsache, daß sich – wie in anderen Bereichen auch – im Urlaubs- und Reiseverhalten der Jugendlichen der Wunsch widerspiegelt, eine eigene Identität in Abgrenzung vom Erwachsenenstatus zu schaffen und eine eigene Subkultur zu kreieren, war eine neuartige Idee, die damals gerade in der amerikanischen Soziologie an Boden gewann.

Jedenfalls gab es Ende der 50er, Anfang der 60er Jahre pädagogische Interessen, das Freizeithandeln junger Leute näher zu untersuchen, was sich mit den innovativen Überlegungen des neu gegründeten „Studienkreises für Tourismus" traf, das Reise- und Urlaubsverhalten von Jugendlichen näher zu untersuchen. Die von dem Psychologen *Helmut Kentler* und seinen Mitarbeitern gewählte Methode der „versteckten" Beobachtung erwies sich, was die Fülle der erhaltenen und interpretierbaren Daten anbetrifft, als durchaus erfolgreich, so daß sich daran eine ganze Zahl weiterer (heute würde man sagen: qualitativer) Beobachtungsstudien anschloß. Kentler hielt sich im Sommer 1962 für drei Wochen in einem Jugendferienlager in Catania (Sizilien) auf. Der hier wieder abgedruckte Beitrag erschien 1963 und ist ein interessantes Dokument des Zeitgeistes. Inhaltlich ist an der heute als „klassisch" geltenden Catania-Studie bemerkenswert, daß besonders die Beobachtungen über das sexuelle Verhalten der jungen Leute (18-25 Jahre) ein überdurchschnittliches Interesse in der Öffentlichkeit erfuhren, was sich nicht zuletzt darin äußerte, den Reiseleitern für die Zukunft eine intensivere „Aufsichts"-pflicht aufzuerlegen. Erstaunlicherweise wurde dagegen das relativ konflikt- und aggressionsfreie und auch tolerante Verhalten der Jugendlichen in der kleinen „Urlaubsstadt" weit weniger gewürdigt. Theoretisch ist interessant, daß Kentler bei den beobachteten Jugendlichen immer wieder auf den von David Riesman her bekannten Typ des „außengeleiteten" Menschen stieß, der alles „von außen" erwartet und ganz besonders im Urlaub erhofft, seinen Traum vom „wahren Leben" in einer Masse anonymer Gleichgesinnter verwirklichen zu können. Kentlers Arbeit ist auch deshalb erwähnenswert, weil sie die damals neuen, aus den USA kommenden Ideen über „Subkulturen" aufgriff.

Die späten 70er und die 80er Jahre können als die Phase gelten, in der international die interdisziplinäre Tourismusforschung einen großen Aufschwung nahm. Sehr deutlich zeigt sich dies im inhaltlichen Spektrum der (1973 gegründeten) englischsprachigen Fachzeitschrift „Annals of Tourism Research": Sie darf als ein Forum gelten, in das die unterschiedlichsten Ideen und Forschungsperspektiven eingebracht werden konnten – zumindest gilt dies für den angloamerikanischen Bereich. (Beiträge von deutschsprachigen Autoren waren und sind selten, was immer die Gründe dafür sein mögen.)

Das Thema der Stereotypen ist ein klassisches sozialpsychologisches und soziologisches Feld. Im Gegensatz zu anderen Bereichen und Feldern hat man sich im Tourismus damit aber *empirisch* vergleichsweise wenig befaßt. Während auf der einen Seite immer wieder das Verhältnis verschiedener im Tourismus aufeinandertreffender Kulturen, Nationalitäten, Rassen thematisiert und in vielen Falldarstellungen eindrucksvolle Beispiele für das Persistieren unzeitgemäßer Vorurteile und plakativer Stereotypen vorgestellt wurden, bemühten sich auf der anderen Seite nur wenige Wissenschaftler darum, den Wert und den *Nutzen* bestimmter Stereotypen für das tägliche Leben zu untersuchen. Eines dieser raren Beispiele ist die Arbeit des Anthropologen *Jeffrey Brewer* aus dem

Jahre 1978. Er weist in seiner Untersuchung der ethnischen Stereotype (über nordamerikanische Touristen und einheimische Mexikaner) in einer mexikanischen Hafenstadt nach, wie wichtig, ja unverzichtbar einige dieser Stereotypen als Informationsquellen für den Alltag der Einheimischen sind, und hier insbesondere, um Geschäfte abwickeln, d.h. mögliche Kunden und ihre Bedürfnisse adäquat einschätzen zu können. Während sonst in der Stereotypen-Diskussion immer der wichtigste Akzent auf die Tatsache gelegt wird, daß ethnische Stereotypen Beziehungen zwischen Gruppen widerspiegeln und angenommen wird, daß die Gruppenzugehörigkeit das Verhalten ziemlich deutlich bestimmt, kann er nachweisen, daß diese Betrachtung zu kurz greift: Nicht die Gruppenbeziehung ist hier von Relevanz, sondern die individuelle „Geschäftsbeziehung" zwischen einem Ladenbesitzer und seinem Kunden. Für die Ausgestaltung dieser speziellen Interaktion werden Stereotypen herangezogen, die ihren praktischen Wert für geschäftliche Transaktionen erwiesen haben

Die amerikanische Anthropologin und Soziologin *Alma Gottlieb* beschäftigte sich 1982 mit einem Lieblingsthema der Torismusforschung: den *Motiven* von Menschen, die Urlaub machen oder auf Reisen gehen. Damals wie heute (immer noch) ist es ein gängiges Verfahren, auf der Basis von hinsichtlich ihrer Validität zweifelhaften Befragungsergebnissen schnelle Typen oder Typologien von Urlaubern/ Reisenden zu konzipieren, die sich durch bestimmte Bündel von vermeintlich plausiblen Motiven auszeichnen sollen („der gesundheitsbewußte Urlauber", „der Sonne suchende Urlauber" usf.). Entgegen dieser Forschungstradition versuchte Gottlieb, auf der Basis von Reiseberichten, Beobachtungen, Interviews, Cartoons usf. ein einziges, ganz allgemeines Motiv zu bestimmen, das (zumindest) die amerikanischen Touristen auszeichnen sollte. Ihre grundsätzliche Idee besagt, daß US-Reisende auf Reisen ihre Schichtidentität wechseln wollen: die Mittel- und Unterschicht-Reisenden versuchen, im Urlaub eine Haltung einzunehmen, die sie als „König für einen Tag" (bzw.) „Königin für einen Tag" beschreibt. Oberschichtangehörige wiederum wollen es sich im Urlaub erlauben, einmal der „Bettler für einen Tag" zu sein. Dabei spielen nicht nur objektive Definitionen von Schichtzugehörigkeit eine Rolle (etwa Einkommenshöhe), sondern auch und ganz besonders die Sichtweise, die der einzelne von sich und seiner sozialen Lage hat. Jedenfalls scheint es offensichtlich eine Urlaubs-Ideologie zu geben, die viele Amerikaner dazu bringt, die normalen Verhältnisse im Urlaub/auf Reisen *umkehren* zu wollen, wobei teilweise beträchtlicher Aufwand getrieben und viel Geld investiert wird. Diese recht plausible und sicherlich durch viele Beobachtungen zu verifizierende Annahme – der „Urlaub" als „Aus-Zeit" und Versuch eines radikalen Wechsel vom normalen Alltag – ist in späteren tourismussoziologischen Arbeiten immer wieder aufgegriffen worden.

Wie wichtig es für die aufkommende Tourismuswissenschaft ist, über die Grenzen des eigenen Faches zu schauen und interdisziplinär zu arbeiten, beweist der Beitrag des israelischen Soziologen *Boas Shamir*. Er hat sich ein auf den ersten Blick ungewöhnliches Forschungsthema herausgesucht, das Trinkgeldgeben: ein universelles, ubiquitäres Phänomen, von dem aber bislang nur in den „Knigge"-Sparten einiger Reiseführer Kenntnis genommen worden ist (wieviel gibt man wem in welcher Situation?). Bislang gibt es noch keine akzeptierte, wissenschaftlich gestützte Theorie darüber, wie dieses Phänomen zu erklären ist. Shamir beginnt mit den am häufigsten angeführten ökonomischen Möglichkeiten zur Deutung des „tipping", stellt fest, daß diese Überlegungen nicht ausreichen, greift zu soziologischen und sozialanthropologischen Hypothesen, die aber auch nicht alles erklären können, weshalb er schließlich noch psychologische Motive hinzuzieht. So entsteht zum Schluß das Bild eines komplexen sozialen Vorgangs, zu dessen Erklärung ganz verschiedene Wissenschaften Wesentliches beitragen können. Shamirs Arbeit ist somit zugleich als ein Plädoyer für eine multidisziplinär angelegte Tourismuswissenschaft zu verstehen.

Phyllis Passariellos Untersuchung mit dem Titel „Sonntags nie? Mexikanische Touristen am Strand" ist ein weiterer Beleg dafür, daß die vergleichsweise „alte" Methode der Beobachtung lohnenswerte Ergebnisse zu Tage bringen kann. Die amerikanische Anthropologin hielt sich mehrere Wochen in einem typischen mexikanischen Strand- und Ferienort an der Pazifikküste auf, um die Unterschiede im Verhalten zwischen den einheimischen Wochenendtouristen und den ausländischen, v.a. amerikanischen „drifters", den Hippie-Rucksacktouristen, zu beobachten. In dieser „intensiven Mikro-Ethnographie", einer Form ‚qualitativer' Sozialforschung in der Untersuchung touristischer Phänomene, ging es ihr darum, grundlegende Einstellungen und Verhaltensweisen des mexikanischen Ausflugstouristen herauszuarbeiten und zu zeigen, wie sich die Struktur touristischer Erlebnisse mit dem historischen Kontext einer Kultur verändert. Ihre Falldarstellung verdeutlicht auf plastische Weise, wie sich am gleichen Platz oder Ort zwei unterschiedliche Formen von Freizeit- und touristischem Verhalten zweier Kulturen ausbilden. Ob es sich nun um das Essen, das Feiern, das Trinken alkoholischer Getränke, das Plantschen am Wasser, das Bedürfnis nach Stille bzw. Lärm, das Goutieren von Musik, Sonne, Strand usf. handelt: in fast allen wesentlichen Verhaltensweisen zeigen sich – gerade während der Feiertage – ebenso stereotype wie eindrucksvolle Unterschiede, die sich letztlich aus einer unterschiedlichen, kulturell begründeten Bewertung des „Weg vom Alltag-Motivs" erklären lassen. Der Wert solcher mikroethnographischer Feldforschungen ist nicht zuletzt darin zu sehen, daß sie zu einem gesteigerten (intensiven) Verständnis der Kulturen voneinander beitragen können.

Ähnlich wie Passariello thematisiert auch der israelische Soziologe *Erik Cohen* den jugendlichen „Aussteigertourismus", der für manche Regionen der Dritten Welt eine nicht unerhebliche Rolle spielte und noch spielt. Für die Analyse des Rucksacktourismus, der als eine Facette einer jugendlichen Subkultur aufzufassen ist, und insbesondere der vieldiskutierten Frage nach den „Motiven" solcher Reisebedürfnisse bestimmte er dabei als einen zentralen Begriff den des „marginalen Paradieses". Auch Cohen verwendet die Methode der teilnehmenden Beobachtung, in diesem Fall zweier Strandregionen in Thailand. Bemerkenswerterweise konnte er feststellen, daß sich trotz aller subkulturellen Abgrenzungsbemühungen die „Jüngeren", die Hippie-Touristen, von den

„Älteren", den Pauschal-Normal-Touristen, in immerhin einem Punkt nicht unterscheiden: beide suchen kurz- oder längerfristig einen Platz zum Ausruhen, zum Erholen, einen Ort, der gewisse Merkmale eines mystischen „Paradieses" aufweist und durch Charakteristika wie unberührte Natur, einsamer Strand, Ruhe, Einsamkeit usf. bestimmt ist. Im Gegensatz zu den „Normaltouristen" aber wendet sich der „alternative Tourist" „marginalen Paradiesen" zu; diese Marginalität bezieht sich auf die jeweils vergleichsweise geringe ökonomische, psychologische und geographische und nur temporäre Bedeutung der gemeinten Orte. Sie sind der klassische „Geheimtip" für eine nur vorübergehende, relativ kurze Zeit; und sie sind nur ein „Paradies" unter mehreren, daher auch austauschbar.

In der neueren deutschen Tourismusforschung wird wieder verstärkt auf das qualitative Methodenspektrum zurückgegriffen; auch finden „klassische" Ansätze, wie etwa die phänomenologische Psychologie, wieder Beachtung. In dieser Tradition steht eine Arbeit des deutschen Psychologen *Rainer Schönhammer,* in der er die Attraktion und Faszination untersuchte, die von einem Angebot der Bahn für junge Leute, die „die Fremde" sehen wollen, ausgeht. Dieses „Interrail(-Ticket)"-Angebot wendet sich an alle unter 26 Jahren und erlaubt unbeschränktes Fahren auf einer Vielzahl von europäischen Eisenbahnen. Obwohl bei nüchterner Betrachtung die tatsächlichen Vorteile und Möglichkeiten dieses Angebots weitaus geringer sind, als es zunächst scheint, wird „Interrail" gerne aufgegriffen und ist zu einem zentralen Pfeiler im Reiseverhalten junger Leute geworden. Es war daher an der Zeit, daß sich die Sozialwissenschaft der Frage widmet, wie dieses Angebot erlebt wird und was in seiner Nutzung erlebt, v.a. wie der geographisch weite Raum erfahren wird. Die Analyse von Aufsätzen, Interviews und Fragebogen der jungen Reisenden während und nach der Reise ergibt das Bild einer von Ambivalenz (hier Sehnsucht, dort Angst) geprägten Suche nach Freiheit vom Elternhaus und zeigt zugleich die Probleme bei dem Versuch auf, die „Fremde" zu er-fahren.

Tourismuswissenschaft, das demonstrieren die Beiträge dieses Buches, kann spannend sein. Der Herausgeber hofft, daß durch den vorliegenden Reader die spannende Tourismuswissenschaft vorangebracht wird.

München, im Januar 1993 *H. Jürgen Kagelmann*

Was amerikanische Reisende lernen

Ithiel de Sola Pool

Es ist nicht selbstverständlich, daß Reisen den Horizont erweitert. Nehmen wir den amerikanischen Geschäftsmann, der in einem Athener Restaurant sitzend, ein aufgeschlagenes Notizbuch in der Hand und den Blick auf die Armbanduhr gerichtet, zu einem zufällig vorbeikommenden amerikanischen Landsmann sagte: „Ich führe Buch darüber, wie lange es dauert, bis ich mein Essen bekomme, und wenn ich wieder daheim bin, werde ich es den Kerlen von der Handelskammer schon erzählen, daß es sinnlos ist, Geld für die Unterstützung der europäischen Wirtschaft auszugeben, wenn sie es nicht einmal fertigbringen, einem Gast sein Essen dann zu servieren, wenn er es wünscht." Das Reisen konnte die kulturelle Wahrnehmungsfähigkeit dieses Mannes nicht so sehr verstärken, daß er gemerkt hätte, wie die fähigen Kellner der Nobellokale, die er bevorzugte, auf die europäischen Gäste und deren Bedürfnis nach einer ruhigen Atmosphäre eingestellt waren. Unser Detroiter verdeutlicht in der Tat ein neueres Klischee, das, entgegengesetzt zur früheren Betrachtungsweise, nach der Reisen den Horizont erweitern soll, besagt, daß der Reisende mit seinen alten Vorurteilen, die sich durch Auslandserfahrungen noch verfestigt haben, heimreist.

Somit kennen wir zwei Anschauungen gegensätzlichen Inhalts über die Wirkungen des Reisens. Gerade im Bereich einander widersprechender Alltagsweisheiten hat der Sozialwissenschaftler seinen Forschungsbereich. Wenige der Aussagen in der Sozialwissenschaft sind völlig neu. Die meisten beruhen auf Spekulationen darüber, wann, wo, unter welchen Bedingungen und in welchem Ausmaß verschiedene Klischees eine gewisse Gültigkeit haben. Um diese Aufgabe der Beschreibung und Einschränkung bewältigen zu können, braucht der Sozialwissenschaftler Statistikkenntnisse und seinen typischen Berufsjargon. Die Ergebnisse sind selten so eingängig wie die Alltagsweisheiten, von denen er ausgeht, aber dafür sind sie manchmal genauer. Unsere Aufgabe in diesem Artikel ist es, zusammenzufassen, was die Sozialforschung in dem unbestimmten Zwischenbereich zweier platter Klischees an Erkenntnissen gewonnen hat: dem Klischee, Reisen erweitere den Horizont und dem Klischee, die Menschen nähmen nur das wahr, was sie schon immer glaubten. Was wissen wir also über die Auswirkungen von Auslandsreisen?

Wir können einige Erkenntnisse formulieren: (1) Die Wirkungen einer Auslandsreise hängen nicht nur von den Erfahrungen dort, sondern auch von den Schwierigkeiten, diese den Daheimgebliebenen zu vermitteln, ab. (2) Die Wirkungen eines Auslandsaufenthalts werden auch durch die Erwartungen bestimmt, die der Reisende vor Beginn der Reise hat. (3) Was ein Tourist erlebt, wird auch durch emotionale Bedürfnisse, ähnlich wie bei einem Traum, beeinflußt – der Mensch entwirft ein Modell der Welt und seiner selbst, das ihm dazu dient, Spannungen zu reduzieren. (4) Reisen bildet, ungeachtet aller gegenteiliger Aussagen. (5) Die Anzahl der Reisen ist von entscheidender Bedeutung und nicht nur ein nebensächlicher Faktor. Die Auswirkungen eines dreijährigen Aufenthalts können genau entgegengesetzt zu denen eines einjährigen Aufenthalts sein, und die Erfahrungen mehrerer Reisen können die Erfahrungen der ersten Reise umkehren.

Wir werden diese Aussagen durch einige neue Untersuchungen verdeutlichen. Die starke Zunahme des Tourismus brachte einige Sozialforscher dazu, dieses Thema zu untersuchen. Von der Regierung zur Verfügung gestellte Gelder flossen in Austauschprogramme, verbunden mit dem Wunsch, diese Programme auch auszuwerten. Unter der Schirmherrschaft des „Institute for International Education" und ähnlicher Institute wurden Untersuchungen über ausländische Studenten in den Vereinigten Staaten durchgeführt. (Ein Beispiel dafür ist John und Ruth Useems *Der westlich erzogene Mensch in Indien.*) Zusätzlich zu den Studien über ausländische Austauschteilnehmer in den USA wurden auch Untersuchungen über die Auswahl von Amerikanern für den Auslandsdienst angefertigt. Daneben gibt es auch einige Studien über Touristen und Bildungsreisende. Und schließlich habe ich mich im Rahmen des Forschungsprogramms zur Internationalen Kommunikation mit dem Reisen als einer Quelle der Verständigung mit der Umwelt befaßt. Wir haben dazu die Reisen amerikanischer Geschäftsleute und deren Auswirkungen auf ihre Einstellung zur ausländischen Wirtschaftspolitik untersucht, die Besuche indischer Studenten in den USA und deren Auswirkungen auf deren Vorstellungen über die USA, und schließlich auch die Reisen amerikanischer Studenten, die die Sommerferien in Europa verbringen.

Wie bereits erwähnt wurde, hängen die Auswirkungen einer Auslandsreise nicht nur von den Auslandserfahrungen ab, sondern auch von der Schwierigkeit, über diese daheim zu berichten. Nehmen wir den asiatischen Studenten, der drei Jahre in Amerika verbracht hat und nun wieder bei seiner Familie in der Provinz lebt. Sein Geschmack hat sich in bezug auf Essen, Kleidung und Freizeitverhalten verändert. Ebenso hat sich seine Sprache verändert. Er strebt einen besseren Job und ein höheres Einkommen als seine Altersgenossen an, die er daheim zurückgelassen hat. Man spricht darüber, daß er über seine Verhältnisse hinausgewachsen sei, den Konventionen nicht mehr entspreche und daß er während seines Auslandsaufenthalts getrunken habe und Mädchengeschichten gehabt hätte, oder sogar, daß er ein Imperialist geworden sei, ein geheimer Agent der Wall Street oder des Pentagons (egal wie man sich dies vorstellt). In dieser schwierigen Situation fragt ihn ein Freund nach seinen Eindrücken von den Vereinigten Staaten. Unter diesen Umständen wird er kaum die Annehmlichkeiten und den Spaß, den er hatte, erwähnen. Vielleicht antwortet er, in der Hoffnung, damit seine Verbundenheit mit seinem Heimatland unter Beweis zu stellen und den Verdächtigungen entgegenzuwirken: „Es ist ein gutes Land für einen wohlhabenden Menschen, aber ein schlechter Platz für Menschen mit unserer Hautfarbe." Wenn er sich einige hundert Mal in dieser Weise geäußert hat, wird er sich eine feste Verteidigungsstrategie aufgebaut haben. Auf diese Weise entstehen die hundertfünfzigprozentigen Nationalisten, die sich darum bemühen abzustreiten, wie sich ihre Ziele und Lebensinhalte verwestlicht haben, indem sie sich mit verbaler Aggression gegen einen Westen wehren, der sie mehr beeinflußt hat als ihnen selbst bewußt ist. Sie haben ihre Erinnerungen an die Erfordernisse zu Hause angepaßt.

Unser Detroiter Geschäftsmann hat dies schon im voraus getan. Er wartete nicht bis zu seiner Rückkehr, um über die Schwierigkeiten nachzudenken, die auftreten werden, wenn er den daheimgebliebenen Kollegen von seiner Reise berichtet. Überall, wo er hinkam, hatte er sie in Gedanken mitgenommen und bereitete seine Erzählungen für sie vor. Diese „Bezugspersonen", die er sich vorstellte, waren für seine Reaktionen wichtiger als die „Einheimischen", die ihn umgaben. Diese Geringschätzung der Personen, die tatsächlich anwesend sind, führt dazu, daß sich amerikanische Touristen im Ausland oft so schlecht benehmen – wie der Mann, der Kellner und Angestellte anbrüllt, die Frau, die in einer Kathedrale Shorts trägt, der Tourist, der laut über das Land schimpft, das er gerade besucht, und der sich zu Hause niemals derartig unverschämt benehmen würde. Für sie alle zählen die Menschen, die sie gegenwärtig umgeben, überhaupt nicht. Die Bezugspersonen, die sie respektieren und deren Denkweise sie prägt, sind die Personen, die in ihrem „wirklichen" Leben daheim wichtig sind. Sogar im Ausland wird jedes Tun oder Unterlassen von den Daheimgebliebenen, die sie quasi niemals verlassen haben, kontrolliert. Solange keine Kritik von ihnen erwartet wird, ist es möglich, die real existierenden, präsenten aber unwichtigen Personen, ohne Schuldgefühle zu beleidigen.

Das Problem, daheim Bericht erstatten zu müssen, beeinflußt nicht nur unser Verhalten, sondern auch die Erinnerung. Es ist eine Situation analog zu der unserer frühen Kindheit. Alle von uns kennen Geschichten aus der Kindheit, an die wir uns selbst nicht mehr erinnern, aber die uns dadurch vertraut sind, daß sie von Vater und Mutter immer wieder erzählt wurden. Genauso hält der Reisende die Geschichten, die er wieder und wieder erzählt hat, für die wirklichen Erinnerungen, und die eigentlichen Erinnerungen verblassen. Viele Reisenden sehen sich nach der Rückkehr zum ersten Mal mit der Frage konfrontiert, was für einen Eindruck sie von Europa hatten. Viele Touristen haben, im Gegensatz zu unserem Detroiter Freund, bis zu diesem Moment keine vorgefertigte Meinung. Der normale Tourist war damit beschäftigt, Züge zu erreichen, Kirchen zu fotografieren, Andenken einzukaufen und all die anderen Dinge zu tun, die das Leben ausmachen. Bis er nach Hause zurückkehrt, hat er keine Zeit, dies alles zu einem politischen, sozialen und kulturellen Gesamteindruck zu formen. Wenn er nach seiner Rückkehr diesen Eindruck beschreiben soll, versucht er, den Betreffenden mit den einfachsten Sätzen, die ihm einfallen, zufriedenzustellen. Wenn eine solche Antwort einmal entstanden ist, wird sie in einer Schublade des Gedächtnisses zur zukünftigen Verwendung gespeichert und von dort immer wieder hervorgeholt. Mit der Zeit wird dies immer mehr die „Erinnerung" an Europa, mehr als die Erinnerungen an die wirklichen Ereignisse.

Dieses Phänomen legt zwei Vermutungen nahe: Die Bedeutung dieser schematisierten, in Worte gefaßten Erinnerung und die Bedeutung der ersten Person, für die formuliert wurde. Das Bedürfnis, sich mit dieser Person gut zu verstehen, kann den Eindruck ein für alle Mal festlegen. Unser Detroiter Freund hätte vielleicht ganz anders reagiert, hätte er seine Eindrücke für den lokalen Frauenverband seiner Ehefrau geordnet, anstatt für seine Freunde in der Handelskammer. Genau wie die Wirkungen von Reisen von den Daheimgebliebenen geformt werden, denen von der Reise berichtet wird, so werden sie auch von den Erwartungen des Touristen beeinflußt. Etwas zu erwarten, heißt schon zur Hälfte, die Wirklichkeit die Wirklichkeit der Erwartung anzupassen. Eine Überraschung erzeugt eine stärkere Reaktion. Amerikaner erleben Beirut beispielsweise ganz unterschiedlich, je nachdem, ob sie von Osten oder Westen kommen. Für diejenigen, die aus Europa kommen, stellt Beirut die Grenze zum Orient dar, und ihre Erinnerungen sind Bazare, exotische Objekte und dunkelhäutige Araber. Für die, die aus Asien kommen, bedeutet die Ankunft in Beirut, nach Hause zu kommen. Ihr Eindruck setzt sich aus amerikanischen Autos, modernen Straßen, Appartementhäusern und einem europäischen Lebensstil zusammen. Jeder Tourist hat sich in den vergangenen Monaten ein Bild von dem gemacht, was ihn in der Stadt erwartet. Den Schock verursachen die Dinge, die nicht erwartet wurden.

Bitterkeit ist oft die Folge nichteingetroffener Erwartungen. Die Reihenfolge der auftretenden Gefühle, die auch bei amerikanischen Touristen zur Unzufriedenheit führt, kann durch die Erlebnisse indischer Studenten in Amerika verdeutlicht werden, die von George Coelho in *Changing Images of America* beschrieben werden.

Der junge Inder erreicht New York hoffnungsvoll. Er erwartet die Möglichkeit, Neues zu lernen, Erfahrungen zu sammeln und neue Kontakte zu knüpfen. Er kennt die Spannungen, die auf die indoamerikanischen Reibereien zurückzuführen sind. Er weiß, daß die Amerikaner glauben, Nehru wäre von den Kommunisten übertölpelt worden und die indische Neutralität ein Übel. Diese Ansichten, so empfindet es der Student, können nur auf mangelndes Wissen zurückzuführen sein. Er glaubt, leicht erklären zu können, daß Indien nicht antiamerikanisch oder kommunistisch ist, und daß Indien nur den Frieden will. Er hat einen missionarischen Eifer, diese eindeutigen und einfachen Fakten so zu erklären, wie er sie sieht. Er wird sehr schnell desillusioniert. Er stellt fest, daß die Amerikaner, obwohl sie sehr wenig über Indien wissen, in ihren politischen Einstellungen fester verwurzelt sind und zäher an ihnen festhalten, als er erwartet hätte. Er entdeckt Menschen, die genauso hartnäckig auf ihren Standpunkten beharren, wie er dies tut. Er hat es für selbstverständlich gehalten, daß die beste Art, einen Krieg mit den Kommunisten zu vermeiden, Freundlichkeit ist (der einfache Weg, jeden Streit zu vermeiden). Aber anstatt dieses Klischee zu akzeptieren, findet sein amerikanischer Freund, daß es ganz offensichtlich ist, daß die Absichten der Kommunisten bedrohlich seien und nur Zeichen der eigenen Stärke sie abschrecken könnten. Der Möchtegern-Lehrer und Weltverbesserer findet nun sein eigenes Weltbild angezweifelt und herausgefordert. Die Freude, die er von den Menschen, denen er die „richtigen“ Fakten vermittelt hatte, erwartete, stellte sich als wütender Protest verstockter Menschen heraus. Und so verwandeln sich die Hoffnungen der ersten Woche innerhalb der ersten sechs Monate in eine sich steigernde Traurigkeit. Nach einem Studienjahr beginnt er, eine neue Perspektive seiner selbst, Amerikas und Indiens zu gewinnen. Der kulturelle Schock wird in kritischen Klischeevorstellungen über Amerika und Indien ausgedrückt. Wenn er noch länger bleibt, beginnt er die vereinfachenden kritischen Betrachtungsweisen, mit denen er das Versagen der ursprünglichen naiven Erwartungen auszugleichen versuchte, zu verstehen.

Diese vereinfachte Beschreibung des durchschnittlichen Veränderungsprozesses bei einem indischen Gaststudenten trägt den individuellen Abweichungen natürlich keine Rechnung, aber es ist die Beschreibung eines Grundmusters, das überall bei Reisenden mit einem Sendungsbewußtsein auftritt, und viele Amerikaner reisen heutzutage mit genau dieser Mission, Amerika rechtfertigen zu wollen. Aber auch amerikanische Reisende unterscheiden sich voneinander, und die individuellen Unterschiede sind besonders interessant. Wenden wir uns der Art und Weise zu, in der die individuelle Persönlichkeit die Erfahrungen des Reisenden prägt. Das Fremdartige hat für den Menschen eine festverwurzelte psychologische Bedeutung. Es steht für das Dunkle, das Geheimnisvolle und das Böse. Ausländische Ideen und ausländische Einflüsse sind es, die von den Politikern angegriffen werden. Ausländer sind die klassische Randgruppe, das klassische Ziel von Vorurteilen. Aber Vorurteile stellen nur eine Seite der Medaille dar. Die Freiheit von moralischen Zwängen, die als charakteristisch für das Fremde gilt, macht es für uns nicht nur zu einer Bedrohung, sondern auch zu einem Ziel unserer geheimen Wünsche. Das Fremde wird nicht nur verteufelt, sondern auch idealisiert.

Dieser psychologische Aspekt von Auslandsbeziehungen ist von meinem Kollegen Howard Perlmutter erforscht worden, der eine Reihe von Artikeln über die Vorliebe für das Fremde veröffentlicht hat (Perlmutter 1954, 1956, 1957). In ihnen beschreibt er die Art und Weise, in der ein bestimmter Ort im Ausland zum idealisierten Schauplatz für die Erfüllung bestimmter Herzenswünsche gemacht wird. Es gibt auch politische Xenophilie, die durch den Kommunisten verdeutlicht wird, der Rußland als ein glückliches Land sieht, oder durch den Indienfreund, der sich Indien als ein Land der Spiritualität und Gewaltlosigkeit im Gegensatz zum Materialismus des Westens vorstellt, oder von den Zionisten, die Israel als das Land der sich selbst aufopfernden, idealistischen Pioniere darstellen. Es gibt auch eine kulturelle Vorliebe für das Fremde, die durch die linksgerichteten, im Ausland lebenden Amerikaner verdeutlicht wird, die Amerika für ein Land ohne Kultur halten, und Europa für den Ort, an dem brillante Konversation geführt wird, Intellektuelle geschätzt werden und die Kinder gutes Benehmen lernen. Es gibt auch andere Formen der Vorliebe für das Fremde, aber alle beinhalten den Widerstand gegen die Machtstrukturen im eigenen Land, indem behauptet wird, es sei anderswo besser.

Die Xenophilen, die wir beschrieben haben, sind natürlich Extremfälle, aber auf irgendeine Art stellen sie den Gewinn dar, den der Reisende von seinen Auslandsreisen hat. Er sucht nach etwas, das er zu Hause nicht erhalten kann. Wovor er flüchtet und was er zu finden hofft, kennzeichnet die Individualität des Reisenden.

Acht Fallstudien

Dennoch ist die Bandbreite dessen, was Amerikaner in Europa suchen und zu finden glauben, sehr begrenzt. Zu jedem dieser Gründe paßt ein bestimmter Typus des Reisenden, der sich nicht nur in der Persönlichkeitsstruktur unterscheidet, sondern auch in dem, was er im Ausland tut, was ihm gefällt, was er bemerkt und was er nach seiner Rückkehr berichten wird. Nehmen wir eine beliebige Auswahl amerikanischer Touristen, und die charakteristischen Typen werden sich Ihnen selbst darstellen. Meine Frau und ich haben sie bei einer gemeinsamen Untersuchung auf dem Schiff einer Studentenreisegesellschaft auf der Reise nach Europa und zurück kennengelernt. Wir gaben jedem Studenten, der zur Mitarbeit bereit war, die Perlmutter-Tests auf dem Hinweg und versuchten anhand der Testergebnisse das vorherzusagen, was sie nach ihrer Rückkehr berichten würden, und diese Vorhersagen mit Hilfe eines Interviews auf dem Heimweg zu überprüfen. Vielleicht ist es am besten, die Muster, die wir gefunden haben, zu vermitteln, indem wir dem Leser eine Person des jeweiligen Typs vorstellen.

Unser erster Fall ist *Dorothy*. Sie repräsentiert den Typ des begeisterten Reisenden, der eine Menge durch Erfahrungen gewinnt. Es handelt sich um Personen, die zu Hause stark von ihrem Pflichtbewußtsein und dem Gefühl sozialer Verantwortung geprägt werden; für sie ist eine Reise eine große Flucht. Dorothy war die Tochter eines strengen, moralistischen Pfarrers, der sich für den Pazifismus engagierte. Sie hatte ihr erstes Studienjahr in einem ausländischen College verbracht und hatte solche Angst davor, nach Hause zurückzukehren, daß sie mit dem Gedanken spielte, nach Indien zu gehen. Aber sie kehrte zurück, um ihren Abschluß zu machen, und danach eine Stelle im Bereich der Flüchtlingsarbeit im Ausland anzunehmen, was sie nun als einen Versuch bezeichnet, aus ihrer Familie auszubrechen, gegen die sie sich aus moralischen Gründen nicht wehren konnte.

Sie war inzwischen viermal im Ausland; nach jeder Rückkehr hatte sie unter Depressionen zu leiden. Sie weiß, daß Reisen eine Flucht bedeutet. Sie machte die Reise, weil sie genug von ihrer Arbeit als Sozialarbeiterin hatte, bei der sie hohe Anforderungen an sich selbst stellt. Dorothy möchte das Gefühl haben, mit den Menschen, die sie umgeben, zusammenzugehören, und nicht nur ein außenstehender Beobachter zu sein. Sie haßt es zu fotografieren: „Es ist unmöglich, gleichzeitig zu beobachten und teilzunehmen". Sie möchte die Erfahrungen genießen und nicht „Erfahrungen horten". Aber obwohl sie das Reisen genießt, weist sie die Idee zurück, im Ausland zu leben. „Im Ausland zu leben, ist angenehm, weil man dort nur die schönen Seiten erlebt." Das ist ein Genuß, der nicht zum Alltag werden darf. Deshalb lehnte sie letztes Jahr eine Stelle in Paris ab, die besser bezahlt worden wäre.

Jede dieser Verhaltensweisen und Gefühle ist nicht nur für *Dorothy* typisch, sondern charakteristisch für diejenigen, für die Reisen eine Flucht vor ihrem eigenen Gewissen bedeutet. Diese Flucht funktioniert, aber nur für eine kurze Zeit, weil sie sich in jeder neuen sozialen Umgebung neue Verpflichtungen schaffen. Sie können sich nicht von anderen Personen und deren Verpflichtungen abgrenzen. Andererseits schenken sie der Kunst und andere kulturellen Objekten kaum Beachtung, obwohl sie häufig ein hohes Bildungsniveau haben. Ihnen bedeutet ein Gespräch soviel wie hundert Museumsbesuche. Sie fotografieren wenig. Während sie im Ausland sind, sind sie begeisterte Reisende, die jede Minute genießen. Tatsächlich entstehen ihre Sorgen erst bei der Rückkehr in den Alltag. Es ist ihnen nicht möglich, dem Leben auf Dauer zu entfliehen. So sind sie gezwungen, wenn sie nicht Missionare sind oder einen ähnlichen Beruf haben, zu den Anforderungen des tatsächlichen Lebens zurückzukehren und sich vom Traum des Auswanderns zu lösen.

Genau wie Dorothy ist auch *Virginia,* wenn sie ins Ausland reist, auf der Flucht vor etwas, aber ganz sicher nicht vor ihrem Pflichtbewußtsein. Sie versucht, der Belastung durch ihre Hemmungen ein Stück weit zu entfliehen. Virginia, deren Eltern geschieden sind, lebt mit ihrer Mutter und ihrem Stiefvater, einem erfolgreichen Manager, in einem Vorort. Sie besucht eines der führenden Colleges für Frauen. Ihre Mutter engagiert sich sehr im öffentlichen Leben, unter anderem für das Krankenhaus, die Kirche und einige Vereine. Sie ist meistens nicht zu Hause.

Virginia charakterisierte ihre Familie als zurückhaltend (sie zögerte, als sie „kalt" sagte). Sie gab zu, daß sie Gefühle versteckten und vieles unausgesprochen ließen. In Europa jedoch dachte sie oder sie hatte es erlebt, daß Menschen ihre Gefühle zeigten. Sie würden nicht zögern, „lieben" statt „mögen" zu sagen. Jungen könnten ihre Gefühle gegenüber anderen Jungen durch Körperkontakt ausdrücken, und das könnten auch Mädchen gegenüber anderen Mädchen. Sie würden nicht wie in den USA durch „solche merkwürdigen Untersuchungen, wie den Kinsey-Report" daran gehindert. Es gebe stärkere Bindungen innerhalb der Familie, Frauen seien Frauen; sie akzeptierten ihre Rolle als Hausfrau und Mutter. Sie büßen dafür jedoch ihre Unabhängigkeit und ihre kulturellen Interessen ein, was Virginia nicht für sich akzeptieren konnte. In dieser warmen, emotionalen Umgebung, die Virginia erlebte oder auf jeden Fall zu erleben glaubte, hatte sie eine großartige Zeit. Sie konnte auf der Straße und in Lokalen Menschen ansprechen, was sie daheim nicht getan hätte. All die guten Freunde, die sie gewonnen hatte, zu verlassen und im Besonderen einen bestimmten Jungen zu verlassen, war sehr schmerzlich für sie.

Es gibt viele Touristen, die Europa benutzen, um die Verwirklichung ihrer unterdrückten Wünsche zu realisieren. Einige wie Virginia tun dies in der gemäßigten Form, indem sie eine Kultur bewundern, die sie für ehrlicher und weniger prüde als ihre eigene halten. Andere, wie *Arthur,* wählen eine drastischere Form. Arthur repräsentiert die charakterschwache Person, für die eine Reise schlicht der Anlaß für eine Zechtour ist. Auch für ihn ist Europa ein Ort, der größere Freiheiten verspricht, aber auf eine ganz andere Art. Arthur fehlen die menschlichen Gefühle, die in Virginia das Bedürfnis nach innerer Wärme weckten. Für Arthur bedeuten die europäischen Frauen und Bars Annehmlichkeiten, um seine Bedürfnisse zu befriedigen. In Europa hatte er das Trinken begonnen.

Sein Bericht über den Sommer war die Geschichte wunderbarer Abenteuer. Zusammen mit seinen Freunden sei er auf den Markt gegangen und hätte dort einiges getrunken, danach hätten sie einen Bootsausflug gemacht und weiter getrunken; danach einige Frauen angerufen und mit ihnen die halbe Nacht eine Party gefeiert: Es sei ein wunderbarer Sommer gewesen. Trotzdem rasselt Arthur eine Fülle von Klagen über seine europäischen Freunde herunter. Der Gefährte in der einen Situation stellt sich in der nächsten als unzuverlässig heraus. Europäer seien unreif, an Konventionen gefesselt. Bei den ganzen Trinkgelagen war Arthur selbst der Held, niemand anders wird mit einem Ausdruck von Zuneigung erwähnt. Natürlich wurden einige prominente Männer erwähnt, unter anderem auch Ali Khan, die ihm interessiert zugehört hätten. Die gewöhnlichen Menschen, die ihn begleitet hatten, wurden als großartig im einen Moment, als lächerlich in einem anderen dargestellt. Das Muster ist das eines abhängigen, schwachen Charakters, der auf Ruhm, Eroberungen und Liebe aus ist. Wenn sie ihm im nüchternen Zustand verweigert werden, sucht er sie im Alkohol. Europa scheint ihm mehr Befriedigung zu geben als er zu Hause findet, weil er hier als amerikanischer Tourist etwas Besonderes ist. Europa bedeutet für ihn das Hochgefühl, daß durch Sex und Alkohol entsteht. Dies scheint ihm in Europa leichter erreichbar zu sein, weil er sich hier freier fühlt, danach zu suchen.

Nicht jeder Amerikaner, der ins Ausland reist, ist auf der Flucht. Flucht in irgendeiner Form (was, um dies hier zu betonen, oft eine gute Sache sein kann) war der dominante Wunsch der ersten drei Charaktere, aber es gibt auch andere Bedürfnisse. Die Wünsche *Ellens* dagegen waren ästhetischer, passiver Natur. Sie war eine stille Beobachterin des Geschehens. Wie ein Schwamm saugten ihre Augen alles auf, was sie sahen, um es für ihre Erinnerung zu sammeln. Ellen ist ein übergewichtigen Mädchen, mit nur wenig Sex-Appeal. Sie ist sehr schüchtern, aber begabt. Sie liest, sie malt, sie spielt Gitarre. Es fiel ihr schwer, in der Gemeinschaft des Studentenschaft zu leben. In Europa lief sie am liebsten allein durch die Straßen, um Beobachtungen zu machen. Sie fotografiert nicht. Menschen ihrer Art tun dies nicht, weil sie den aggressiven Akt nicht vollbringen können, eine Kamera auf Menschen zu richten, und weil sie nicht in ihren stillen Betrachtungen unterbrochen werden wollen. Die Menschen, die die meisten Bilder machen, sind die weniger sensiblen Typen wie Arthur und andere, die wir noch beschreiben werden. Aber obwohl Ellen keine Fotos machte, bewahrte sie viele Bilder im Kopf. Sie konnte zum Beispiel die Farbschattierungen eines Rosenfensters und das Muster der Dächer an einem italienischen Hügel beschreiben. Europa bedeutet für sie Schönheit und besondere Sehenswürdigkeiten, die sie ungestört in sich aufsaugen konnte.

Auch *Archibald* war beeindruckt von Kathedralen, obwohl er wohl keine aus dem Gedächtnis hätte zeichnen können. Er betrachtete sie als ein großes Kulturerbe. Aber in dem gleichen Maß, in dem er von der großen Kunst beeindruckt war, imponierten ihm auch die Tischmanieren der französischen Kinder und die Sprachgewandtheit in dem ältesten der Parlamente. Archibald ist der Sohn italienischer Einwanderer, mütterlicherseits adelger, väterlicherseits bäuerlicher Herkunft. Sein Vater, der die Schule drei Jahre lang besucht hatte, ist nun ein wohlhabender Mann und ein Stiftungsmitglied im Kunstmuseum. Archibald studiert in Princeton. Er will nicht in das Geschäft seines Vaters eintreten; im Moment interessiert er sich hauptsächlich für Nietzsche und das Theater. Das wichtigste Reiseerlebnis für ihn war, von den Repräsentanten einer großen Tradition akzeptiert zu werden. Die erwähnenswertesten Erlebnisse bestanden für ihn darin, sich selbst in einer Fülle von Benimmregeln zurechtzufinden, von einem Vertreter von Whitehall gegrüßt zu werden und an einem Bankett mit einem halben Dutzend guter Weine teilzunehmen.

Archibald und andere Vertreter seines Typs hatten viele Fotos gemacht, und darunter waren oft künstlerische Aufnahmen von Menschen und Gegenständen. Er unterschied sich in der Wahl der Motive von Arthur. Arthur war entweder an sensationellen Bildern oder an Fotografien von Sehenswürdigkeiten, nicht aber von Menschen interessiert. Arthur stellte Sehenswürdigkeiten und Freunde häufig auf ein und demselben Bild dar.

Archibald würde gern im Ausland leben. Er selbst hatte sich nicht im Ausland verlobt, wie dies viele andere Reisende mit denselben Zielen getan hätten, aber das liegt daran, daß er noch nicht bereit ist, sich mit irgendjemand zu verloben. Wenn er es täte, wäre es wahrscheinlich mit einer Europäerin. Für Archibald und andere Vertreter seines Typs ist der Auswärtige Dienst sehr attraktiv. Sie sprechen mit Leidenschaft darüber, eines Tages in ein Land zurückzukehren, in dem in ihrer Vorstellung das Leben eine kulturelle Würde hat, die sie zu Hause nicht finden. Kurz gesagt finden sie in Europa Beweise für ihre eigene Bedeutung und ihren Wert. Sie haben sich von der Masse abgehoben, sind in Berührung mit der Tradition gekommen und das ist ihnen bewußt.

Die Reisenden, die noch beschrieben werden müssen, sind die, deren Reise *kein* Erfolg war. Nehmen wir drei, die aus unterschiedlichen Gründen froh darüber waren, als alles vorbei war und sie sicher und gesund in die USA zurückgekehrt waren.

Horace war einfach zu schüchtern, um mit den neuen und schwierigen Situationen fertig zu werden. Seine Reise hatte ihn zu einer europäischen Familie geführt, die ihn erschreckte und zu der er nicht aufzusehen wagte. Als Ergebnis war sein Bild von Europa das einer Löwenhöhle, voll von Schwierigkeiten und Gefahren. Er war stolz darauf, mit ihnen fertiggeworden zu sein, und aus ihnen unverletzt hervorgegangen zu sein. Er berichtete mit Befriedigung, daß er am Ende des Sommers immer noch akzeptiert wurde, obwohl die Gastfamilie seine einsamen Spaziergänge mit dem Reiseführer zu den siebzehn Kirchen der Stadt nicht hätte verstehen könne. Horace wird sich sicher mit Genuß an seine Erfahrungen und Gastgeber erinnern, aber bis zu dem Zeitpunkt, an dem ihn die Entfernung seine Angst vergessen lassen wird, ist er froh, nach Hause zu kommen.

Priscilla ist die Tochter eines kleinstädtischen Bankiers, der gleichzeitig Landwirtschaft betreibt. Sie besucht ein College in den Südstaaten. Sie ist Baptistin und nimmt regelmäßig am Gottesdienst teil. In der Betrachtungsweise Europas, auf das sie ihre Aufmerksamkeit konzentrierte, entspricht Priscilla teilweise Virginia. Beide waren mit ihren Hemmungen und dem Ausdruck der Gefühle beschäftigt. Aber das, was sie durch den Filter ihrer Psyche aufnahmen, ist gänzlich unterschiedlich. Virginia entdeckte in Europa eine Traumwelt voll von emotionaler Wärme, nach der sie sich sehnte. Priscilla konnte diese Welt nicht ohne Vorbehalte genießen, weil sie noch mehr Hemmungen als Virginia hatte, obwohl sie auf eine frigide Art sexuell nicht unerfahren war. Ihr Hauptthema war ihr Urteil über das Benehmen der Europäer – was von dem, was Männer und Frauen taten, von ihr gebilligt wurde und was nicht.

Da die Europäer manches nicht taten, was sie selbst gewagt hätte, warf sie ihnen vor, sie seien zu konservativ, gehemmt und streng. Wenn sie sich so verhielten, daß sie sich in ihren Moralbegriffen bedroht sah, hielt sie sie für aggressiv brutal und unreif. Priscilla erzählte uns von dreiundzwanzigjährigen Jungen, die wie dreizehnjährige daheim „aufgemacht wären; ein Junge, der Wein über ihr Kleid gegossen habe, habe sie ausgelacht, anstatt sich zu entschuldigen; ihre europäischen Freunde hätten zuviel gegessen; die Zensur von Liebesszenen im Kino sei eine gute Sache, weil „die Spanier so leicht zu erregen seien, daß alles mögliche passieren könnte"; die Familienbeziehungen seien wärmer und gefühlvoller als in Amerika; sie hätte in Europa Lokale besuchen können, was ihr in Amerika nicht möglich sei – es würde Spaß machen, in kleine Kneipen zu gehen, dort Wein, Oliven und andere Leckerbissen zu bestellen und die Olivenkerne auf den Boden zu werfen. Aber sie erlebte dies alles eher mit Amerikanern als mit Europäern. Abgesehen von einem deutschen Jungen hatte ihr das Benehmen der Europäer mißfallen.

Priscilla entspricht weitgehend dem klassischen Syndrom einer autoritären Persönlichkeit; aber sie ist autoritär, ohne faschistisch oder fremdenfeindlich zu sein. Wie alle autoritären Menschen trat sie demonstrativ für Gott, Familie und Vaterland ein. Sie neigte zum Pauschalisieren, und war empfänglich für Machtstrukturen, aber sie war dennoch in der Lage, Europa und die Ausländer zu akzeptieren, solange sie dort war. Sie ist kritisch gegenüber deren Verhalten, aber sie hegt keine Haßgefühle.

Ganz anders war da *William*. Er kehrte mit einer Vielzahl von Vorurteilen zurück. Seine Eltern waren Flüchtlinge aus Europa, seine Verwandten waren in den Gaskammern gestorben. Jetzt lebt er in Scarsdale, wo er sich nicht wohl fühlt und die versnobten Nachbarn ablehnt.

Für diesen verstörten Heranwachsenden war die Reise ein Anlaß, sich selbst seinen Wert und seine Unabhängigkeit zu beweisen. Ähnlich wie der schüchterne Horace, nahm William das Ausland als gefährlich und schwierig wahr, aber es war ihm nicht das Wichtigste zu beweisen, daß auch er liebenswert sei. Seine Geschichte handelt von den Demütigungen, die er den Dummen und den Qualen, die er den Boshaften zugefügt habe. Er berichtete von seinen Leistungen mit genauen Zahlen. In Amsterdam sei er zwischen 25 und 30 Meilen gelaufen und hätte nur einmal eine Busfahrkarte benötigt, weil er erkältet gewesen wäre. (Er habe während der Europareise nur hundert Dollar ausgegeben, nachdem er zwei Schecks seiner Eltern abgelehnt hatte.) In Wimbledon sei er zwei Tennisstars begegnet und sei mit einem fotografiert worden. Er habe diese und andere Triumphe dadurch erreicht, daß er sich niemals unterkriegen lasse. Die einzigen Kontakte, die er suchte, waren flüchtige Bekanntschaften mit Fremden. Er sagte, er habe mit dem jungen Europäer, mit dem er einen Monat lang das Zimmer teilte, kaum hundert Worte gewechselt. Er hatte jeden Kontakt zu seiner Reisegruppe verweigert. Man treffe zum Beispiel im Zug noch viele andere Leute, die allein unterwegs seien, sagt er. Er glaubt, aus der Reise gelernt zu haben, ohne Hemmungen mit jedem denkbaren „Vorwand" auf Menschen zuzugehen und mit ihnen zu sprechen. Aber niemand hatte während der Reise seinen Respekt oder seine Zuneigung gewonnen. Er hatte genug von Europa, nicht etwa, weil er sich auf seine Familie zu Hause gefreut hätte, wo er endlose Fragen zu seiner Reise erwartete. Aber schließlich wäre eine Art von Quälerei damit zu Ende. Die Menschen, die er in Europa erlebt hätte, seien „dümmlich" oder „unreif" oder „auf amerikanische Dollars aus". Wie Arthur fotografierte er viel, wenn er einmal damit begonnen hatte, allerdings wählte er sportliche Ereignisse als Motive aus.

William, der seine ungelösten Probleme mit nach Europa brachte, ist sicherlich der Typ eines Amerikaners, den die für die Vertretung Amerikas zuständigen Beamten am liebsten zu Hause behielten. Aber abgesehen von diesem problembeladenen Verursacher von Problemen sollten wir den einzelnen Typen, die wir beschrieben haben, keine Stempel von Gut oder Schlecht aufdrücken. Sie erscheinen in der Beschreibung zwar nicht besonders perfekt, aber wir wollten sie nicht abwerten. Keiner von uns ist allwissend. Als wir die einzelnen Teilnehmer der Befragung darum baten, ihren Sommer in Europa zu beschreiben, lag es in der Natur der Dinge, daß jeder eine Auswahl an Dingen traf, die er erzählte. Wir versuchten darzustellen, daß diese Auswahl in einem Zusammenhang zur Persönlichkeit steht. Auf diesen Zusammenhang kommt es an, nicht auf eine Kritik an der Auswahl oder einer Abwertung des Wählenden. Wir alle sind auf unseren Reisen wie Blinde, die einen Elefanten berühren, und dies kann nicht anders sein, solange wir nicht allwissend sind. In der Kürze der Zeit können wir nur eine kleine Anzahl von Dingen erfassen.

Was jeder von uns wahrnimmt, ist die Erfüllung seiner Bedürfnisse, die aus der Notwendigkeit entstehen, mit den emotionalen Problemen, die das Leben beherrschen, fertigzuwerden. In dieser Beziehung sind unsere Eindrücke von Reisen wie Träume. Sie beinhalten beide die Erfüllung von Wünschen. Für die Xenophilen beweist Europa oder ein bestimmter Ort in Europa, daß das Leben doch nicht insgesamt schlecht ist. Für die Fremdenfeindlichen hielt Europa die schlechten Menschen bereit, die bewiesen wie gut der Reisende im Vergleich zu ihnen war. Für manche Reisende stellt Europa die Prüfung dar, in der sie sich selbst unter Beweis stellen können. Und schließlich entdecken einige hier die Schönheiten von Kunst und Natur, die ihnen die Möglichkeit gaben, sich von den Menschen zurückzuziehen. Was die Amerikaner in Europa erlebten wurde häufig weniger durch die Realität als durch ihre Bedürfnisse geprägt. Diese acht Fallstudien haben uns gezeigt, daß Reisende im Ausland das finden, wonach sie suchen, genau wie es das Klischee besagt. Sie finden tatsächlich ein Land, in dem sie ihre Träume verwirklicht sehen. Es ist möglich, daß das ein Land ist, das städtischer oder emotional freier ist oder ein Land, in dem ständig versucht wird zu betrügen oder auch ein Land, in dem die Sonnenuntergänge schöner sind. Es kann ein gutes oder schlechtes Land sein, je nachdem, ob die Träume Spaß mit netten Leuten oder die Zerstörung des Bösen beeinhalten. Aber es ist immer in irgendeiner Form ein Land, in dem die eigenen Phantasien ausgelebt werden.

Der Beweis für diese Annahme kann aus einer Untersuchung über die Auswirkungen von Auslandsreisen auf die Einstellungen zur Wirtschaftspolitik bei amerikanischen Geschäftsmännern abgeleitet werden. Beteiligt an dieser Untersuchung waren 900 Unternehmer, die riesige Firmen hatten oder auch solche mit nur hundert Angestellten. Sie wurden nach ihrer Meinung über die Zollbestimmungen und den Außenhandel gefragt, und sie wurden nach ihren Erfahrungen bei Auslandskontakten befragt. Bei denen, die wenig im Ausland gewesen waren, ließ sich ihr Standpunkt zu den gesetzlichen Zollbestimmungen anhand der Produkte der Firma voraussagen: ein Textilfabrikant wird sie befürworten, ein Hersteller von Autos wird ein Fürsprecher des freien Handels sein, usw. Aber bei denen, die viel gereist waren, brach die Beschränkung auf die eigenen Geschäftsinteressen in den politischen Einstellungen auf. Dies führte dazu, daß aus der Branche der Firma nicht mehr ohne weiteres Rückschlüsse auf die Einstellung zu den Zollbestimmungen gezogen werden konnten.

Vielleicht erwartet der Leser, daß diejenigen, die viel gereist sind, liberaler geworden seien. Man könnte auch erwarten, daß diejenigen, die die Welt kennengelernt haben, auch Weltbürger geworden seien und ihren politischen Standpunkt auf globale Notwendigkeiten ausrichten würden. Aber das war nicht der Fall. Die vielgereisten Geschäftsmänner waren nicht mit größerer Wahrscheinlichkeit Befürworter des freien Handels. Die Reisen gaben ihren politischen Einstellungen keine völlig neue Richtung. Die Reisen hatten eine viel subtilere Wirkung. Sie brachten Klischees ins Wanken und ersetzten gefühlsmäßige Betrachtungen durch weniger persönliche Standpunkte. Die Reisen bewirkten, daß die Einstellungen nicht mehr so leicht anhand des persönlichen Hintergrundes vorausgesagt werden konnten. Die Personen, die aus durch die Zollbestimmungen geschützten Industriezweigen kamen, wären vielleicht liberaler, wenn sie gereist wären. Die Reisenden veränderten sich in Richtung eines offeneren Standpunktes als Staatsbürger. Das Reisen veränderte ihr Selbstverständnis als Vertreter einer Firma hin zu einer Denkweise, die nationale Gesichtspunkte berücksichtigt. Darüberhinaus waren die Reisen die einzigen Erfahrungen im Bereich der Kommunikation, die sie beeinflußt hatten. Die Bücher, die sie gelesen hatten, haben keinen großen Einfluß auf die Reaktionen. Reisen war für die Befragten eine einzigartige neue Erfahrung.

Trotz allem wird unser Detroiter Geschäftsmann vielleicht ein wenig weltoffener sein. Sicher ist er darauf aus, das zu sehen, was er seinen Freunden berichten will, aber es ist auch möglich, daß er am Ende der Reise völlig anders denkt. Das war bei mehr als einem seiner Reisegefährten bei den Überseereisen der Detroiter Handelskammer der Fall, und es kommt überall in der Welt bei Reisenden vor. Aber die Wirkung tritt in den meisten Fällen nicht schlagartig ein. Wir haben vorhin über vielgereiste Geschäftsmänner gesprochen und deren Standpunkte zu den Zollbestimmungen mit denen ihrer Kollegen mit wenig Auslandserfahrung verglichen. Als „vielgereiste" Personen bezeichneten wir solche, die mindestens fünf Mal im Ausland waren. Sie (es handelte sich um die Hälfte der befragten Geschäftsmänner) unterschieden sich durch einen weiteren Blickwinkel von den übrigen. Eine, zwei oder sogar drei Reisen schienen – auf den ersten Blick – nichts zu bewirken. Dennoch trat eine Veränderung ein. Tief im Inneren wurde die Erfahrung angesammelt und in manchen Fällen wurde ein kritischer Punkt erreicht. An diesem Punkt erkannte der Einzelne, daß der psychische Mechanismus, mit dessen Hilfe er kontrollierte, was er in Europa wahrnahm, ihn nicht völlig vor Veränderungen schützen konnte. Die Tatsache, daß er im Ausland in einer konstruierten Traumwelt lebte, konnte ihn im gleichen Maß verändern wie schützen. Und ähnlich wirkten auch die kleinen Unstimmigkeiten, die durch die Filter des Reisenden durchdrangen, die er zuerst verleugnete und die ihm dann eventuell bewußt wurden. Die Erfahrung des Reisens ist sehr tiefgründig. Gerade weil sie so anstrengend, so gefühlsgeladen ist, ist es eine Erfahrung, die ihre Spuren bei dem Reisenden, der genug reist, um den Prozeß in Gang zu bringen, hinterläßt. Er wird vielleicht dazu gezwungen, Aspekte wahrzunehmen, die er zunächst abzustreiten versucht. Mehr und mehr Amerikaner machen solche Erfahrungen.

Es ist inzwischen bei leitenden Mitarbeitern in der Industrie üblich, durchschnittlich alle zwei Jahre ins Ausland zu reisen. In einigen Jahrzehnten wird es nur noch wenige Amerikaner geben, die von der wichtigen Erfahrung einer Auslandsreise unberührt geblieben sind. Das ist etwas Neues für unser Land. Die Wirkungen werden weder bei den Einzelnen noch für den Staat sofort sichtbar werden. Aber letztendlich wird sich die geistige Haltung der Amerikaner stark verändern.

Literatur

Perlmutter, H. (1957). Some relationships between xenophilic attitudes and authoritarianism among americans abroad. Psychological Reports, 3, 78-87.

Perlmutter, H. (1956). Correlates of two types of xenophilic orientation. Journal of Abnormal and Social Psychology, 42, 130-135.

Perlmutter, H. (1954). Some characteristics of the xeno-philic personality. Journal of Psychology, 38, 291-300.

de Sola Pool, I.; Keller, S. & Bauer, R.A. (1956). The influence of foreign travel on political attitudes of american businessmen. Public Opinion Quarterly, 20, 161-176.

Urlaub als Auszug aus dem Alltag

Helmut Kentler

Für den Erwachsenen ist es einigermaßen schwierig, Jugendliche unauffällig zu beobachten, wenn sie unter sich sind; bloßes Dabeisein genügt, um ihr Verhalten zu ändern. Im Sommer 1962 bot sich mir eine Möglichkeit, diese Schwierigkeiten einer „verdeckten" teilnehmenden Beobachtung weitgehend auszuschließen: Der Studienkreis für Tourismus und ein Unternehmen für Jugendtourismus stellten mir zwei Freiplätze in einem Jugendlager bei Catania (Sizilien) zur Verfügung, so daß ich einen jüngeren Mitarbeiter meines Teams mitnehmen konnte. Dieser Mitarbeiter – Eckardt Fröhlich (...) paßte altersmäßig sehr gut zu den Teilnehmerns dieses Lagers und wurde von ihnen selbstverständlich in ihre Gemeinschaft aufgenommen. Ich selbst blieb zwar vom intimeren Geschehen des Lagerlebens ausgeschlossen, aber in zahlreichen Einzelgesprächen konnte ich die Beobachtungen meines Mitarbeiters kontrollieren. Der folgende Aufsatz wertet unseren gemeinsamen „Catania-Bericht" nach bestimmten Gesichtspunkten aus.

An der Autostraße von Catania nach Syrakus, zehn Minuten Fußweg vom Stadtrand entfernt, liegt das Lager: in einem hügeligen, mit Pinien und Sträuchern dichtbewachsenen Gelände stehen die Bungalows, einzeln oder in Reihen zu kleinen Straßen angeordnet; eine mit großen Steinplatten ausgelegte Tanzfläche bildet das Zentrum; eine Musikbox ist aufgebaut, ringsum stehen Gartentische und Stühle; in der Nähe ist ein Kiosk, wo man Andenken, Zigaretten, Eis, alkoholische und andere Getränke, Sonnenöl und vieles andere kaufen kann; an den Bäumen hängen die Nationalflaggen verschiedener Länder, bunte Reklameschilder sind an die Stämme genagelt; auf einem etwas höheren Hügel liegen die Toiletten- und Waschanlagen; ein großer, nach zwei Seiten offener Bau dient als gemeinsamer Speiseraum. Die Bungalows sind klein und eng, aber sie erfüllen ihren Zweck: An den Längsseiten je eine Pritsche, dazwischen gerade noch ein schmaler Gang, am Kopfende ein Brett, um Sachen abzulegen; am Fußende, wo auch die Tür ist, sind Haken angebracht, um Kleidungsstücke aufzuhängen. Am Tag sind diese Bungalows viel zu heiß, um sich darin aufzuhalten – auch nachts sinkt die Temperatur nur selten unter 20 Grad. Das also ist der Schauplatz, wo der jugendliche Urlauber (das Durchschnittsalter war 20 Jahre) seine Ferien verbringt: Wasser, Strand, Tanzfläche, Eßraum, Bungalow – und darüber eine manchmal unerträglich heiße Sonne, ein immer strahlend blauer Himmel.

Die Teilnehmer. Uns fiel schon während der ersten Tage auf, daß in diesem Lager gerade jene Typen von Jugendlichen fehlten, die in allen neueren Jugenduntersuchungen im Vordergrund des Interesses stehen und gemeinhin als so etwas wie die Idealtypen der „Jugend von heute" angesehen werden. Es fehlte völlig der wenig differenzierte „dumpfe" junge Hilfsarbeiter oder Anlernling, wie er mir bei meiner Industriejugenduntersuchung begegnete. Auch den jungen Facharbeiter, der im allgemeinen einen starken Qualitätsehrgeiz entwickelt, der Ansprüche hat, etwas werden und für sein Geld etwas haben will und schon darum Reisen und Urlaubmachen sehr ernst nimmt, fanden wir hier kaum.

Überhaupt nicht vorhanden war der snobistische Oberschüler und Student, wie er uns auf Tagungen ständig begegnet, der gern diskutiert und problematisiert, um zu zeigen, wie „gebildet" er ist. Es fehlte auch der Typ „Kellerjugend", der meist sehr bewußt, viel über sich selbst reflektierend, existiert und äußert eigenwillig bis oppositionell ist. Nur einmal begegnete uns der einzelgängerische, in persönliche Probleme verstrickte, aber für geistige Auseinandersetzungen stets offene Typ des „Intellektuellen".

Wir trafen einen anderen Typ an, dem wir in so großer Zahl und Ausschließlichkeit noch nirgends begegnet waren. Man könnte ihn als den „total außengeleiteten Typ" bezeichnen, und ich vermute, daß er vorwiegend in der unteren Mittelschicht unserer Gesellschaft zu Hause ist. Unter den Teilnehmern (...) waren erstaunlich zahlreich: Sekretärinnen, kleine Angestellte, werdende Volksschullehrerinnen, Söhne und Töchter von Eltern, die einen kleinen Laden, ein Geschäft, ein Restaurant besitzen – lauter Leute also, die zwar nicht mehr „ganz unten" in der Gesellschaftshierachie stehen, sondern sich gegenüber der Großelterngeneration wahrscheinlich sehr arriviert vorkommen, die es aber „noch nicht ganz geschafft" haben und vorläufig kaum weitere Aufstiegsmöglichkeiten für sich sehen.

Diese jungen Leute aus der Schicht des unteren Mittelstandes verfügen – solange sie unverheiratet sind – über genügend Geld, um sich etwas leisten zu können, und ihre Lebenserwartungen bewegen sich dementsprechend auf einem hohen Anspruchsniveau. Filmstars sind beliebte Vorbilder; die Verhaltensstile ihrer Eltern aber lehnen sie ab, denn sie fühlen sich ihnen überlegen. Diese jungen Leute sind durchaus nicht mehr „kulturlos" wie die untersten Gesellschaftsschichten: Man las im Catania-Lager Taschenbücher, keine „Schundhefte". Aber ihr Aufstiegs- und Bildungsstreben ist erstaunlich gering – es ist, als hätten sie ihre Situation erkannt und wüßten, daß persönliche Anstrengungen ihnen keine Erfolge mehr bringen können. Auffällig ist ihre Hilflosigkeit in allen Fragen der persönlichen Lebensführung. In neuen komplizierteren Situationen reagieren sie nicht „helle" und rasch genug, um sich zu orientieren und dann eigenwillig tätig werden zu können. So kommt es, daß sie entweder in einen „Totstellreflex" einschnappen oder rein affektiv den äußeren Reizen folgen. Sie erwarten wenig von sich selbst, aber alles von außen, und sind daher im Sinne Riesmans („Die einsame Masse") stark nach „außen" orientiert. Sie genießen zwar Privilegien und einen hohen Lebensstandard, aber die „Umgangsübung" dafür wurde ihnen nicht mitgeliefert: Sie können mit ihren Anschaffungen und dem, was sie sich leisten können, noch nicht differenziert umgehen; ihnen fehlen Bindungen und Normen, ihnen fehlen das notwendige Wissen und die Geschicklichkeit – oder auch einfach nur die Erfahrung –, um ihr Leben eigenwillig zu gestalten, und so richten sie ihre Vorstellungen und Wünsche nach für sie unerreichbaren Vorbildern aus. Aber wenn schon nicht in der Arbeitswelt, so soll ihnen doch wenigstens in der Freizeitwelt etwas von ihren Erwartungen in kleiner Münze ausgezahlt werden: Im Alltag ist ihr Geschmack von „Constanze" diktiert, sie entwickeln Warenhausinteressen und bevorzugen einen Chic, der ihnen von gut aufgemachten Reklameannoncen vorgemacht wird

– im Urlaub aber soll ihr Taum vom „wahren Leben“ in einer „großen, weiten Welt“ wenigstens vorübergehend in Erfüllung gehen:

Urlaubswünsche und ihre Verwirklichung. Schon während der Hinreise versuchten wir, etwas über die Reisemotive der Jugendlichen zu erfahren. Immer erhielten wir die gleiche Auskunft: Sicher sein können, daß einem der Urlaub nicht verregnet, Sonne haben, um „braun wie ein Neger zu werden“. Auch wenn man nur zehn Tage in Catania bleiben kann – Hauptsache, „man hat von diesen Tagen was gehabt!“ Was will man haben? Sonne! Im Lager konnte wir beobachten, mit welchem Ernst, mit welcher Ausdauer und Opferbereitschaft man sich dem Braunwerden hingab. Der erste Blick beim morgendlichen Waschen galt dem Rücken: „Habe ich mich auch nicht gepellt?“ Ein Sonnenbrand wurde als schwerer Schicksalsschlag empfunden (...), denn man geriet dadurch um einige Tage in „Rückstand“. Mit fast wissenschaftlicher Genauigkeit rieb man die verschiedensten Sonnenbrandmittel in die Haut; man schwitzte, man wurde „rammdösig“ in der Sonne – aber man hielt aus. Man wechselte von der Rücken- in die Bauchlage, wurde böse, wenn jemand bei einem stand und einen Augenblick die Sonne wegnahm. An den letzten Tagen ging man zwischendurch immer wieder ins Wasser, um die Bräunung zu fördern (obwohl es ein nicht gerade sehr angenehmes Gefühl ist, wenn das Salz sich in die Haut frißt). Schließlich war man zum Braunwerden nach Sizilien gefahren, und nun wollte man sich diesen Wunsch auch erfüllen. Dabei malte man sich aus, „wie die zu Hause staunen werden, wenn ich wie ein Mohr zurückkomme“.

Der Tag ging im monotonen Wechsel von Schwimmen, Sonnenbaden und Essen dahin; eine Abwechslung brachten nur die gelegentlichen Gänge in die Stadt und die Tagesexkursionen nach Taormina, Syrakus und zu den Zyklopeninseln. Die Lagerleitung – eine Reiseleiterin und ein Reiseleiter – gaben keine Anregungen; sie wären bei den Jugendlichen auch kaum auf Gegenliebe gestoßen: Man wollte möglichst ungebunden und zwanglos seinen Urlaub verbringen und genoß das „Gammelklima“, von dem das Lagerleben tagsüber geprägt war. Erst wenn die Sonne untergegangen war, nach dem Abendessen, erwachte das Lager zum Leben – zu einem Nachtleben, das nicht selten bis in die frühen Morgenstunden ausgedehnt wurde. Jetzt wollten die Sehnsüchte der Jugendlichen nach einem „richtigen und wahren Leben“ Erfüllung finden, und man konnte beobachten, wie die jungen Leute nun vollends auf dem Alltag auszogen, um die gewohnte Rolle des Durchschnittsmenschen mit der Rolle des Urlaubers, der „Ferien vom Ich“ macht, zu vertauschen.

Was stellen sie sich unter einem „richtigen und wahren Leben“ vor? Wir versuchten zwar, auf diese Frage eine Antwort zu bekommen – aber stets hieß es: „Ach, es soll einmal ganz anders sein als sonst!“ Es ist kennzeichnend für diese Jugendlichen, daß sie nicht danach trachten, von innen nach außen lebend bestimmte Vorstellungen und Wünsche zu verwirklichen, sondern daß sie „innerlich leer“ sind und daher alles von den äußeren Bedingungen, von den Situationen, in die sie geraten, erwarten: Sie warten mit großer Spannung darauf, daß „es“ passiert, daß „es“ sie innerlich packt und erfüllt – dann, so hoffen sie, wird man erleben: Ich bin anders, jetzt bin ich der, der ich sein möchte. Der Übergang in die Urlauberrolle vollzieht sich rasch, fast schlagartig. Während der langen Zugfahrt ist die Spannung zunächst immer mehr gestiegen – aber schließlich ist man in der drückenden Hitze im Abteil apathisch geworden, man hat nur noch Sehnsucht nach Wasser. Müde schleppt man sein Gepäck ins Lager. Da aber, am Tanzplatz, haben sich alle bisherigen Lagerteilnehmer zum Empfang versammelt: Im Hintergrund die Mädchen, in Bikinis, deren Raffiniertheit dem Paarungskleid der Tiere nachgemacht zu sein scheint; vorn am Rand der Tanzfläche die Jungen – sie räkeln sich, nur mit winzigen Badehosen bekleidet, im Vollgefühl ihrer bereits gewonnen Bräune wohlig auf ihren Stühlen und begutachten laut die neuangekommenen Mädchen: „Du, die ist gar nicht schlecht!" – „Aber iii, wie weiß!" Andere wagen sich schon weiter vor: „Mädchen, bei mir wirst Du Dich wohlfühlen!" Jede dieser Bemerkungen wird von den „Alten" mit Gelächter quittiert. Den Neuankömmlingen ist dieser Empfang sichtlich peinlich. Einige Mädchen erklärten mir später: „Da kommt man an, völlig herunter von der Bahnfahrt, dreckig, verschwitzt – und dann machen die so eine Fleischbeschau. Da geniert man sich doch!"

Die Bezeichnung „Fleischbeschau" charakterisiert am besten diesen „Initiationsritus", dem alle neuen Lagerteilnehmer unterworfen werden. Die „Alten" demonstrieren dabei ihre Überlegenheit und zwingen Ton und Stil ihrer Gemeinschaft den „Neuen" auf; zugleich aber macht ihr Gehabe deutlich, welche „realen Chancen" das Lagerleben dem einzelnen zu bieten hat: Wer will, kann hier „was Tolles" erleben – nicht nur Palmen und Sonne (wie es im Prospekt des Reiseunternehmens hieß), sondern auch „Amore". Die gespannte Sehnsucht nach dem richtigen, wahren Leben hat von da an einen Anhaltspunkt: Man will Liebe erleben, und um dieses Ziel zu erreichen, muß man sich nur den „Alten" möglichst rasch anpassen oder den Vorbildern folgen, die man von Filmen und Illustrierten mitbekommen hat. Am ersten Abend im Lager sind alle auf der Tanzfläche. Die „Neuen" werden bereitwillig in die schon bestehenden Cliquen aufgenommen – neue Cliquen schließen sich zusammen. Die Pärchen finden sich. Man wird in das Nachtleben hineingezogen – dieses exzentrische Leben, das ein Mädchen uns einmal sehr treffend so beschrieb: „Eigentlich sind wir alle verrückt; es ist, als sei dauernd Karneval!" Fortan schwingt das Lagerleben im Rhythmus von Tag und Nacht zwischen den beiden Polen „Gammelklima" und „Karneval" hin und her.

Das Medium „Masse". Zu unserer Zeit – der Hauptferiensaison – waren ständig zwischen 80 und 120 jugendliche Urlauber im Lager. Dennoch hatte man allenfalls bei den Mahlzeiten und den abendlichen Tanzveranstaltungen das Gefühl, in einer „Masse" zu leben. Während der übrigen Zeit lag man pärchenweise oder in kleinen übersichtliche Cliquen am Strand. Einige waren immer in der Stadt, andere saßen am Tanzplatz zusammen – die Menge verteilte sich über die ziemlich große Lagerfläche. Allerdings haben wir auch niemals Einzelgänger beobachtet, die allein sein wollten. Für den Typ von Jugendlichen, den wir hier kennenlernten, hat „die Masse" nichts Abschreckendes, wenn sie aus anonymen

Gleichaltrigen besteht, sucht man sie sogar und gebraucht sie als Stimulans, um sein eigenes „Wesen“ zu entdecken und auszuleben.

Es war für uns völlig neu, daß man die „Masse“ zur „Selbst-Findung“ benutzen kann. Aber allmählich lernten wir die Jugendlichen verstehen. Sie suchten die Masse, um in ihr „aufzugehen“: Der Bestand an Lagerbräuchen wirkt als Verhaltensstütze; man kommt nie in Verlegenheit, nicht zu wissen, was man anfangen soll, weil man risikolos alles nachahmen kann, was alle vormachen; jeder schaukelt seine Stimmung am Beispiel der anderen auf und verliert dabei seine Hemmungen. Die einzig notwendige Voraussetzung dafür ist die Anonymität der Masse: Ich muß sicher sein, daß mein Name den anderen ebenso unwichtig ist wie mir der ihrige, und ich muß die Gewißheit haben, daß ich kaum einen einzigen dieser Menschen um mich herum je wiedersehen werde; dann kann ich in der Masse „ganz privat“ sein, ohne aufzufallen, denn was die andern von mir erfahren, wird für mein Leben ohne Konsequenzen sein. Ist diese Bedingung erfüllt, dann kann die Masse zur Bedingung der Möglichkeit werden, sich als „man selbst“ zu entdecken: Indem der Jugendliche im Leben der Masse mitschwingt und mittut, wirkt die Masse auf ihn wie eine Zentrifuge, die ihn so lange herumwirbelt, bis sein „Selbst“ Gestalt gewinnt; er sprengt die altgewohnten Grenzen seines Ich und entdeckt in sich Möglicheiten und Fähigkeiten, die ihm bisher verschlossen waren.

Lagerbräuche und Verhaltensregeln. Wir hätten von der Eröffnung des Lagers an dabei sein müssen, um die Entstehung der Lagerbräuche und Verhaltensregeln zu verfolgen, die jetzt dem einzelnen das „Umsteigen“ in seine Urlauberrolle so sehr erleichterten. Den „Initiationsritus“ haben wir bereits knapp beschrieben. Ebenso entscheidend für das Lagerleben waren die „Bungalowfeste“ und die „Strandfeste“. Die[se] (...) wurden genau vorbereitet und fanden nur im kleinen Kreis bis zu sechs Personen statt. Beim Frühstück, spätestens beim Mittagessen, beschloß eine Clique: „Heute feiern wir!“ Man sammelte dann Brötchen, die zu den Mahlzeiten kostenlos gereicht wurden, und holte die Reste der Verpflegungsbeutel von den Exkursionen zusammen; in der Stadt besorgte man sich Wein. Diese Vorräte wurden in einem Bungalow gestapelt, und dann konnte nach dem Abendessen die Feierei losgehen. Man saß auf den Betten, erzählte zunächst vom Lagerleben, dann von dem Leben zu Hause und „wie man sich entwickelt habe“. Dabei wurde eifrig getrunken. Schließlich meldete sich der Hunger, und nun schwelgte man in den Lebensmittelvorräten. Einige Pärchen fütterten sich gegenseitig, es entstand allmählich ein engerer Kontakt – man „fand sich“. Die Party löste sich dann gewöhnlich so auf, daß man pärchenweise zum Strand ging, um sich dort weiter zu amüsieren. Schlafen gegangen wurde erst, nachdem man gemeinsam den Sonnenaufgang erlebt hatte. Die „Strandfeste“ dauerten nicht so lange. Sie fanden in größeren Gruppen bis zu 15 Mitgliedern statt. Auf Essen wurde verzichtet, aber man nahm Wein und Gläser mit. Das Ende kam meist sehr plötzlich: Alle verspürten eine ungeheure Lust zu baden; im Schutz der Dunkelheit wurde gewöhnlich nackt gebadet, man rief sich gegenseitig zu, wie schön es sei, einmal „ohne“ im Wasser zu sein.

Wir waren immer wieder erstaunt, wie rasch es jedem gelang, sich in die Lagergemeinschaft einzufügen. Es gab keine Außenseiter, und auch Streitereien oder kleinere Reibereien haben wir nie beobachtet. Es war im Lager einfach nicht üblich, sich aufzuregen oder mit einem andern eine Auseinandersetzung zu führen: Die Affektivität war auf „Sparstrom" geschaltet, um sich und den andern das Leben möglichst einfach und angenehm zu machen. Daß es so leicht gelang, gut miteinander auszukommen, lag sicher auch an der geringen Differenziertheit der Jugendlichen – es gab unter ihnen kaum einmal einen eigenwilligen, von einem eigenen Stilwissen geprägten Charakter –, von allem war das aber den Verhaltensregeln zu verdanken, die allmählich entstanden waren und nun das Lagerleben im ganzen wie die Beziehungen zwischen den einzelnen unbewußt, aber sehr wirkungsvoll steuerten. Diese Verhaltensregeln hatten nicht nur den Zweck, ein Gemeinschaftsleben zu gewährleisten, sondern sie dienten dem einzelnen auch als Verhaltensstütze: Sie waren aus den Urlaubserfahrungen aller früheren Lagerteilnehmer entstanden und wurden nun auf dem Wege der „Ansteckung" an die Neulinge weitergegeben; sie waren ganz darauf angelegt, die Wünsche aller nach einem erholsamen und doch auch außergewöhnlichen Urlaub zu erfüllen.

Die oberste Regel lautete: Möglichst viel Freiheit für den einzelnen. Es kam im Lager zu keiner eigenlichen „Gemeinschaftsbildung", und man entwickelte kein „Wirgefühl". Jeder bewahrte sich möglichst viel Selbständigkeit, auch der Freundin oder dem Freund gegenüber und vor allem innerhalb der Cliquen. Man machte nicht etwas mit, weil es die andern taten und man kein Spaßverderber sein wollte, sondern nur wenn man wirklich Lust hatte mitzumachen. Dabei war man keineswegs egoistisch, sondern man übte eine selbstverständliche, unangestrengte Kameradschaft: Man bot dem andern bereitwillig Geld an, wenn er seines zum Einkauf am Kiosk vergessen hatte; die Mädchen wuschen und bügelten Jungen ihre Hemden und Hosen (nicht nur ihren Freunden!), dafür begleitete ein Junge die Mädchen, wenn sie abends noch ausgehen wollten; man half sich gegenseitig mit Medikamenten aus; wenn jemand krank war, brachte man ihm sein Essen in den Bungalow und fragte dabei, was man sonst noch für ihn tun könne. Neben dieser Kameradschaft fiel die Toleranz auf, die von den Jugendlichen geübt wurde: Es gab manchmal seltsame Gestalten unter den Teilnehmern, die anderswo sicher Spottlust provoziert hätten; man machte sich jedoch höchstens einmal heimlich über sie lustig, und auch dann gab es immer wieder einige, die für sie eintraten: „Laßt ihn doch! Das ist doch seine Sache!" Dieser Satz ist typisch: So wie man selbst frei sein wollte, so gestand man auch anderen Freiheiten zu, und mochte einer auch noch so unverständlich eigenartig sein – man ließ ihn gelten. Die Person des andern war fast das einzige Tabu im Lager. Sonst vor allem, was die „allgemein menschlichen Angelegenheiten" anbetraf – herrschte ein sehr offener Ton: Daß der Mensch ein Sexualwesen ist, war ebenso selbstverständlich wie, daß er essen muß, und so war das eine wie das andere Gesprächsthema; man genierte sich nicht und hatte auch keinen Grund dazu: Man duzte sich, kannte den andern nur beim Vornamen und sah sich nach dem Urlaub nie wieder.

Tourismus, Geschäftspraktiken und ethnische Kategorien in einer mexikanischen Stadt

Jeffrey D. Brewer

Einleitung

Das Interesse der Sozialwissenschaftler an ethnischen Beziehungen und an ethnischer Stereotypisierung hat eine lange Tradition. Eine Konzentration auf ethnische Gesichtspunkte führt jedoch natürlich bei den meisten Forschern dazu, Ethnizität als zentralen Bestandteil jeglichen gerade diskutierten Verhaltens anzusehen. Ethnische Beziehungen sind jedoch, wie van den Berghe (1970, S. 9) betont hat, genauso zu betrachten wie andere soziale Beziehungen auch. Ethnizität kann also für einige Verhaltensweisen durchaus relevant, muß aber nicht unbedingt zentral sein; d.h., sie ist als ein möglicher Faktor unter mehreren anderen zu betrachten. Untersuchungen, die sich auf ethnische Beziehungen konzentrieren, tendieren dazu, diese Tatsache zu vernachlässigen.

Dieser Beitrag befaßt sich mit ethnischer Stereotypisierung und mit Verhaltensweisen, die auf ethnische Stereotypen zurückzuführen sind. Untersucht wird der Gebrauch ethnischer Kategorien im Rahmen der Geschäftspraktiken von Ladenbesitzern in einer Stadt der Halbinsel Baja California. Ethnische Stereotypen werden dabei als Informationsquellen betrachtet (vgl. Leaf 1972, S. 5-14), die von Individuen dazu benutzt werden, ihre Interaktionen mit anderen Individuen zu steuern (vgl. Schütz 1962, S. 15-26). Im Gegensatz zu den meisten anderen Ansätzen zum Thema Ethnizität verdeutlicht dieser Ansatz die Zusammenhänge zwischen ethnischen Stereotypen und anderen Faktoren, die bei den spezifischen, hier erörterten Interaktionen beteiligt sind.

San Felipe: Das Problem der Geschäftsleute

San Felipe im Staat Baja California ist eine Hafenstadt am Golf von Kalifornien, etwa 200 Kilometer südlich von Mexicali.[1] Die Stadt hat etwa 5.500 Einwohner; ihre Wirtschaft stützt sich auf die Krabbenfischerei und den Tourismus. Jedes Jahr kommen etwa 100.000 Touristen nach San Felipe. Sie kommen zum Sportfischen, zum Baden und zum Geländefahren in der Wüste. Mindestens drei Viertel der Touristen sind Amerikaner. Der Rest kommt im wesentlichen aus Mexicali und Tijuana, und nur ein kleiner Teil kommt aus anderen südamerikanischen Ländern, aus Kanada, Europa oder Asien.

Diese Touristen und die Einwohner werden von den folgenden kleinen Geschäften versorgt: 17 Lebensmittelläden, 18 Souvenirläden, 29 Läden anderer Art, sechs Motels, 12 Stellplätze für Wohnwagen (wobei es noch weitere Stellplätze außerhalb der Stadt gibt), 24 Restaurants und Imbißstände, 13 Bars und Tavernen und etwa 45 Geschäfte anderer Art. Die Ausführungen in diesem Beitrag beschränken sich auf die 64 Läden, wobei das meiste jedoch auch auf die anderen Geschäfte angewandt werden kann. Die Kundschaft einiger Geschäfte, wie der Motels, der Wohnwagenstellplätze und der Souvenirläden, besteht ausschließlich aus Touristen. Für alle Geschäfte gilt jedoch, daß sie zumindest gelegentlich Touristen unter ihren Kunden haben.

Die Geschäftsleute von San Felipe glauben (wie alle Geschäftsleute), daß sie bessere Ergebnisse erzielen, wenn sie ihre Kunden kennen, weil sie in diesem Falle ihre Geschäftspraktiken deren Bedürfnissen und Verhaltensweisen anpassen können. In San Felipe stehen sie jedoch vor einem zweifachen Problem: Zum einen sind viele Kunden Touristen und damit nur auf der Durchreise. Zum anderen sind diese Touristen verschiedener Herkunft und unterscheiden sich dementsprechend in ihrem Einkaufsverhalten. Dieses zweifache Problem wird – zumindest teilweise – durch den Gebrauch ethnischer Kategorien gelöst.

Die Kategorisierungssysteme

Wie alle Geschäftsleute in San Felipe ziehen auch die Ladenbesitzer zwei Systeme sozialer Kategorisierung heran, um ihre Kunden klassifizieren zu können. Das erste System besteht aus einer Reihe ethnischer Kategorien *(razas)*. Die Menge möglicher Kategorien in diesem System ist sehr groß; jedes Land und viele andere Bezeichnungen kultureller Gruppen können zur Kategorienbildung herangezogen werden. Beispiele hierfür sind: *mexicanos, americanos, alemanes, negros, indios* und *chinos*. Alle Kategorien dieses Systems sind logisch äquivalent und voneinander unabhängig. Es wird davon ausgegangen, daß jedes Individuum unter eine dieser ethnischen Kategorien fällt.

Das zweite System bezeichne ich als das residente-turista-System. *Residentes* sind die Einwohner von San Felipe. Alle anderen sind *visitantes*. Die Kategorie *visitantes* hat eine Unterkategorie *turistas*, hinsichtlich derer allgemeine Übereinstimmung besteht, und zahlreiche weitere mögliche Unterkategorien. *Turistas* sind diejenigen, die wegen der Strände oder wegen der Geländefahrten in der Wüste kommen. Die anderen Unterkategorien der *visitantes* haben für das Geschäftsleben von San Felipe nur geringe Bedeutung.

„gente"

residente	visitante	
	turista	(andere mögliche Kategorien)

Abb. 1: Das residente-turista-Kategorisierungssystem

Die beiden Kategorisierungssysteme sind logisch voneinander unabhängig. Die Einwohner von San Felipe sind bereit, jedes System für sich oder in jeder möglichen Kombination zu diskutieren. Üblicherweise wird jedoch fest von einer bestimmten Beziehung zwischen den beiden Systemen ausgegangen, falls nicht explizit eine andere spezifiziert wird. Diese Beziehung bildet alle ethnischen Kategorien mit Ausnahme von *mexicanos* auf eine einzige Kategorie, *turistas*, ab, während *mexicanos* mit *residentes* und mit jedem, der nicht *turista visitante* ist, gleichgesetzt wird. Die ethnischen Kategorien außer *mexicano* werden verwendet, um Gruppen von *turistas* zu kennzeichnen. Für die meisten Zwecke wird die Unterscheidung zwischen *residente* und *turista* mit der zwischen *mexicano* und *americano* gleichgesetzt. Diese Beziehung zwischen den beiden Systemen führt zu der nicht unüblichen Behauptung, daß ein Besucher aus Mexicali kein *turista* sei, obwohl er sich genauso verhält wie es von den *turistas* gesagt wird. Darüber hinaus gilt, daß, obwohl es eine Gruppe ortsansässiger Amerikaner gibt (meist Rentner), nur wenige Mexikaner in San Felipe dazu bereit sind, diese ohne Einschränkung als *residentes* zu klassifizieren. Als Gründe für diese Weigerung werden unter anderem genannt, daß die ortsansässigen Amerikaner „sich nicht an den Gemeindeangelegenheiten beteiligen", „Touristenkarten benötigen, um in San Felipe wohnen zu dürfen" und „nicht das ganze Jahr in San Felipe verbringen". Während all diese Behauptungen im allgemeinen zutreffen, gelten die erste und die dritte jedoch auch für viele mexikanische *residentes*.

Die Verwendung der ethnischen Kategorien bei den Ladenbesitzern

Die Ladenbesitzer von San Felipe verwenden diese Kategorisierungssysteme, um sowohl ihre Kunden als auch bestimmte Informationen über ihre Kunden zu klassifizieren. Die Unterscheidung zwischen *mexicano* und *americano* ist dabei für sie von vorrangiger Bedeutung. Personen, die anderen ethnischen Kategorien zugeordnet werden können, sind zu selten, um von den Ladenbesitzern noch berücksichtigt zu werden. Die Informationen über Kunden werden in Form von Stereotypen des *americano* oder *mexicano* gespeichert. Ich werde zunächst die Identifikation einer beliebigen Person als *americano* oder *mexicano* erörtern und danach die Stereotype und deren Konsequenzen für die Geschäftspraktiken beschreiben.

Die Ladenbesitzer nehmen für sich in Anspruch, aufgrund des bloßen Anblicks mit 90- bis 100%iger Sicherheit zwischen *mexicanos* und *americanos* unterscheiden zu können. Sie behaupten, keinen einzigen Fehler mehr zu machen, falls sie die Person sprechen hören. Diese Behauptungen erschienen mir zunächst völlig unglaubwürdig, da ich selbst nicht mehr als 60% der Personen, die ich dort sah, korrekt identifizieren konnte. Sporadische Stichproben schienen jedoch die Korrektheit der Identifikationen der Ladenbesitzer zu bestätigen. Danach gefragt, was die Grundlage dieser Identifikationen bildete, nennen alle Informanten zunächst die Vorstellung, daß alle *americanos* helle Haut und blaue oder grüne Augen, die *mexicanos* dagegen dunkle Haut und dunkle Augen hätten. Dies ist eindeutig unzureichend, da viele Amerikaner dunkle Haut und dunkle Augen haben und andererseits zahlreiche Mexikaner, gerade in der Baja California, hellhäutig und helläugig sind. Nur wenige Informanten können jedoch genauere Erklärungen geben. Ein Ladenbesitzer behauptete, einen „sechsten Sinn" für die Identifikation von *mexicanos* und *americanos* zu haben. Die wahrscheinlichste Erklärung ist, daß die Ladenbesitzer körpersprachliche Eigenschaften und Merkmale der Kleidung für ihre Unterscheidungen heranziehen.

Die ethnischen Stereotypen charakterisieren das Verhalten von Personen aus diesen beiden ethnischen Kategorien und umfassen mehrere, angeblich charakteristische Eigenschaften. Über drei dieser Eigenschaften sind sich alle Ladenbesitzer einig, und diese drei Eigenschaften sind für das Betreiben eines kleinen Einzelhandelsgeschäftes von unmittelbarer Bedeutung. Es sind dies: (a) *americanos* sprechen Englisch und *mexicanos* Spanisch; (b) *americanos* und *mexicanos* verhalten sich unterschiedlich, wenn sie einen Laden betreten; und (c) *americanos* glauben, im Gegensatz zu *mexicanos*, daß der Ladenbesitzer von ihnen besonders hohe Preise verlangen wird. Jede dieser drei Eigenschaften hat Konsequenzen für das Verhalten der Ladenbesitzer.

Aus der Vorstellung, daß *americanos* nur Englisch sprechen, folgt, daß eine effektive Bedienung amerikanischer Kunden gewisse Englischkenntnisse erfordert. Alle Ladenbesitzer beherrschen, was ein Geschäftsmann als „kommerzielles Englisch" bezeichnete, d.h., sie kennen die Zahlen, einige Fragen und Antworten (wie: „Wieviel kostet das?") und die Bezeichnungen der meisten vorrätigen Waren.

Diese elementaren Englischkenntnisse reichen jedoch für diejenigen Läden, die hauptsächlich mit den Touristen Geschäfte machen wollen, nicht aus. Dazu gehören die 18 Souvenirläden und die drei Fischgeschäfte, deren Kundschaft ausschließlich aus Touristen besteht, und die vier Läden für alkoholische Getränke, der Tabakladen und der „Supermarkt" *(miscelanea)*, die sowohl die Touristen als auch die Einheimischen als Kunden gewinnen wollen. Von all diesen Geschäften hat nur einer der Souvenirläden nicht mindestens einen Angestellten, der ein zumindest annehmbares Englisch spricht. Die meisten Souvenirläden, vor allem die größeren, ebenso wie eines der Geschäfte für Alkoholika, verlangen gute Englischkenntnisse von jedem ihrer Angestellten. Der Bedarf an Englisch sprechenden Ladengehilfen erklärt die zeitweise illegale Beschäftigung eines amerikanischen Mädchens in einem der Souvenirläden auf dem Höhepunkt der Touristensaison im Jahre 1974.[2] Die Betreiber der Fischläden, der anderen Geschäfte für Alkoholika und Tabak und des „Supermarktes" begnügen sich mit der Verfügbarkeit nur einer Englisch sprechenden Person.

Die zweite, in den Stereotypen spezifizierte, Eigenschaft betrifft die Vorstellungen der Ladenbesitzer darüber, wie sich *americanos* und *mexicanos* verhalten, wenn sie einen Laden betreten. Nach dieser stereotypischen Vorstellung betritt der *mexicano* den Laden, geht direkt zu dem Ladenbesitzer, der hinter seinem Tresen steht, und fragt nach dem gewünschten Artikel. Der Ladenbesitzer braucht nur hinter dem Tresen zu stehen, um seine Verfügbarkeit zu signalisieren; der ganze Verkaufsvorgang wird hingegen allein durch den Kunden eingeleitet, indem dieser eine persönliche Interaktion mit dem Ladenbesitzer herstellt. Der *americano* jedoch, so die Vorstellung, betritt den Laden und schaut sich darin um, ohne ein Wort zu sagen. Er sucht sich die Ware selbst aus und stellt erst dann eine Interaktion mit dem Ladenbesitzer her, wenn er wünscht, den Austausch von Geld gegen Ware tatsächlich zu vollziehen. Die Ladenbesitzer haben das Gefühl, daß viele *americanos* den Laden eher verlassen als danach fragen würden, was ein Artikel kostet oder ob eine bestimmte Ware vorrätig ist. Die Ladenbesitzer behaupten, nicht zu wissen, warum sich die *americanos* in dieser Weise verhalten.

Da *americanos* dieser Vorstellung nach nicht sprechen, wenn sie einen Laden betreten, versuchen die Ladenbesitzer und die Angestellten in denjenigen Läden, die mit den Touristen ins Geschäft kommen wollen, jeden *americano* beim Eintreten auf Englisch zu begrüßen. Die Begrüßung mexikanischer Kunden wird dagegen nicht für notwendig gehalten. Ein fremder *americano*, der einen der Läden betritt, die keine Geschäfte mit den Touristen machen wollen, wird wahrscheinlich überhaupt nicht begrüßt, und wenn, dann auf Spanisch. In diesen Läden ist es üblicherweise so, daß der Ladenbesitzer es dem Kunden, egal ob *americano* oder *mexicano*, überläßt, die Interaktion einzuleiten.[3]

Die Ladenbesitzer sind nicht in der Lage, die Gründe für diese Praxis anzugeben; sie sagen lediglich, daß der *americano* auf diese Weise eher gewillt sei, nach etwas zu fragen, und deswegen auch eher etwas kaufen würde. Natürlich werden die Amerikaner auf diese Weise auch darüber informiert, daß es eine Englisch sprechende Person gibt, die bereit ist, sie zu bedienen. Die berichtete Handlungsweise des *americano* beim Betreten eines Geschäftes kann als Resultat der mangelnden Bereitschaft gesehen werden, eine persönliche Interaktion herzustellen, falls es nicht um den tatsächlichen Kaufvorgang geht. Die Praxis, den *americano* als erster anzusprechen, ist also ein Versuch, eine Interaktion einzuleiten, damit der *americano* keinen Widerwillen dagegen verspürt, von sich aus eine Interaktion zu beginnen, indem er um eine Auskunft bittet.

In den größeren Geschäften wird diese Idee sogar noch weiter getrieben. Hier wird jeder eintretende *americano* von einem der Angestellten begrüßt, der ihn dann durch den Laden begleitet, bereit, ihm jede gewünschte Auskunft zu geben. Für diese Praxis werden zwei Gründe angeführt. Zum einen dient sie der Abschreckung von Ladendieben; aus diesem Grunde behalten auch die Angestellten eines der Alkoholikageschäfte bestimmte Kunden genau im Auge. Der zweite und wichtigere Grund besteht darin, dem *americano* die sofortige Verfügbarkeit eines Angestellten zur Bedienung des Kunden anzuzeigen. Bei Mexikanern wird ein Eingehen auf den Kunden in dieser intensiven Weise nicht für notwendig gehalten. Während einer zweitägigen Beobachtung in einem großen Souvenirladen wurden 16 von 35 Kunden in dieser intensiven Weise bedient; 16 wurden weniger intensiv bedient, d.h., der Angestellte war nicht ständig beim Kunden, während lediglich drei Kunden unbegleitet im Laden herumgehen konnten. Von den neun mexikanischen Kunden, die den Laden in diesem Zeitraum betraten, wurde nur einer in der beschriebenen intensiven Weise bedient.

In den kleineren Geschäften wird diese Art der Bedienung nicht praktiziert; hier wird eine Begrüßung an der Tür für ausreichend erachtet.

Dritter Bestandteil des Stereotyps ist die komplizierte Vorstellung, daß der Amerikaner denkt, daß der mexikanische Ladenbesitzer denkt, daß, da die Amerikaner reicher sind als die Mexikaner und die Amerikaner das örtliche Preisniveau nicht kennen, der Ladenbesitzer versuchen wird, ihm (dem Amerikaner) einen höheren Preis zu berechnen als dem Mexikaner.[4] Alle Ladenbesitzer reagieren natürlich auf Fragen nach der Vergleichbarkeit von Preisen sehr sensibel. Tatsächlich ist es in San Felipe nicht üblich, von Amerikanern höhere Preise zu verlangen. Ein Ladenbesitzer gab zu, bei Zitronen und Zigaretten von Amerikanern mehr Geld zu verlangen. Auch zwei Betreiber von Imbißständen wurden dabei beobachtet, wie sie von Amerikanern, jedoch nicht von Mexikanern, Pfand für Getränkeflaschen verlangten, außer wenn letztere Anstalten machten, die Flaschen mitzunehmen. Obwohl die amerikanische wie die mexikanische Währung überall in San Felipe akzeptiert und zum offiziellen Kurs getauscht werden können, zeigte sich außerdem häufig, daß ein Zehn-Cent-Stück mit einem Peso gleichgesetzt wurde, obwohl letzterer zum damaligen Zeitpunkt offiziell nur acht Cents wert war. Fünfzig Cents wurden dementsprechend mit sechs Pesos gleichgesetzt. Diese Umrechnungskurse wurden jedoch sowohl bei Amerikanern als auch bei Mexikanern angewandt, und die meisten Ladenbesitzer waren auf Anfrage hin bereit, zum offiziellen Kurs zu tauschen.

Die Ladenbesitzer tragen der oben erwähnten komplizierten Vorstellung dadurch Rechnung, daß sie ihre Waren auszeichnen. Die hinter dieser Praxis stehende Theorie besagt, daß eine Preisauszeichnung auf den *americano* den Eindruck macht, daß der Preis für alle gilt und nicht extra für ihn erhöht wird. Die Preisauszeichnung hat den zusätzlichen Vorteil, einige der Fragen des *americano* unnötig zu machen, so daß er vielleicht eher dazu bereit sein wird, in der oben beschriebenen Weise zu kaufen. Ansonsten gilt jedoch eher das generelle Prinzip, keine Preisauszeichnungen vorzunehmen. Eine Preisauszeichnung macht es nicht nur schwieriger, Preise zu manipulieren (sei es, um den Gewinn zu erhöhen, oder um einen Kunden zu gewinnen); sie bedeutet außerdem, und das ist der wichtigere Grund, mehr Arbeit für den Ladenbesitzer. Aus letzterem Grund werden zumindest schnell umsetzbare oder verderbliche Waren nur sehr selten ausgezeichnet.

Diese Sachlage läßt es erwarten, daß diejenigen Läden, die Touristen als Kuden gewinnen wollen, ihre Ware auszeichnen, währen die anderen darauf verzichten. Mit einigen Ausnahmen ist das auch der Fall. Dementsprechend finden sich Preisauszeichnungen bei neun der 18 Souvenirläden, zweien der drei Fischgeschäfte, dem Tabakladen, dem „Supermarkt", zweien der 17 Lebensmittelläden und den beiden Geschäften für Fischereiausrüstungsgegenstände, die die Fischereiflotte versorgen. Außer in letzteren und in den beiden Lebensmittelläden wird mit US-Dollar- und nicht mit Pesopreisen ausgezeichnet. Nur die Alkoholikageschäfte geben beide Preise an. Die Preisauszeichnung erfolgt in dieser Weise, obwohl nur ein Souvenirladen und ein Alkoholikageschäft überhaupt irgendwelche Dollarkonten führen.

Interessant sind die Ausnahmen von dieser Regel. Einer der beiden Lebensmittelläden wird von der Regierung subventioniert, und seine Geschäftspraktiken richten sich nach dem Vorbild amerikanischer Supermärkte, bei denen Preisauszeichnungen selbstverständlich sind. Der andere Lebensmittelladen wird von einem Mann betrieben, der nebenher ein paar Souvenirs verkauft und aufgrund der Lage seines Geschäftes viele Touristen als Kunden hat. Das eine Fischgeschäft, das keine Preise auszeichnet, ist neu und wird von einer der Fischereikooperativen betrieben, die im Einzelhandelsgeschäft noch unerfahren sind. Die Fischereiausrüstungsläden zeichnen ihre Waren dagegen deshalb aus, weil sie erheblich mehr verschiedene Artikel vertreiben als die anderen Geschäfte und die Preisauszeichnung dem Verkaufspersonal die Arbeit erleichtert. Die beiden größten Souvenirläden stehen vor dem gleichen Problem. Die Betreiber aller anderen Läden haben die Preise ihres gesamten Sortiments im Kopf.

Neun der Souvenirläden zeichnen jedoch keine Preise aus, weil angenommen wird, daß *americanos* in Souvenirläden feilschen, auch wenn die Ware ausgezeichnet ist. Die Ladenbesitzer haben für dieses Verhalten zwei Erklärungen. Die erste besagt, daß viele *americanos*, insbesondere diejenigen, die schon einmal im Inneren des Landes waren, glauben, daß Mexikaner ein Feilschen um den Preis erwarten. Die zweite lautet, daß viele Amerikaner glauben, daß Souvenirläden ausschließlich an amerikanische Touristen verkaufen, so daß in einem solchen Laden Preisauszeichnungen keinen Schutz vor überhöhten Preisen darstellen. Die Praxis von Souvenirläden in Tijuana, in denen Preisauszeichnungen (mit Aufschlägen von bis zu 200%) lediglich als Ausgangsbasis für Verhandlungen dienen, wird häufig als Erklärung für dieses Verhalten von seiten der americanos angeführt. Solche Praktiken sind in San Felipe jedoch unüblich. Die Ladenbesitzer, die Preise auszeichnen, wollen damit normalerweise das Feilschen vermeiden. Um *americanos*, die unbedingt feilschen wollen, entgegenzukommen, läßt sich einer der Ladenbesitzer 95 Cents vom Preis solcher Waren abhandeln, die mit ein, zwei usw. Dollar und 95 Cent ausgezeichnet sind. Die Betreiber der neun Souvenirläden, die keine Preisauszeichnungen vornehmen, haben das Feilschen akzeptiert. Das führt häufig dazu, daß sie bei einzelnen Artikeln höhere Gewinne erzielen können, jedoch um den Preis erhöhten Aufwands und mit dem Risiko unnötig verlorener Kunden.

Mexikaner wurden nicht beim Feilschen beobachtet, obwohl sich sowohl Mexikaner als auch Amerikaner über die hohen Preise beklagen. Da alle Waren, mit Ausnahme von Fisch, per Lastwagen nach San Felipe gebracht werden müssen, ist das Preisniveau eher hoch.

Diese drei Eigenschaften sind diejenigen, die für das Betreiben eines Geschäftes von unmittelbarer Bedeutung sind. Von den beiden erörterten Kunden-Stereotypen ist das bezüglich des *mexicano* wohl das grundlegendere. Beim Gespräch über Kunden beschreiben die Ladenbesitzer immer die Besonderheiten des *americano*, anstatt *americanos* mit *mexicanos* zu vergleichen. Diese drei Eigenschaften sind jedoch nicht die einzigen, in denen sich die beiden Personenkategorien angeblich unterscheiden; sie sind allerdings die einzigen, die von buchstäblich allen Geschäftsleuten in San Felipe als zutreffend erachtet werden. So ist zum Beispiel der Glaube, daß *americanos* sehr viel reicher seien als *mexicanos*, in San Felipe weit verbreitet. Kinder rechtfertigen mit diesem Glauben das Anbetteln von Touristen. Alle Geschäftsleute kennen diese Vorstellung, doch die meisten sagen, daß die Unterschiede nicht so groß sind, wie viele glauben. Sie betonen, zugleich amüsiert und verärgert, daß dieser Glaube von den *americanos* geteilt wird und sich darin äußert, daß viele *americanos* ihre Zwanzig-Dollar-Scheine in der Bank wechseln, so als ob sie befürchteten, daß die Ladenbesitzer auf solche großen Scheine nicht herausgeben könnten.

Die Verwendung des *residente-turista*-Kategorisierungssystems bei den Ladenbesitzern

Obwohl die Unterscheidung zwischen *residente* und *turista* für die meisten Zwecke als äquivalent zu der zwischen *mexicano* und *americano* betrachtet wird, gibt es zwei Geschäftsaspekte, für die die *residente-turista*-Unterscheidung eine besondere Rolle spielt. Zum einen bekommen nur *residentes* beider ethnischen Kategorien von den Ladenbesitzern Kredit eingeräumt. Zum anderen beruht die Auswahl der zum Verkauf stehenden Waren eher auf der Klassifikation der Kunden nach diesem System als auf der nach dem System der ethnischen Kategorien. Das heißt, von den *residentes* beider Kategorien wird angenommen, daß sie bestimmte Lebensmittel und Haushaltswaren kaufen, während man bei *turistas* davon ausgeht, daß sie Camping- und Picknickgegenstände, Souvenirs, Alkoholika und andere Arten von Lebensmitteln verlangen.

Die Identifikation einzelner Personen als *residentes* oder *turistas* stellt für die Ladenbesitzer kein Problem dar, da sie Personen nur dann als *residentes* klassifizieren, wenn sie wissen, daß sie in San Felipe wohnen und dort auch einige Zeit bleiben werden. Die Ladenbesitzer gehen davon aus, buchstäblich alle *residentes* zu kennen; jeder andere ist ein *turista*.

Eine Aussage der Geschäftsleute betrifft beide Kategorisierungssysteme. Sie besagt, daß *mexicano turistas* trotz ihrer geringeren Zahl bessere Kunden sind als *americano turistas*. Dies deshalb, weil *americanos*, wenn sie nach San Felipe kommen, mit Wohnwagen oder Wohnmobilen anreisen und alle Vorräte mitbringen, die sie brauchen; daher können nur die Fischgeschäfte, die Camping- und Stellplatzbesitzer und die Souvenirläden nennenswerte Geschäfte mit diesen *turistas* machen. Viele Amerikaner kommen nach San Felipe, weil sie dort nicht viel auszugeben brauchen. *Mexicano turistas* dagegen kaufen, über die Dinge hinaus, die auch *americano turistas* kaufen, auch Lebensmittel und Picknickgegenstände. Außerdem erwarten die *mexicanos* (im Gegensatz zu den *americanos*) nicht, daß ein Ausflug nach San Felipe billig sein müsse, und gehen deshalb freigebiger mit ihrem Geld um.

Amerikanische Touristen mexikanischer Abstammung

Amerikaner mexikanischer Abstammung bilden einen kleinen, jedoch durchaus bedeutsamen Teil der Touristen, die nach San Felipe kommen. Doch die für Geschäftszwecke erfolgende Unterteilung von Personen in *mexicanos* und *americanos* läßt für mexikanische Amerikaner keinen Raum. Die Begriffe *„chicano"*, *„pocho"*, und *„mexicano-americano"* sind in San Felipe zwar durchaus bekannt, werden jedoch in Gesprächen über Beziehungen zu Kunden kaum je verwendet. Obwohl ein Mann die Mexikanisch-Amerikaner als *mexicanos* bezeichnete, die in den USA leben, weigern sich außerdem die meisten Geschäftsleute, sie als *mexicanos* zu betrachten, „weil sie kein Spanisch sprechen". Diese Aussage habe ich einmal gehört, nachdem gerade zehn Minuten zuvor eine Gruppe von Mexikanisch-Amerikanern den Laden verlassen hatte, mit denen sämtliche Geschäfte auf Spanisch abgewickelt worden waren. Die Erklärung dafür ist, daß das Spanisch der Mexikanisch-Amerikaner kein „richtiges" Spanisch ist, sondern eine Mischung aus Spanisch und Englisch. Auch wenn die Geschäftsleute *mexicano-americanos* nicht als *americanos* betrachten, sagte einer doch, daß ihre Lebensumstände eher amerikanisch seien. Selbst wenn also ein Mexikanisch-Amerikaner sich wie ein *mexicano* zu verhalten weiß, ist er dennoch keiner, weil sein kultureller Hintergrund ein anderer ist.

Die Ladenbesitzer sind im allgemeinen in der Lage, *mexicano-americanos* sofort zu erkennen. Sie behaupten außerdem, daß sich diese in vielem eher wie *mexicanos* als wie *americanos* verhalten. Es ist von daher nicht überraschend, daß die Ladenbesitzer sie normalerweise wie *mexicanos* behandeln. Einige der mexikanisch-amerikanischen Touristen sagen, daß sie zum Teil deswegen nach San Felipe kommen, weil sie sich in ihrem „Heimatland" „zuhause" fühlen können. Diese Vorstellung wird von den Einheimischen jedoch nicht geteilt. Da die Mexikanisch-Amerikaner von den Geschäftsleuten jedoch ganz ähnlich wie *mexicanos* behandelt werden, wird diese Einstellung der Einheimischen den mexikanisch-amerikanischen Touristen im allgemeinen nicht bewußt.

Die Einstellungen der Amerikaner

Bislang hat sich diese Untersuchung ausschließlich mit den Einstellungen und Verhaltensweisen der mexikanischen Geschäftsleute befaßt. Auch die amerikanischen Touristen akzeptieren die Gültigkeit ethnischer Unterscheidungen. Ihr Verständnis der Rolle ethnischer Identifikation in Geschäftsangelegenheiten unterscheidet sich jedoch von dem der Geschäftsleute. Natürlich zeigen die Touristen nicht den gleichen Grad an Übereinstimmung wie diese; dennoch ist es möglich, die drei oben diskutierten Eigenschaften auch aus der Sicht der amerikanischen Touristen zu untersuchen.[5]

Obwohl die meisten Amerikaner zugeben, kein Spanisch zu sprechen, versichern sie doch, ausreichende Spanischkenntnisse zu haben, um „einigermaßen durchzukommen". Diese Kenntnisse sind im allgemeinen auf einige wenige

Worte und Fragen beschränkt; sie reichen selbst für eine sehr einfache Unterhaltung nicht aus. Alle Touristen behaupten, daß Verständigungsprobleme keine große Rolle spielen, entweder aufgrund dieser angenommenen Spanischkenntnisse oder weil sie den Eindruck haben, daß die Geschäftsleute in San Felipe ausreichend gut Englisch sprechen.

Die Vorstellung, daß Mexikaner und Amerikaner sich beim Einkauf unterschiedlich verhalten, ist den Touristen völlig fremd. Viele kennen jedoch die Praxis des Begleitet-Werdens durch das Geschäft. Einige der Touristen äußern Abneigung gegen diese Praxis, da sie durch sie das Gefühl haben, wie potentielle Ladendiebe behandelt zu werden. Manchmal ist die Ablehnung auch in dem Gefühl begründet, daß auf diese Weise – wie sie es sehen – eine persönliche Interaktion erzwungen werden soll.[6]

Die Idee, daß die Ladenbesitzer versuchen, von den Amerikanern höhere Preise zu kassieren, ist unter amerikanischen Touristen weit verbreitet. Die Gründe entsprechen den von den Geschäftsleuten genannten. Viele Amerikaner haben das Gefühl, feilschen zu müssen, um in den Souvenirläden „faire" Preise zu erzielen. Einige der Touristen vergleichen, ähnlich wie manche Händler, die Preisgestaltung in San Felipe mit derjenigen in Tijuana und erkennen an, daß die ausgezeichneten Preise in San Felipe angemessener erscheinen. Dies ist das einzige der drei Elemente der Stereotypen, über das zwischen den amerikanischen Touristen und den Geschäftsleuten vollständige Übereinstimmung besteht.

Die mangelnde Übereinstimmung zwischen den Stereotypen der Geschäftsleute und deren Verständnis seitens der Amerikaner ist in San Felipe nur schwer zu beseitigen. In den Geschäften wird *jeder* Amerikaner nach den oben beschriebenen Prinzipien behandelt. Diese Praxis schließt jede Interaktion außer der auf der Basis Geschäftsmann-Kunde weitgehend aus. Der *americano* wird in jedem möglichen Kontext als potentieller Kunde betrachtet, zumindest von jenen Geschäftsleuten, die viel mit Touristen zu tun haben. Während der Durchführung meiner ethnographischen Arbeiten stellte es sich für mich als notwendig heraus, zunächst Fischer und andere Personen kennenzulernen, die nichts mit Tourismus zu tun hatten, und dann diese Kontakte zu verwenden, um Personen vorgestellt zu werden, die mit den Touristen Geschäfte machten. Selbst wenn die Kontaktaufnahme auf diese Weise erfolgte, bestanden manche Geschäftsleute darauf, mich wie einen *americano turista* zu behandeln.

Die Nützlichkeit der Kategorisierungssysteme

Das in den ethnischen Stereotypen verkörperte Wissen und das *residente-turista*-Kategorisierungssystem stellen nur einen kleinen Teil desjenigen Wissens dar, das sowohl der Ladenbesitzer als auch sein Kunde benötigen, um den Kauf (bzw. Verkauf) einer Ware in einem Laden zu bewerkstelligen. Der Ladenbesitzer muß darüberhinaus wissen, wie er die Art seines Geschäftes nach außen hin gegenüber potentiellen Kunden deutlich machen kann; er muß die Waren zur Verfügung halten, in der Lage sein, Geld nicht nur anzunehmen, sondern auch zu wechseln etc. Der Kunde muß wissen, wie er ein Geschäft identifizieren kann, wie er Waren erwirbt, für diese bezahlt usw. Während ein großer Teil des Wissens der Ladenbesitzer als spezialisiertes Wissen betrachtet werden kann, sind die grundlegenden Elemente des Wissens auf seiten der Kunden – wie die Begriffe „Geschäft“, „Geld“ und „verkaufen“ – sowohl bei Amerikanern als auch bei Mexikanern vorhanden.

Jeder einzelne Kunde hat jedoch, seine ganz individuelle Art, mit persönlichen Interaktionen umzugehen. In vielen Städten von der Größe San Felipes wird dieses Problem, mit einer großen Anzahl verschiedener Personen umgehen zu müssen, dadurch vereinfacht, daß die Ladenbesitzer einen großen Teil ihrer Kundschaft persönlich kennen. In San Felipe jedoch kommen die Kunden nicht nur aus der Stadt selbst, sondern darüber hinaus aus der Bevölkerung beiderseits der mexikanisch-amerikanischen Grenze, die sich auf etwa 15 Millionen beziffert. In einer solchen Situation wird die Entwicklung allgemeiner Erwartungen darüber, wie Kunden sich in geschäftlichen Interaktionen verhalten, zur absoluten Notwendigkeit. Da sich viele Amerikaner von vielen Mexikanern hinsichtlich ihres Verhaltens in solchen Situationen unterscheiden, führt die Unterteilung der Kunden in die Kategorien der *mexicanos* und *americanos* für die Geschäftsleute zu einer teilweisen Lösung ihres Problems. Der Nutzen ethnischer Identifikation im Rahmen geschäftlicher Interaktionen ist ein doppelter. Erstens stellt sie Kategorien für unterschiedliche Erwartungen hinsichtlich des Verhaltens zweier Personengruppen zur Verfügung, deren Verhalten sich tatsächlich in vielen Fällen unterscheidet. Zweitens kann die Zuweisung von Personen zu einer der beiden Klassen aufgrund des bloßen Anblicks erfolgen, auch wenn der hier zugrundeliegende Mechanismus nicht völlig klar ist.

Die Verwendung ethnischer Stereotypen bedeutet für die Ladenbesitzer nicht nur eine Vereinfachung ihrer Situation, sondern führt auch zu Geschäftspraktiken, die ihrer Ansicht nach für das Gewinnen von Kundschaft – und insbesondere von touristischer Kundschaft – sehr effizient sind. Leider ist es mir nicht möglich, die Effektivität dieser Praktiken präzise einschätzen zu können. Wenn es auch zutrifft, daß z.B. die größten Souvenirläden diejenigen sind, die sich am engsten an den aus den ethnischen Stereotypen abgeleiteten Geschäftsprinzipien orientieren, so kann deren Erfolg zum großen Teil auch darauf zurückzuführen sein, daß sie mehr Geld in ein breiteres Angebot investieren können. Immerhin bringt die Vorstellung, daß *americanos* nur Englisch sprechen, viele Jugendliche in San Felipe dazu, gutes Englisch lernen zu wollen, um mit den Touristen Geschäfte machen zu können. Eine aus den Stereotypen abgeleitete Praxis könnte jedoch kontraproduktiv sein: viele Amerikaner verspüren eine Abneigung dagegen, durch ein Geschäft begleitet zu werden.

Implikationen für ethnische Untersuchungen

Aus Schermerhorns (1970) Diskussion von Untersuchungen zu ethnischen Beziehungen wird ersichtlich, daß dieser Forschungsbereich auf dem Gedanken basiert, daß die relevante Untersuchungseinheit die ethnischen *Gruppen* seien. Das heißt, ethnische Beziehungen werden als Beziehungen zwischen Gruppen (Klassen) von Personen aufgefaßt; Interaktionen zwischen Einzelpersonen sind nur insofern von Interesse, als sie die Beziehungen zwischen den Gruppen widerspiegeln. Eine solche Annäherung an das „ethnische" Verhalten in den Geschäften von San Felipe ist eindeutig unangemessen. Denn die wirklich grundlegende Beziehung ist hier diejenige zwischen dem Ladenbesitzer und seinem Kunden. In San Felipe ist die ethnische Identität nur *ein* Aspekt *geschäftlicher* Interaktionen.

Untersuchungen zu ethnischen Stereotypen sind im allgemeinen beschränkt auf die Erfassung des Inhalts der Stereotypen oder ihres Einflusses auf die Wahrnehmung (Aboud & Taylor 1971, S. 17). Die Frage der Zusammenhänge zwischen Stereotypen und Verhalten wird, wie man annimmt, durch die Untersuchung der Beziehungen zwischen ethnischen Gruppen abgedeckt (vgl. Brewer & Campbell 1976, S. 3). Die wesentliche Bedeutung ethnischer Kategorien wird darin gesehen, daß sie der Identifikation von Mitgliedern ethnischer Gruppen und/oder der rangmäßigen Einstufung dieser Gruppen dienen (Schermerhorn 1970, S. 6ff.).

Die vorliegende Studie macht jedoch klar, daß die mit ethnischen Stereotypen verbundenen Eigenschaftszuschreibungen einen unmittelbaren praktischen Wert haben können. Das heißt, daß ethnische Stereotypen nicht im luftleeren Raum entstehen; ihre Untersuchung sollte sich daher auf jene *speziellen Situationen* konzentrieren, in denen sie für bedeutsam gehalten werden. Es ist möglich, daß der primäre Nutzen ethnischer Kategorien und Stereotypen in der Identifikation von in- und outgroups liegt (Enloe 1973, S. 39). Diese Untersuchung liefert jedoch ein eindeutiges Beispiel für eine ganz andere Verwendung ethnischer Identifikation.

Die bei den Geschäftsleuten in San Felipe mit den ethnischen Kategorien verbundenen Eigenschaften sind zudem von ganz anderer, nämlich deutlich spezifischerer Art als diejenigen, die normalerweise bei Untersuchungen zu ethnischen Stereotypen gefunden werden (vgl. Funk et al. 1976; Brewer & Campbell 1976). Wie Moerman (1968) jedoch gezeigt hat, setzt die Zuweisung von Personen zu ethnischen Kategorien die Identifikation der Populationen logisch voraus. Wenn die Populationen einmal identifiziert sind, können differenzierende Eigenschaften entdeckt oder erfunden werden. Von daher ist der Umfang einer Auflistung der ethnischen Stereotypen einer Gruppe potentiell unendlich groß. In San Felipe ist es, wie erwähnt, möglich, von sehr vielen Eigenschaften zu erfahren, in denen sich *americanos* von *mexicanos* unterscheiden sollen, aber allgemeine Übereinstimmung besteht nur hinsichtlich einiger weniger dieser Eigenschaften. Die hier berichteten sind diejenigen, hinsichtlich derer sich alle *Geschäftsleute* einig sind. Nachvollziehbarerweise werden diese Eigenschaften von den Geschäftsleuten deshalb ausgewählt, weil sie für das Geschäft besonders *nützlich* sind.

Meine These ist also erstens, daß es für ethnische Kategorien mehr Verwendungsweisen gibt als nur diejenigen, die bisher von den meisten Forschern im

Bereich ethnischer Beziehungen erfaßt wurden. Zweitens ist die Betrachtung ethnischer Beziehungen als Beziehungen zwischen Gruppen in vielen Situationen unangemessen. Drittens muß die Untersuchung ethnischer Stereotypen die Interaktionen berücksichtigen, für die diese relevant sind. Nur deren Berücksichtigung kann zu Erklärungen für die spezifischen Eigenschaftszuschreibungen führen, die in den Stereotypen enthalten sind.

Anmerkungen

1 Die Daten für diese Studie wurden zwischen Oktober 1973 und Oktober 1974 erhoben. Die ethnographische Gegenwart ist das Jahr 1974. Da San Felipe eine sich rasch entwickelnde Stadt ist, sind viele der hier gegebenen Informationen inzwischen veraltet. Für nähere Informationen zum Norden der Baja California und San Felipe s. Price 1973, S. 23–39.

2 Dieses Mädchen und ihre Schwester sind die einzigen amerikanischen Ortsansässigen, die in jeder Hinsicht als *residentes* behandelt werden.

3 Der Besitzer eines der Alkoholgeschäfte, der in den USA aufgewachsen ist und deshalb perfekt Englisch spricht, begrüßt *americanos* auf Spanisch und wechselt erst dann zum Englischen, wenn der Kunde ihn seinerseits auf Englisch anspricht. Er hat eine perverse Freude daran, Amerikaner als *mexicanos* zu behandeln. Im Jahre 1974 hatte er jedoch gerade einen neuen Laden als Ersatz für seinen alten gebaut, und vor der Fertigstellung des neuen Ladens war seine Kundschaft zu 70% mexikanisch gewesen.

4 Diese Vorstellung und die dahinterliegende Realität sind im Grunde allgemeine Eigenschaften des Tourismus. Die Praxis, höhere Preise zu verlangen, ist nur deswegen überhaupt möglich, weil es sich bei den Kunden um Touristen handelt, die nicht nur die örtliche Situation nicht kennen, sondern außerdem nicht dazu bereit sind, Zeit und Energie von ihren touristischen Aktivitäten abzuzweigen, um diese Situation kennenzulernen. Dieser Sachverhalt ist die Ursache für die „Touristenpreise".

5 Die Datenbasis für diese Ausführungen ist meiner Meinung nach gerade noch ausreichend. Aufgrund der hohen Mobilität der Touristen ist eine adäquate Stichprobenziehung völlig unmöglich. Die Datenbasis besteht hier aus acht sorgfältig durchgeführten Interviews und zahlreichen zwanglosen Unterhaltungen mit Touristen in San Felipe. Überprüft habe ich diese Daten anhand meiner eigenen Erfahrungen und denjenigen von Bekannten aus San Felipe und anderen Orten.

6 Obwohl sich die Ladenbesitzer anscheinend dieser Ablehnung nicht bewußt sind, sagte mir einer der Angestellten eines großen Souvenirladens, daß er zwar amerikanische Kunden durch den ganzen Laden begleite, sich aber dabei nicht besonders wohl fühle, da er glaubte, jeder müsse bei einer solchen Begleitung das Gefühl haben, als potentieller Ladendieb betrachtet zu werden.

Literatur

Aboud, F. E. & Taylor, D. M. (1971). Ethnic and role stereotypes: Their relative importance in person perception. Journal of Social Psychology 85, 17–27.

Brewer, M. B. & Campbell, D. T. (1976). Ethnocentrism and intergroup attitudes. New York: Wiley.

Enloe, C. H. (1973). Ethnic conflict and political development. Boston: Little, Brown.

Funk, S. G., Horowitz, A. D., Lipshitz, R. & Young, F. W. (1976). The perceived structure of American ethnic groups: The use of multidimensional scaling in stereotype research. Sociometry 39, 116–130.
Leaf, M. J. (1972). Information and behavior in a Sikh village. Berkeley: University of California.
Moerman, M. (1968). Being Lue: uses and abuses of ethnic identification. Proceedings of the 1967 Spring Meeting, American Ethnological Society.
Price, J. A. (1973). Tijuana: Urbanization in a border culture. Notre Dame, Indiana: University of Notre Dame.
Schermerhorn, R. A. (1970). Comparative ethnic relations: a framework for theory and research. New York: Random House.
Schütz, A. (1953). Wissenschaftliche Interpretation und Alltagsverständnis menschlichen Handelns. Ges. Aufsätze, Bd. 1 (S. 3–54). Den Haag: Nijhoff 1971.
Van den Berghe, P. (1970). Race and ethnicity: Essays in comparative sociology. New York: Basic Books.

Marginale Paradiese
Bungalow-Tourismus auf den Inseln Südthailands

Erik Cohen

Einleitung

Diese Arbeit stellt einige vorläufige Befunde aus dem ersten Stadium einer im Sommer 1979 begonnenen vergleichenden Längsschnittstudie über das Vordringen, die Entwicklung und die Bedeutung des Tourismus an zwei Stränden auf den Inseln von Südthailand vor: am Sawadee-Strand auf Ko Samui und am Sabai-Strand auf Phuket (die Namen der Strände sind Pseudonyme). Diese Strände sind in mehrerer Hinsicht „marginale Paradiese“: sie liegen geographisch gesehen am Rand der Inseln, ein kleiner Streifen Sand zwischen Land und Wasser; ökologisch und ökonomisch sind sie von marginaler Bedeutung für die einheimische Gesellschaft; und bis zur kürzlich erfolgten Ankunft der Touristen waren sie von marginaler Relevanz für das Bewußtsein der Einheimischen. Sie sind ein „Paradies“ für die Touristen – aber ein „Touristenparadies“, dem das tiefergehende Charakteristikum des „Zentrums“ fehlt, das das Symbol des Paradieses im religiösen Bewußtsein ausmacht. Und weit davon entfernt, das endgültige Reiseziel der Touristen zu sein, sind sie nicht nur von marginaler Bedeutung für den Lebensentwurf der Touristen, sondern auch für deren Reise: eine schöne Unterbrechung, aber ohne tiefere Bedeutung.

Die Studie ist Teil eines größeren Projektes über den Jugendtourismus in Thailand, d.h. über Touristen jünger als oder um das Alter von 25 Jahren, die billig sowohl auf konventionelle als auch auf unkonventionelle Art reisen. Ein Teil der Studie, der sich mit dem Tourismus unter den Volksstämmen in den Bergen von Nordthailand beschäftigt, ist fertiggestellt (Cohen 1979b, 1982, 1983a,b). Die Studie über den Erholungstourismus an den beiden Stränden im Süden wurde als Gegenstück und Ergänzung zur Studie über den Aktiv-Tourismus im Norden entworfen. Die Motive, das Verhalten und die Interaktionen zwischen aktiven *(sightseeing)* und erholungssuchenden *(vacationing)* jugendlichen Touristen (Cohen 1974, S. 544ff.) sowie deren unterschiedlicher Einfluß auf die einheimische Gesellschaft können so vergleichend untersucht werden.

Autoren mit einem kulturkritischen Ansatz (z.B. Boorstin 1962, S. 77–177; Fussell 1979; Turner & Ash 1975) haben die Oberflächlichkeit der Motive und Verhaltensweisen der Massentouristen mittleren Alters streng kritisiert. Viele Soziologen und Anthropologen haben die Aufmerksamkeit auf die problematischen Konsequenzen des Massentourismus für die Gastgeberländer gelenkt (Finney & Watson 1975; Prahl & Steinecke 1979; UNESCO 1976). Jugendliche Touristen, vor allem die nicht-konventionellen, die in der Literatur als *„drifters“* (Cohen 1972, S. 168; 1973), *„wanderer“* (Vogt 1976) oder *„travelers“*

(Teas 1974) bezeichnet werden, werden von solcher Kritik häufig ausgenommen. Ihren Erfahrungen unterstellt man eine größere „Authentizität" als denen der Massentouristen. Von ihnen glaubt man, daß sie tiefer als die Massentouristen in die einheimische Gesellschaft vordringen (Cohen 1972, S. 176), um typische touristische Konstellationen zu vermeiden und um einen der einheimischen Gesellschaft mehr zugute kommenden Einfluß auszuüben. „Gegenkulturelle" Autoren wie Vogt (1976, S. 27) schwärmen von der Erfahrung des Unterwegs-Seins; andere halten es als Modell für den alternativen Tourismus hoch (z.B. Armanski 1978, S. 93f).

Die vereinfachende Idee, daß der Massentourismus grundsätzlich zu verdammen sei, wurde in den vergangenen Jahren, vor allem von MacCannell (1973; 1976), intensiv diskutiert. Empirische Studien haben gezeigt, daß die Auswirkungen des Massentourismus wesentlich komplexer und differenzierter sind als bisher allgemein angenommen (z.B. Boissevain 1977; Cohen 1979d; de Kadt 1979; Noronha 1977). Es gibt jedoch bisher zu wenig detaillierte Studien über den jugendlichen Tourismus und seine Auswirkungen (z.B. Mukerji 1977; Teas 1974; ten Have 1979), um eine systematische Kritik dieses Stereotyps zu erlauben. Dies ist aber nur eine Frage der Zeit, weil der „alternative" Tourismus in Zukunft wahrscheinlich von wachsender Bedeutung sein wird, wenn sowohl die reisende Öffentlichkeit als auch die gastgebenden Länder vom industriellen Massentourismus auf der Basis großer, internationaler Hotels desillusioniert sein werden und nach neuen Wegen für den Tourismus suchen. Ausgehend vom Versuch des Autors, aus der Vermassung und Institutionalisierung des Alternativ-Tourismus verschiedene Typen von *„drifters"* zu unterscheiden, befaßt sich diese Arbeit mit einer Reihe von empirischen Problemen von weitergehender theoretischer Relevanz.

Jugendliche Touristen als *Sightseers* und Erholungssuchende

Eine weitverbreitete Vorstellung über den jugendlichen Touristen ist die der unaufhörlichen Bewegung, wie sie sich in Bezeichnungen wie *„drifter"*, *„wanderer"* oder *„traveler"* ausdrückt. Das ist auch der Aspekt, der in der Literatur am meisten betont wird. Tatsächlich wurden, obwohl Vogt (1976, S. 36) „Treffpunkte" als „populäre Zentren" beschreibt, an denen sich „jugendliche Wanderer für eine Rastperiode zusammenfinden", bisher keine Studien über solche Orte, die auch als *„Szenen"* oder *„drifter communities"* bezeichnet werden (Cohen 1973, S. 97f), veröffentlicht. Diese Studie über die Strände ermöglicht eine genaue Betrachtung der jugendlichen Touristen als Erholungssuchende an weit entfernten, unkonventionellen Orten. Sie untersucht das Ausmaß, in dem sich jugendliche Touristen von anderen Urlaubern bezüglich ihrer Interessen, ihres Verhaltens und ihres Kontaktes mit der einheimischen Bevölkerung unterscheiden, und bezieht sich von daher auf das theoretische Problem ihrer „präferierten touristischen Erfahrung" (Cohen 1979a): Suchen sie wie andere Erholungssuchende vornehmlich die „Regeneration", oder ist ihr Aufenthalt an den

Stränden von der Suche nach Authentizität inspiriert (MacCannell 1973), d.h. der Suche nach tieferen Formen touristischer Erfahrung wie zum Beispiel der „experimentellen“ oder „existentiellen“ (Cohen 1979a)?

Die Dynamik des Vordringens des Tourismus unter unterschiedlichen strukturellen Bedingungen

Der Tourismus an beiden Stränden stützt sich auf kleine oder handwerkliche Unternehmen (Rodenburg 1980), die ein Klientel mit bescheidenen Ansprüchen versorgen. Von daher könnte angenommen werden, daß die Dynamik der Tourismusentwicklung einem allgemeinen Muster folgt, wie z.B. dem, das Noronha (1977, S. 17–24) auf der Basis seiner Kenntnis der Literatur über Tourismus vorgeschlagen hat. Aus theoretischer Sicht wurde das unilineare Modell über die Dynamik der Tourismusentwicklung kürzlich kritisiert (Cohen 1979c, S. 24f). Diese Studie bietet eine gute Gelegenheit, den Gedanken weiterzuverfolgen, daß es mehrere Arten solcher Dynamiken gibt. Die strukturellen Bedingungen für die Tourismusentwicklung auf den Inseln unterscheiden sich beträchtlich: Phuket ist ökonomisch viel fortgeschrittener und stärker in die nationale Gesellschaft einbezogen als Ko Samui, ein Unterschied, der trotz der täuschenden Ähnlichkeiten zwischen den Stränden die jeweilige Tourismusdynamik bedeutend beeinflussen könnte.

Der Prozeß der soziokulturellen Vermittlung zwischen Einheimischen und Touristen

Die erste Begegnung zwischen einer einheimischen Bevölkerung und neu eintreffenden Touristen ist immer problematisch, vor allem dann, wenn die beiden aufeinandertreffenden Gruppen in ihren kulturellen Hintergründen stark differieren und sich dieser Situation von weit auseinanderliegenden Sichtweisen aus nähern. Der resultierende Kommunikationsmangel führt leicht zu Mißverständnissen, Feindseligkeiten und Konflikten. Während das allgemeine Problem der Begegnung von Touristen und Einheimischen häufig untersucht wurde (z.B. Farrell 1979; Knox 1978; Pi-Sunyer 1977; Sutton 1967), wurde den Rollen und Mechanismen, die die Begegnung vermitteln, nur geringe Beachtung geschenkt (s. aber Noronha 1977, S. 38ff.; McKean 1976). Das Problem der Vermittlung war von zentralem Interesse bei der Arbeit des Autors über den Tourismus im Norden (Cohen 1982b, 1983b). Dieses Interesse wird hier in einem anderen Kontext weiterverfolgt.

Die Konsequenzen aus der Tourismusentwicklung an den Stränden

Soziologen und Anthropologen bekunden seit kurzem ein lebhaftes Interesse am Tourismus, das, wie Graburn (1980) anmerkte „zum Teil aus den Zweifeln an den vorhergesagten ökonomischen Vorteilen [des Tourismus und] zum Teil aus der Erkenntnis herrührt, daß die sozialen, kulturellen und ästhetischen Konsequenzen aus dem Tourismus eventuell schwerer wiegen als die ökonomischen Vorteile". Besonders gegen den industriellen Tourismus im großen Maßstab (Hiller 1976, 1977; Rodenburg 1980), für den von Bryden (1973) und anderen gezeigt wurde, daß „ein beträchtlicher Teil des Einkommens aus dem Tourismus in die Länder, aus denen die Touristen kommen, zurückfließt", wurde der Vorwurf erhoben, sein Versprechen als ein schneller und relativ schmerzloser Weg des ökonomischen Fortschritts für die ärmeren Länder nicht eingelöst zu haben. Im Gegensatz dazu stellt man den Tourismus im kleinen Maßstab oder „handwerklichen" Tourismus in ein positiveres Licht, als einen Tourismus, der Möglichkeiten für das einheimische Unternehmertum und mehr Arbeitsplätze pro Investitionseinheit für Einheimische anbietet und der dabei hilft, die positiven Auswirkungen des Tourismus auf der örtlichen Ebene zu halten und durch die Verwendung einheimischer Produkte die Landwirtschaft zu fördern. Obwohl man diese Argumente gerne hört, sind ihre empirischen Grundlagen noch ungenügend. Vor allem die genaue Bestimmung derjenigen Einheimischen bleibt vage, die einen Vorteil vom „handwerklichen" Tourismus haben sollen, ebenso wie die breiteren sozio-ökonomischen Bedingungen, die das Verteilungsmuster der Vorteile auf die verschiedenen Gruppen von Einheimischen bestimmen. Diese vergleichende Studie bietet die Möglichkeit, dieses Problem zu untersuchen, indem sie danach fragt, welche Vorteile den Dörfern in der Nachbarschaft der Strände aus dem Tourismus entstehen.

Ebenso wird behauptet, daß der „handwerkliche" Tourismus die sozialen und kulturellen Nebenwirkungen des Tourismus minimiert, weil die Interaktionen zwischen Touristen „und Angestellten dazu tendieren, eher wie die zwischen Gastgeber und Gast auszusehen" (Rodenburg 1980), und von daher nicht den artifiziellen und Dienstleistungscharakter von Tourist-Angestellten-Beziehungen des Massentourismus annehmen. Während „industrielle" Touristen nur minimal in Kontakt mit Einheimischen treten, die nicht in touristischen Einrichtungen angestellt sind (Rodenburg 1980), sollen Touristen des „handwerklichen" Tourismus angeblich mit einem größeren Spektrum der einheimischen Population interagieren.

Obwohl diese Behauptungen nicht widerlegt sind, erscheinen sie doch etwas idealisiert und ohne solide empirische Fundierung. Das Personal des „handwerklichen" Tourismus ist oft unerfahren und steht vor ernsthaften Kommunikationsproblemen, die leicht zu Mißverständnissen und Konflikten mit den „Gästen" führen können. Weiterhin bedeutet die *Möglichkeit* für „Handwerks"-Touristen, mit Einheimischen Kontakt aufnehmen zu können, noch lange nicht, daß sie das Bedürfnis haben werden, das auch zu tun. Hier müssen wieder einige Kontextvariablen bedacht werden, wie zum Beispiel der Typ des Touristen (aktiv vs. passiv) und das Ausmaß, in dem die Einheimischen eine „Attraktion“ für die Besucher darstellen. „Handwerklicher“ Tourismus in kleinem Maßstab wird nicht der Vorläufer „für den Zusammenbruch der stabilen örtlichen Gesellschaften angesichts des massiven Drucks von außen“ sein (Graburn 1980), der den Massentourismus häufig begleitet. Aber bewirkt er tatsächlich weniger dramatische desintegrative Tendenzen in der einheimischen Bevölkerung? Und wenn dem so ist, unter welchen sozio-strukturellen Bedingungen werden sie am ehesten hervortreten? Auch diese Fragen werden im Hinblick auf die Dörfer um die betreffenden Strände hier untersucht.

Der Schauplatz: Die Inseln und die Strände

Ko Samui. Die Insel liegt im Golf von Siam vor der Küste der Provinz Surat Thani. Mit einer Gesamtfläche von 247 Quadratkilometern und einer Bevölkerungszahl von etwa 32.000 ist sie zwar die drittgrößte Insel des Landes, aber immer noch bedeutend kleiner als Phuket. Der Hauptfaktor der Inselwirtschaft besteht in den Kokosnußplantagen: Kokosnüsse im Wert von etwa drei Millionen Baht (150.000 US-$) werden jährlich zum Festland exportiert. Außerdem gibt es etwas Wolfram- und Zinnabbau. Die anderen, landwirtschaftlichen Bereiche wie die Fischerei und der Reis- und Gemüseanbau dienen vornehmlich dem einheimischen Eigenbedarf. Manche Grundnahrungsmittel wie z.B. Reis müssen noch zusätzlich vom Festland eingeführt werden. Die Landwirtschaft zur ausschließlichen Deckung des Eigenbedarfs scheint auf Ko Samui von größerer Bedeutung zu sein als auf der fortgeschritteneren Insel Phuket.

Die Infrastruktur der Insel ist noch wenig entwickelt: es gibt keinen Flughafen, und die Verbindung mit dem Festland geschieht über langsame, unregelmäßig verkehrende, unbequeme Fähren (Jenkins 1979). Die große Ringstraße um die Insel ist nicht geteert. Große Gebiete einschließlich der Strände sind nicht an die zentrale elektrische Versorgung angeschlossen. Das Hauptzentrum der Insel, Na Ton, hat zusammen mit den Dörfern der Umgebung nur eine Bevölkerungszahl von 6.000. Es ist Sitz der Verwaltung und bietet praktisch die einzigen städtischen Dienste der Insel an: einen kleinen Markt mit etwa 100 Ständen, umgeben von einigen hundert, meist von Chinesen betriebenen Geschäften.

Die Inselbevölkerung setzt sich aus Süd-Thailändern, Chinesen und Kaek (muslimischen Malaien) zusammen. Die Gesellschaft der Insel reguliert sich offenbar noch zu einem hohen Grad selbst: sie wird engmaschig von einheimischen Machthabern kontrolliert, die Konflikte auf ihre Art, oft durch den Gebrauch von Gewalt, lösen. Der Besitz von Waffen ist weit verbreitet. Die Polizei ist im allgemeinen schwach und ineffizient. Wie häufig auf entlegenen Inseln hat sich die einheimische Bevölkerung eine starke eigene Identität bewahrt und zeigt, unabhängig von internen Konflikten, eine ausgesprochene Verschlossenheit gegenüber von außen Kommenden – einschließlich der Chinesen, die seit mehr als einem halben Jahrhundert auf der Insel leben. Obwohl man Fremden mit Gastfreundlichkeit begegnet, macht sich ihnen gegenüber auch immer ein unterschwelliges Mißtrauen und sogar Feindseligkeit bemerkbar.

Noch ist die Insel weit weniger in die nationale Gesellschaft eingegliedert als Phuket. Eine überwiegend konservative Einstellung, kombiniert mit den spärlichen Naturressourcen und der großen Distanz vom Festland, beschränkt die Möglichkeiten des wirtschaftlichen Fortschritts. Viele Leute der jungen Generation wandern auf der Suche nach Arbeit auf das Festland aus, vor allem nach Bangkok. Unter diesen Bedingungen könnte der Tourismus für einen Teil der Bevölkerung zu einer neuen Quelle des Lebensunterhalts sowie zu einem der wenigen möglichen Wege zum wirtschaftlichen Fortschritt werden.

Obwohl einige vereinzelte Fremde die Insel schon seit mindestens 15 Jahren besucht haben, begann die Tourismusentwicklung erst mit der Errichtung der ersten Strandunterkunft im Jahre 1976. Seitdem sind insgesamt 25 Unterkünfte auf vier Stränden an verschiedenen Stellen der Insel errichtet worden, die meisten von ihnen im letzten Jahr (Hail 1979, S. 28). Ursprünglich bestand eine Unterkunft aus einer Reihe von Kabinen, die in Einzelzimmer aufgeteilt waren. Später wurden einfache Holzhütten mit Bambuswänden und einem dreieckigen Dach gebaut. Der Bauplan für diese Hütten wurde von ähnlichen Unterkünften auf Phuket übernommen. Die Hütten werden als „Bungalows“ bezeichnet und sind gegenwärtig die üblichste und populärste Form der Touristenunterbringung. Ein Bungalowkomplex besteht aus vier bis zu einigen Dutzend Hütten und manchmal einer Reihe von Kabinen. Die meisten Bungalowkomplexe haben auch ein Restaurant, das „alles vom einheimischen Fisch bis zum *french toast* anbietet“ (Hail 1979, S. 28). Die Bungalowkomplexe liegen meistens in kleinen Kokosnußbaum-Wäldern am Rand der Sandstrände und sind von den Dörfern der Umgebung geographisch getrennt. Eine Gruppe von Bungalowkomplexen bildet einen „Strandkomplex“; die größten und modernsten dieser „Strandkomplexe“ bestehen aus zehn Bungalowkomplexen.

Der Tourismus auf Ko Samui ist vollständig „in den Händen der kleinen, aber wachsenden Unternehmerschicht der Insel, die die atemberaubend schönen Strandgrundstücke besitzt.“ Noch bleibt aber wenigstens „das Bungalow-Geschäft eine Sache der Familien“, obwohl „schon einige ausländische Investitoren ihr Interesse am touristischen Potential von Ko Samui bekundet haben“ (Hail 1979, S. 29).

Der Sawadee-Strand ist der bisher entwickeltste Strand auf der Insel. Er besteht aus sieben Bungalowkomplexen mit sechs Restaurants, 81 Hütten und fünf Kabinen. Am Strand können so maximal 170 Touristen unterkommen, eine Zahl, die nur während der kurzen Hochsaison im August und im Januar erreicht wird. Die sieben Bungalowkomplexe erstrecken sich auf ein Strandgebiet von etwa einem Kilometer (Abb. 1). Der Strand liegt zwischen zwei Dörfern, von denen das eine, Dorf A, ein wichtiges regionales Subzentrum mit einem kleinen Markt und einer Reihe von Geschäften ist, während das andere, Dorf B, nur über ein halbes Dutzend Geschäfte verfügt und keine zentrale Funktion ausübt. Die Dorfbewohner sind vornehmlich in der Kokosnußproduktion, der Fischerei und der Landwirtschaft für den Eigenbedarf beschäftigt, im Dorf A zusätzlich noch

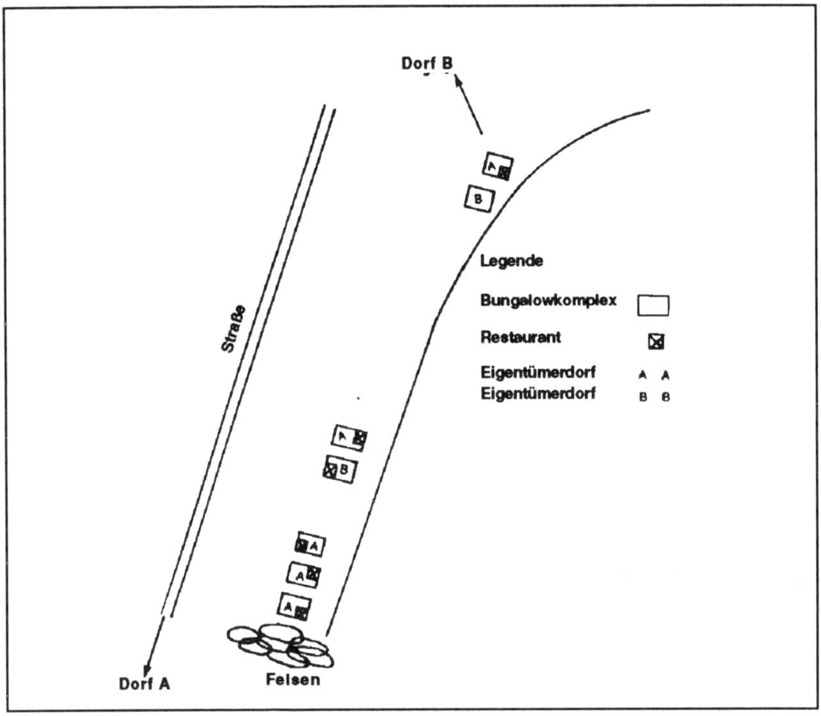

Abb. 1: Der Sawadee-Strand (nicht maßstabsgerecht)

im Handel. Die Bevölkerung in der direkten Umgebung des Strandes beläuft sich auf etwa 5.000. Fünf der sieben Bungalowkomplexe gehören Bewohnern aus Dorf A, zwei Bewohnern aus Dorf B.

Phuket. Diese Insel im Andaman-Meer an der Westküste ist mit rund 550 Quadratkilometern die größte Insel Thailands. Sie hat eine Bevölkerungszahl von etwa 130.000. Die Insel ist wirtschaftlich sehr viel weiter entwickelt als Ko Samui. Die Hauptfaktoren ihrer Wirtschaft sind Zinn, Kautschuk, Kokosnüsse, Fischerei und der Tourismus, der von seiner Bedeutung her den fünften Rang einnimmt. Die Wirtschaft der Insel blüht, und ihre Bewohner verfügen nach Bangkok über das höchste Pro-Kopf-Einkommen in Thailand. Obwohl Landwirtschaft zur ausschließlichen Deckung des Eigenbedarfs noch weit verbreitet ist, scheint sie von geringerer Bedeutung zu sein als auf Ko Samui. Der lebhafte Handel zwischen Insel und Festland ist wesentlich umfangreicher und umfaßt sehr viel mehr Produkte als auf Ko Samui.

Phukets Infrastruktur ist gut entwickelt: Die Insel ist über einen Damm mit dem nationalen Straßensystem verbunden und besitzt seit 1979 einen internationalen Flughafen. Sie hat daher nichts von der Abgeschiedenheit Ko Samuis und ist für Besucher leicht erreichbar. Die Insel besitzt ein weit entwickeltes Netz aus geteerten Straßen, jedoch noch kein umfassendes elektrisches Versorgungssystem. Der Sabai-Strand zum Beispiel hat noch keinen elektrischen Anschluß. Das Hauptzentrum der Insel, Phuket City, hat 40.000 Einwohner. Es ist der Sitz der *Chiangwat* (der regionalen Regierung) und verwaltet die drei *Amphoe* (Bezirke) der Insel. Die Stadt verfügt über ein großes Spektrum an geschäftlichen, schulischen, kulturellen und beruflichen Möglichkeiten. Der Markt ist mehr als zehnmal so groß wie der von Na Ton, und es gibt wahrscheinlich mehr als tausend meist von Chinesen betriebene Geschäfte in der Stadt.

Die Gesellschaft der Insel besteht aus Süd-Thailändern, Chinesen, Kaek und Chau Taleh (Zigeunern). Während die Thailänder den Großteil der bäuerlichen Bevölkerung stellen, ist der Rohstoffabbau, der Handel und die Industrie in den Händen der wirtschaftlich dominanten chinesischen Bevölkerungsgruppen. Obwohl die bäuerliche Gesellschaft auf Phuket noch zum größten Teil sehr viel Eigenständigkeit besitzt, ist die Insel als ganzes weit mehr und schon für einen längeren Zeitraum in die nationale Gesellschaft eingegliedert als Ko Samui. Im Gegensatz zu Ko Samui scheint es wenig Auswanderungen aus ökonomischen Gründen zu geben. Die blühende Wirtschaft der Insel zieht im Gegenteil Immigranten aus den Nachbarprovinzen an. Ihr Vordringen schwächt die traditionelle soziale Struktur der Insel.

Der kommerzielle Tourismus begann in den frühen siebziger Jahren. Er ist weit mehr entwickelt als auf Ko Samui. Es gibt ungefähr 1.400 Hotelzimmer auf der Insel, von denen zwei Drittel auf Phuket City und der Rest auf rund zwölf Strände und Halbinseln verteilt sind. Dennoch ist nach der Tourist Authority of Thailand (T.A.T.) der Tourismus dank der breiten Rohstoffbasis der Insel nur *ein* Potential für den wirtschaftlichen Fortschritt – obwohl seine Bedeutung mit der Erschöpfung einiger landwirtschaftlicher und Rohstoffquellen steigen könnte (T.O.T. 1979, I/S. 21f).

Die touristischen Unternehmen werden vornehmlich von der wohlhabenden chinesischen Unternehmerschicht betrieben. Auch etwas Kapital aus Bangkok ist involviert. Noch sind keine ausländischen Gesellschaften daran beteiligt, aber viele zeigen ein lebhaftes Interesse für die Insel. Nach Aussagen des Geschäftsführers des größten einheimischen Hotels „hatten alle großen Hotelketten – Hilton, Oberoi, Holiday Inn, Hyatt – Teams hier, um nach möglichen Standorten zu suchen. Und alle waren zufrieden mit dem, was sie sahen" (Sricharatchanya & Atkinson 1979, S. 18). Anders als Ko Samui zählt Phuket im nationalen Plan für Tourismusentwicklung (National Plan of Tourism Development 1976) zu einem der Hauptorte für die Erholungsortplanung. Ein umfassender Plan für die Tourismusentwicklung wurde kürzlich fertiggestellt, und die Insel steht wahrscheinlich in den nächsten Jahren vor einem Touristenboom (Sricharatchanya & Atkinson 1979). Der entwickeltste Strand der Insel besteht aus etwa 15 Hotels und Bungalowkomplexen und aus zusätzlich mehr als 30 unabhängigen Restaurants, die sich alle an ein Mittelschicht-Klientel wenden. Der Strand verfügt außerdem über eine Diskothek, einige Bars und mehrere Touristenläden.

Der Sabai-Strand ist Teil einer Kette von fünf Stränden. Von den anderen sind zwei noch nicht für Touristen geöffnet, und einer hatte zur Zeit der Studie keine Gäste, obwohl er über drei Bungalowkomplexe der unteren Qualitätsklasse verfügt. Der vierte, der Suei-Strand, grenzt direkt an den Sabai-Strand und hat vier Bungalowkomplexe. Zur Zeit der Studie waren jedoch nie mehr als ein halbes Dutzend Gäste dort. Der Sabai-Strand ist der fortschrittlichste aus dieser Kette, jedoch immer noch weit hinter einigen Stränden an anderen Orten der Insel zurück. Er ähnelt, was seinen Komfort angeht, dem Sawadee-Strand und wurde nicht zuletzt wegen dieser Ähnlichkeit ausgewählt.

Die Tourismusentwicklung am Sabai-Strand begann ungefähr zur gleichen Zeit wie am Sawadee-Strand: der erste Bungalowkomplex wurde 1976 gebaut, wobei die eigentliche Expansion erst 1978 begann und noch fortdauert. Es gibt dort noch keine Hotels, obwohl jetzt eines geplant ist. Das Zentrum des Strandkomplexes besteht aus vier Bungalowkomplexen mit jeweils 20 bis 63 Hütten und Kabinen. Um sie herum liegen mehrere kleine Bungalowkomplexe aus jeweils zwei bis fünf Hütten. Insgesamt gibt es am Strand 129 Bungalows und zehn Kabinen; weitere zehn Bungalows sind im Bau. Es kann daher ein Maximum von etwa 280 Besuchern untergebracht werden, eine Zahl, die wenn, dann nur in der Hochsaison im Dezember und Januar erreicht wird. Die vorliegende Untersuchung wurde während der Nebensaisonzeit durchgeführt, als nicht mehr als 40–50 Touristen täglich am Strand waren.

Es gibt acht Restaurants am Sabai-Strand. Im Gegensatz zum Sawadee-Strand gehören nur zwei von ihnen zu einem Bungalowkomplex, während die restlichen unabhängig von ihnen sind. Die meisten liegen direkt am Strand. Der gesamte Strandkomplex nimmt etwa 200 Meter eines drei Kilometer langen Sandstrandes ein (Abb. 2). Die Unterkünfte liegen weiter im Inland als am Sawadee-Strand und sind zum Teil von Kokosnußwäldern, zum Teil von offenem Gelände umgeben. Der Kern der nahen Ortschaft liegt ungefähr eineinhalb Kilometer im Inland, aber Bauernhäuser sind über das ganze Gebiet verteilt und reichen zum Teil an die Bungalows heran. Das Dorf übt keine zentrale Funktion für die Region aus: es gibt dort nur einige kleine Geschäfte und Restaurants für die einheimische Bevölkerung. Ein weiteres, fortschrittlicheres Dorf liegt ungefähr drei Kilometer weiter im Norden. Die gesamte Bevölkerung der Region um den Strand wurde auf etwa 3.000 geschätzt. Sie besteht ausschließlich aus Süd-Thailändern, die in der Produktion von Reis, Kokosnüssen und Kautschuk sowie in der Fischerei und der Landwirtschaft für den Eigenbedarf tätig sind. Keiner der Bungalowkomplexe gehört Einwohnern der nahen Ortschaft. Drei der großen Bungalowkomplexe gehören Leuten von außerhalb der Region, Chinesen aus Phuket City; einer gehört einem ortsansässigen und einem ortsfremden Mann zusammen. Dieser ortsansässige Mann und die Eigentümer der mehreren kleinen Bungalowkomplexe leben außerhalb des Dorfkerns nahe am Strand. Das gleiche gilt für sieben der acht ortsansässigen Restaurantbesitzer. Das achte Restaurant, das zu einem der Bungalowkomplexe gehört, ist im Besitz des ortsfremden Eigentümers und ist an einen anderen ortsfremden Geschäftsmann verpachtet. Der markante Unterschied in der Eigentumsstruktur der touristischen

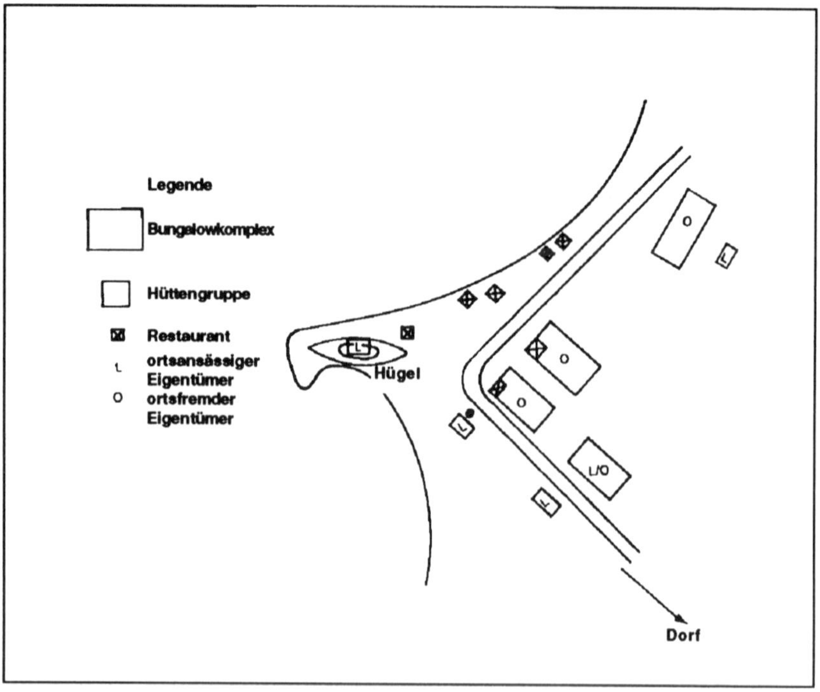

Abb. 2: Der Sabai-Strand (nicht maßstabsgerecht)

Einrichtungen an den beiden Stränden ist von entscheidender Bedeutung für ihre unterschiedliche Entwicklungsdynamik.

Die Entwicklung und Struktur der Strandkomplexe

Die ersten jugendlichen Touristen kamen etwa um die gleiche Zeit zu den beiden Stränden (in den Mittsiebzigern). Wegen der fehlenden Unterkunftsmöglichkeiten übernachteten sie in kleinen Jugendherbergen in der Stadt und unternahmen täglich lange Ausflüge zu den Stränden. Einige zelteten auch am Strand und aßen in kleinen örtlichen Restaurants. Andere wurden von nahe am Strand lebenden Dorfbewohnern eingeladen, bei ihnen zu wohnen, anfänglich kostenlos und später gegen eine geringe Bezahlung. Vor allem am Sabai-Strand blieben junge Reisende für längere Zeit bei einheimischen Familien, manchmal bis zu mehreren Monaten lang. Auf Ko Samui wurde eine kostenlose Unterkunft sogar noch dann angeboten, als schon die ersten Bungalows am Strand errichtet worden waren: „Vor drei Jahren konnte man hier noch kostenlos in einem der wenigen Strandbungalows übernachten. Die gewitzten Eigentümer errechneten sich einen finanziellen Vorteil dadurch, daß die wohlhabenden Fremden, zu dieser Zeit meistens jugendliche Rucksacktouristen, im Gegenzug aus ihrem Geschäft gebratenen Reis und Getränke erstehen würden. [Sie] fanden [jedoch] bald heraus, daß sie auch Geld für die Bungalows verlangen konnten – anfänglich nur 5 Baht, inzwischen 20–40 Baht pro Nacht" (Hail 1979, S. 28).

Auf beiden Inseln waren Grundstücke am Strand, wenn überhaupt, dann nur von geringem Wert. Landbesitzer aus den Ortschaften waren froh, wenn sie es verkaufen konnten. In der Vergangenheit fanden sich jedoch nur wenige Käufer. Auf der abgeschiedenen Insel Ko Samui war der größte Teil des Strandgebietes noch im Besitz der Dorfbewohner der angrenzenden Ortschaften, als die ersten Touristen kamen. Auf der fortschrittlicheren Insel Phuket jedoch waren Veränderungen im Landbesitz damals schon vor sich gegangen. Das war die Folge des Auftauchens einer wohlhabenden und weitsichtigen chinesischen Elite aus dem städtischen Zentrum der Insel. Die Dorfbewohner, die mit dem täglichen Lebenserwerb beschäftigt waren und bis zum kürzlichen Bau der Straße zum Strand ziemlich isoliert von den Entwicklungen auf der Insel gewesen waren, konnten den potentiellen Wert ihrer Strandgrundstücke nicht voraussehen. Als daher die städtischen Geschäftsleute, die offensichtlich über diesen Weitblick verfügten, den Dorfbewohnern vorschlugen, Strandgebiete zu verkaufen oder zu verpachten, waren diese schnell einverstanden und kauften oder pachteten im Gegenzug oft landwirtschftlich nutzbareres Land im Landesinnern (z.B. Land für Kautschukplantagen). Am Anfang wurden Grundstücke am Strand für ein paar Pfennige verkauft oder auf Langzeitbasis verpachtet. Als die Tourismusentwicklung am Sabai-Strand begann, war das gesamte Gebiet schon im Besitz ortsfremder Eigentümer.

Genau wie in ähnlichen Situationen auf anderen abgeschiedenen Inseln (z.B. Leach 1973) oder Gebirgen (Cohen 1983b), hatten die Dorfbewohner um den Sawadee-Strand wenig Erfahrung mit Fremden und keine Ahnung vom Touristengeschäft, als die ersten Touristen kamen. Aber anders als im Fall der Volksstämme im Norden wurden die Neuankömmlinge nicht von Führern begleitet, die die Begegnung zwischen Touristen und Einheimischen vermittelten (Cohen 1982b). Daher kam die Initiative für den Bau von Bungalows am Strand tatsächlich eher von den Besuchern als von den Einheimischen. Es ist bedeutsam genug, daß der erste Bungalowkomplex am Sawadee-Strand vom *pu yai ban* (Bürgermeister) des Dorfes A auf seinem eigenen Land errichtet wurde und jetzt von seinem Sohn geführt wird, der über einige Englischkenntnisse aus seiner Studienzeit in Bangkok verfügt. Dieser *Pu yai ban*-Bungalowkomplex, der anfänglich nur aus fünf Hütten bestand, war der einzige seiner Art am Sawadee-Strand bis 1978, als auch andere Dorfbewohner entweder auf ihren eigenen oder auf gepachteten Grundstücken begannen, Bungalowkomplexe zu bauen. 1978 gab es nur zwei Bungalowkomplexe mit zwölf Hütten. Im Verlauf des Jahres 1979 ging jedoch die Expansionsrate steil in die Höhe: fünf neue Bungalowkomplexe mit mehr als 80 Hütten wurden gebaut. Sechs der Eigentümer waren Thailänder, und nur einer war ein auf der Insel geborener Chinese. Letzterer hatte aufgrund seiner schwachen politischen Situation in der örtlichen Gesellschaft ernsthafte Schwierigkeiten, sein Geschäft aufrechtzuerhalten. Um seine Position zu stärken, nahm er einen ortsansässigen thailändischen Partner und erwägt jetzt sogar die Heirat mit einer thailändischen Frau. Vor einiger Zeit erstanden Geschäftsleute aus Bangkok ein Grundstück am Strand. Ein Bungalowbesitzer behauptete jedoch, daß mächtige ortsansässige Gruppen jeden Versuch vereiteln würden, ein Hotel auf diesem Grundstück zu errichten. Der Tourismus des Sawadee-Strandes ist also in den Händen der Ortsansässigen. Der Erfolg der Unternehmen hängt genauso stark vom Wohlwollen der einheimischen Machthaber ab wie von der Fähigkeit der Besitzer, mit den Gästen zu kommunizieren.

Der Tourismus am Sabai-Strand hatte einen ganz anderen Anfang. Obwohl der Strand ab und an von jugendlichen Touristen besucht wurde, wurde der erste Bungalowkomplex von einem chinesischen Geschäftsbesitzer aus Phuket City und nicht von einer ortsansässigen Person errichtet. 1976 pachtete dieser Chinese das Land auf Langzeitbasis von einem älteren Dorfbewohner für die sehr bescheidene Summe von 5.000 Baht (250 US-$) im Jahr. In kurzer Zeit errichtete er 53 Bungalows und zehn Kabinenreihen auf dem Grundstück. Dieser Bungalowkomplex blieb für zwei Jahre der einzige. 1978 kamen in rascher Folge eine Reihe von neuen Bungalowkomplexen hinzu. Sie folgten allem dem gleichen Muster: ein chinesischer Geschäftsmann aus der Stadt pachtete oder erwarb Land am Strand, errichtete einen Bungalowkomplex, übergab das Management einem anderen Ortsfremden und lebte selbst weiterhin in der Stadt. Das gleiche Muster wiederholte sich am angrenzenden Suei-Strand. Als die Dorfbewohner langsam den neuen Wert ihrer Grundstücke realisierten, erhöhten sie die Preise und Pachtgebühren für die Grundstücke der Nachbarschaft enorm. Einige Landbesitzer weigerten sich sogar, auf sehr verlockende Angebote einzugehen. Aber zu dieser Zeit waren bereits alle Grundstücke direkt am Strand in den Händen der Ortsfremden. Als die Ortsansässigen schließlich in das Bungalow-Geschäft einstiegen, sahen sie sich vor einen doppelten Nachteil gestellt: Ihre Einrichtungen waren an ungünstigeren Orten und nur von untergeordneter Qualität. Der einzige Bungalowkomplex am Sabai-Strand, an dem ein ortsansässiger Dorfbewohner beteiligt ist, liegt etwa 300 Meter zurück im Inland hinter zwei Bungalowkomplexen von ortsfremden Eigentümern.

Die ortsfremden Bungalowbesitzer am Sabai-Strand haben sehr viel modernere und teurere Hütten als am Sawadee-Strand gebaut. Da potentielle ortsansässige Unternehmer weniger finanzielle Mittel haben, ist es schwierig für sie, das nötige Investitionskapital für größere Unternehmen aufzubringen. Einige haben kleine Gruppen einfacher Hütten ohne sanitäre Anlagen am Rande ihrer Wohnungen errichtet. Ihre Lage ist, von einer einzigen Ausnahme abgesehen, ungünstig (Abb. 2). Besonders anschaulich ist das Beispiel des Dorfbewohners, der die im Tourismus liegenden Möglichkeiten erst nach dem Verkauf seines Strandgrundstückes an einen Ortsfremden realisierte und dann einen Bungalowkomplex auf einem Reisfeld hinter der örtlichen Schule am Suei-Strand baute, eine Lage, die so abgeschieden und ungünstig ist, daß bisher kein Tourist dort abgestiegen ist.

Keiner dieser Ansätze im kleinen Maßstab ist bislang erfolgreich gewesen. Keiner hat sich zu einem vollständig ausgebauten Bungalowkomplex entwickelt. Diese Unternehmungen sind nicht konkurrenzfähig und daher im Verschwinden begriffen. Sie werden wahrscheinlich aufgegeben werden, wenn die meisten Billig-Touristen vom Strand verschwunden sind. Der einzige Bereich, in dem sich die Dorfbewohner behaupten konnten, sind die Restaurants, die weniger Investitionen erfordern als die Bungalowkomplexe. Obwohl sie relativ viel Profit abwerfen, sind sie sehr arbeitsintensiv und von daher für die ortsfremden, nicht vor Ort wohnenden Investitoren weniger attraktiv. Restaurants sind ein wichtiger Tourismussektor, aber das Geschäft ist von Touristen abhängig, die in den von Ortsfremden betriebenen Bungalowkomplexen logieren.

Die Ortsfremden, die die Strandgrundstücke besitzen oder gepachtet haben, planen für die Zukunft eine Tourismusentwicklung im großen Maßstab. Ein chinesischer Hotelbesitzer aus der Stadt ist dabei, das erste Hotel am Sabai-Strand im Norden des gegenwärtigen Strandkomplexes zu errichten. Es soll 1982 eröffnet werden. Andere Entwickler planen weitere Bungalows auf dem Hügel im Süden. Anders als am Sawadee-Strand gibt es wenig bis gar keine Opposition gegen die ortsfremden Planer: am Sabai-Strand wird wahrscheinlich bald eine Entwicklung von den kleinen Bungalowkomplexen zu Hotels in großem Maßstab stattfinden. Eine solche Entwicklung fand schon an einem anderen Strand auf Phuket statt und wird von den zuständigen Behörden gefördert.

Die Bungalowkomplexe am Sawadee-Strand formen einen homogeneren, enger zusammengehörigen und ökologisch abgeschlosseneren Strandkomplex als die am Sabai-Strand. Die Hütten am Sawadee-Strand unterscheiden sich äußerlich kaum. Sie haben keine sanitären Anlagen und kosten einheitlich 30 Baht (1,50 US-$) pro Nacht. Die Preise für Speisen und Getränke in den Restaurants sind ebenfalls einheitlich: sie wurden auf einem Treffen aller Besitzer festgesetzt. Diese Homogenität hat mehrere Ursachen. Kulturell gesehen sind die Bungalows eine neue Art der Unterbringung, mit der die Einheimischen wenig Erfahrung haben. Die Hütten haben nichts mit ihrer Kultur zu tun. Nachdem man sie einmal nach dem Vorbild von Hütten auf Phuket nachgebaut hatte, wurden sie mechanisch reproduziert. Vom sozialen Aspekt her tendieren die Bungalowbesitzer, die alle Bewohner des gleichen Dorfes sind, dazu, den offenen Wettbewerb zu vermeiden oder ihn wenigstens dadurch in Schach zu halten, daß sie Preisdifferenzen aus dem Weg gehen. Ökonomisch gesehen sind die Bungalows im allgemeinen nicht mit genügend Kapital ausgestattet. Die Besitzer verfügen weder über die notwendigen finanziellen Mittel für radikale Erneuerungen noch über den Willen, die Risiken einzugehen, die jeder Versuch, den Markt anzuregen, mit sich führt.

Der Strandkomplex am Sawadee-Strand ist relativ stark in sich abgeschlossen. Die Bungalowbesitzer, viele miteinander verwandt, sind Mitglieder einer engverknüpften Gemeinschaft. Diese Umstände fördern die Kooperation und verhindern offene Konflikte. In den Konflikten, über die der Autor berichten kann, war immer mindestens eine Partei ein Außenseiter – entweder der chinesische Bungalowbesitzer oder ein thailändischer Angestellter, der vom Festland gekommen war. Den Besitzern liegt daran, eine einheitliche Front gegen andere Strände zu präsentieren, mit denen sie um die am Kai von Na Ton ankommenden Touristen konkurrieren. Nichtsdestotrotz gibt es auch manche Konkurrenzkämpfe in den eigenen Reihen. Obwohl die Besitzer sich zum Beispiel geeinigt haben, die Transportgebühren der Touristen vom Kai zum Strand nicht zu bezahlen, gibt es immer wieder einige, die sich nicht an diesen Beschluß halten. Und trotz der festgesetzten Preise versuchen Restaurants mehr Touristen dadurch anzulocken, daß sie mehr, bessere oder eine größere Variation an Gerichten anbieten. Hinter dem nach außen erkennbaren Zusammenhalt zwischen den Bsitzern können durchaus einige Spannungspunkte erkannt werden.

Der Sawadee-Strand liegt ökologisch gesehen isoliert. Da sowohl ein regelmäßiger öffentlicher Tranportdienst als auch ein organisiertes Versorgungssystem fehlt, müssen sich die Besitzer um die Touristen kümmern und ihre Besorgungen aus der Stadt selbst machen. Der Sabai-Strand ist im Vergleich zum Sawadee-Strand viel heterogener. Die Variationen in der äußeren Erscheinung der Hütten und in deren Preisen, die von 20 Baht (1 US-$) pro Nacht für eine Hütte ohne sanitären Anlagen bis zu 50 Baht (2,50 US-$) für eine vollständig ausgestattete Hütte in einem Bungalowkomplex reichen, sind weitaus größer. Da die Bungalowbesitzer aus der Stadt stammen, haben sie keine gegenseitigen Verpflichtungen und keine Konkurrenzbedenken. Außerdem sind sie geschäftserfahrener, haben einen leichteren Zugang zu Informationen über touristische Vorlieben und verfügen über weit höhere finanzielle Mittel als die Besitzer am Sawadee-Strand. Sie können daher unternehmungstüchtiger und innovativer sein, Qualitäten, die vermutlich bald zur Einführung von qualitativ hochwertigeren Einrichtungen am Strand führen werden.

Da am Sabai-Strandkomplex sowohl ortsfremde Eigentümer und Angestellte als auch Ortsansässige mit unterschiedlichen ethnischen und sozialen Hintergründen beteiligt sind, findet sich hier weit weniger Zusammenhalt als am Sawadee-Strand. Die Bungalowbesitzer kommunizieren wenig untereinander. Die ortsansässigen Restaurantbesitzer, die vor dem Tourismusbeginn Nachbarn in der Umgebung des Strandes waren, besuchen und helfen einander häufig. Dennoch sind Versuche, die Preise für Speisen und Getränke festzusetzen, gescheitert, und obwohl die Preisunterschiede trotzdem gering sind, führen sie zu offenen Konkurrenzkämpfen Da der Sabai-Strandkomplex – abgesehen von den Restaurantbesitzern und ihrem Personal – wenig Verbindungen zu den umgebenden Dörfern hat, ist er ökologisch gesehen besser in die Insel als ganzes integriert als der Sawadee-Strand. Touristen können den Strand mit regelmäßig verkehrenden, öffentlichen Verkehrsmitteln oder mit Motorrad-Taxis („tuk-tuk“) für 10-15 Baht Kommission (0,50-0,75 US-$ pro Person erreichen. Während dies den Bungalowbesitzern die Mühe erspart, Touristen in der Stadt anzuwerben, macht sie diese Abmachung vom Wohlwollen der „tuk-tuk“-Fahrer abhängig, die es häufig vorziehen, die neuangekommenen Touristen an die teureren Strände zu fahren, wo sie eine höhere Kommission erhalten.

Obwohl die Restaurantbesitzer wie am Sawadee-Strand praktisch alle ihre Warenvorräte vom städtischen Zentrum beziehen, müssen sie nur einen Teil davon persönlich einkaufen. Eine ganze Reihe von Waren wie Eis, Getränke und Kuchen werden von Händlern zum Strand gebracht. So wird der Strand mehr und mehr in das inselweite ökologische System integriert, ein Prozeß, der das

Gefühl der Abgeschiedenheit und einer fast unrealistischen Isolation, wie es am Sawadee-Strand so stark ausgeprägt ist, bedeutend reduziert.

Das Bild der Inseln für den Tourismus

Beide Inseln werden in Prospekten und Artikeln als „Paradiese" gepriesen, wobei ihre „paradiesische" Erscheinung durch verführerische Bilder von „atemberaubend schönen Stränden" (Hail 1979, S. 29), Palmen, exotischen Eingeborenen und einfachem, aber attraktivem Komfort untermalt wird – die Standardbeschreibung vieler „tropischer Inselparadiese" rund um die Welt (Cohen 1982a).

Die touristischen Vorteile von Ko Samui werden in einer Beschreibung von Hail (1979, S. 29) zum Ausdruck gebracht, nämlich daß Ko Samui „ein Paradies zu Spottpreisen" sei. Der deutsche Text der Broschüre preist die Insel „als einen glücklichen Ort, an dem der Mensch noch in Einklang mit der Natur lebt" und dessen Bewohner durch ihre „Ursprünglichkeit" unsere Zuneigung gewinnen, während die englische Version die Insel „als eine liebliche Insel, auf der Ihre Träume vom fernen Land wahr werden", vorstellt. Ihre Abgeschiedenheit und Unzugänglichkeit, die der des mythischen Paradieses gleichen (Cohen 1982a), verstärken die Faszination. „Es ist ein beschwerlicher Weg zur Paradiesinsel" ist nur eine halb humorvoll gemeinte Beschreibung von Jenkins' (1979) Bericht über die Mühen und Anstrengungen der Reise dorthin.

Die Strände von Ko Samui werden z.B. in einem Werbeblatt als Orte mit „kristallklarem Wasser, weichem weißen Sand und einer erfrischenden Meeresluft" in stereotyper Art und Weise angepriesen; dem Besucher wird versprochen, „viel Spaß im Paradies [seiner] Träume" zu haben. Phuket wird in ähnlich gloriosen Tönen beschrieben. Das Tourismusgeschäft hat es zur „Perle des Südens" gemacht. Ein Informationsblatt der T.A.T. (Tourist Authority of Thailand) stellt fest, daß „die Insel Phuket neben ihren reichhaltigen natürlichen Rohstoffen eine Insel der Schönheit und des Charmes ist, mit wundervollen Stränden, Bergen und Wasserfällen – ein Paradies für Touristen." Nach Phuket zu kommen, heißt, so die französische Version der Broschüre, „weniger Tourist zu sein als sich am Leben zu fühlen." Phuket wurde als eine „unzerstörte Insel" beschrieben, als „der beste Ort zur Entspannung und zum Genuß an Leben und Natur." Obwohl für eine ganze Reihe von Attraktionen auf Phuket geworben wird, stehen die „wunderschönen Strände und das einladende kristallklare Wasser" auf der Werbeliste an oberster Stelle.

Solche Klischees mögen den konventionellen Typ des Touristen anziehen. Sie sind jedoch genau das richtige, um den unkonventionellen *traveler* abzuschrecken, für den touristisch gepriesene Orte ein Graus sind. Seine bevorzugten Orte erreichen ihn durch Mund-zu-Mund-Propaganda auf seinen *trips* durch Südostasien, über Anschläge an Schwarzen Brettern in billigen Hotels, bis sie schließlich Eingang in die alternative Reiseliteratur finden. Nichtsdestotrotz genießen Ko Samui und bis zu einem gewissen Ausmaß auch Phuket sogar unter *travelers* den Ruf von Orten mit ausgesprochen „paradiesischen" Qualitäten.

Wie realistisch ist das „paradiesische" Bild der Inseln? Wenn man die Inseln als ganzes betrachtet, so ist dieses Bild ausgesprochen unrealistisch und offensichtlich zurechtgebogen und verfälscht. Es reicht schon, das touristische Bild der „unzerstörten Insel" mit der bloßen Beschreibung eines Geographen zu konfrontieren, daß „der tropische Urwald zweifellos einmal die ursprüngliche und vorherrschende Vegetationsform auf Phuket war. Anhaltender und ausgedehnter Rohstoffabbau [und, wie hinzuzufügen wäre, Waldrodung für Kautschukplantagen] haben zum Verschwinden des ganzen Urwaldes geführt" (Donner 1978, S. 445). Obwohl diese Beschreibung etwas übertrieben ist, zeigt sie doch, wie weit Phuket davon entfernt ist, „unzerstört" zu sein.

Ko Samui ist zugegebenermaßen weniger fortschrittlich als Phuket, und seine Landschaft hat sich daher weniger verändert. Aber das Bild von den „freundlichen Einheimischen", die im Einklang mit der Natur leben, ist weit von der Wahrheit entfernt. Tatsächlich ist wie fast überall in Südthailand das soziale Leben auf Ko Samui gewalttätig und wird von lokalen Machthabern unter enger Kontrolle gehalten. Diese Männer üben Selbstjustiz und schrecken auch nicht davor zurück, ihre Widersacher zu ermorden. Ein Informant sagte: „Die Insel sieht so friedlich aus – es fällt schwer zu glauben, daß sie so gefährlich ist." Die Touristen, geblendet durch das idyllische Bild, leben, was die soziale Realität der Inselgemeinschaft angeht, praktisch in einem „Narrenparadies" und bekommen nur dann eine Ahnung von ihr, wenn ihr Bild durch einen plötzlichen Konflikt, der sie der gewalttätigen Realität der Insel aussetzt, in Wanken gerät.

Die Strände selbst dagegen entsprachen tatsächlich solange dem „paradiesischen" Bild, solange noch keine großen Mengen an Touristen aufgetaucht waren. Da sie von geringem Interesse für die traditionelle Gesellschaft waren und zudem von Fortschrittsplanern nicht berührt wurden, konnten sie ihre „paradiesischen" Qualitäten lange aufrecht erhalten. Ihre marginale Bedeutung für das Inselleben verhalf ihnen dazu, zu diesen „Touristenparadiesen" zu werden. Ihre „paradiesischen" Qualitäten werden jedoch durch den Anstrom von Touristen schnell geschmälert. Sogar die jugendlichen Touristen richten beträchtlichen Schaden an, wenn sie zu den schönsten Stränden pilgern. In einem kritischen Aufsatz über den Tourismus auf Phuket kritisierte ein thailändischer Journalist, daß „seit kurzem...eine wachsende Zahl von jungen westlichen Besuchern die einstmals unzerstörten und ruhigen Stranderholungsorte in verschmutzte, verdreckte und nach Marihuana riechende Küstenabschnitte verwandelt hat" (Saeng-U-Thai 1979, S. 20).

Obwohl das eine voreingenommene Aussage ist, ist die Zerstörung des empfindlichen Ökosystems an den Stränden durch die Überlastung und Verschmutzung der Region durch Abfälle doch offensichtlich. Bei fehlender Basisinfrastruktur mangelt es den kleinen und primitiven Unterkünften an Mitteln, um mit der Verschmutzung fertig zu werden, die von ihnen auf die Umgebung ausgeht. Mit der wachsenden Zahl von Touristen an einem Strand und der beginnenden Zerstörung der Umgebung, verändert sich auch das Image des Strandes: bald bekommt er die Reputation eines „überfüllten" und „schon zerstörten" Ortes, der von wählerischen Individuen gemieden wird. Eine solche

Wandlung wird auf Phuket schon deutlich: War die Insel vor wenigen Jahren unter *travelers* noch sehr populär, wird sie jetzt mehr und mehr von ihnen gemieden. Einige Strände sind endgültig *„out"*. Die einst blühende Hippie-Gemeinschaft an einem der Strände schrumpft. Obwohl der Sabai-Strand noch immer von einigen wenigen *travelers* und von vielen anderen jungen Touristen besucht wird, ist seine Popularität im Schwinden begriffen. Gleichzeitig wird Ko Samui zum „Ort in Mode". Weil seine Popularität so steil nach oben schnellte, erlebte es im Sommer 1979 einen Jugendtourismusboom, während die Bungalows am Sabai-Strand, von denen die meisten erst im Jahr zuvor errichtet worden waren, leer blieben.

Die „paradiesische" Reputation eines Ortes mag im konventionellen Tourismus auch dann erhalten bleiben, wenn sich die Realität radikal verändert hat. Beim Jugendtourismus ist dies jedoch weit weniger sicher. Weil die jugendlichen Touristen selbst zur Schmälerung der „paradiesischen" Qualitäten beitragen, helfen sie mit, den Jugendtourismus zu einem instabilen Phänomen zu machen, das ständig an neue, noch „unentdeckte" Orte ausweicht.

Die Touristen

Der Großteil der Touristen an beiden Stränden ist jung (20–30 Jahre alt) und unverheiratet. Sie reisen entweder allein oder paarweise. Einige Touristen mittleren Alters und ein paar abenteuerlustige Pensionäre kommen an die Strände, während Familien mit Kindern auffällig selten sind. In den Sommermonaten kommen vor allem Europäer, während in der Wintersaison Australier dominieren. Nur wenige Besucher sind *Langzeit*-Rucksacktouristen (Cohen 1973, S.100): sie bezeichnen sich gewöhnlich als *travelers* (ebd.; Teas 1974). Die meisten jedoch sind Kurzzeit-Rucksacktouristen, vor allem Studenten oder junge Angestellte auf einem verlängerten Sommerurlaub, oder sogar noch konventionellere jugendliche Massentouristen. Während ihre durchschnittliche Aufenthaltsdauer vier bis sechs Tage beträgt, bleiben *travelers* länger – gelegentlich bis zu einigen Monaten. Sie sind am Sabai-Strand seltener als am Sawadee-Strand.

Die Strände sind für alle Besucher eine Station auf einer Reise mit mehreren Zielen. Diese Reise führt sie entweder durch Thailand, durch Südostasien oder durch ganz Asien. Unabhängig von Art und Weise ihrer Reise sind die Strände für alle primär ein Ort zur Ruhe und Erholung. Anders als das Paradies der Bibel sind die Strände kein Zentrum, zu dem sich die jungen Touristen tief hingezogen und verbunden fühlen. Wie andere Touristenparadiese auch (Cohen 1982a) sind sie grundsätzlich „marginale Paradiese". Sie liegen nicht nur an der Peripherie der Inseln, sondern sind auch nur von peripherer Bedeutung für den Lebensplan der jungen Touristen. Der vorherrschende Wunschmodus touristischer Erfahrung ist der nach Erholung (Cohen 1979a, S. 183ff.), sogar bei denjenigen Jugendtouristen, die auf *sightseeing*-Touren (z.B. unter den Volksstämmen in den Bergen) bewußt nach „Authentizität" suchen.

Dieses vorherrschende Bedürfnis nach Erholung hat jedoch auch, oft vielleicht unbewußt, etwas von der „Suche nach Authentizität“ an sich. Dies zeigt sich vor allem in der Einstellung der Natur gegenüber. Die Natur (die Sonne, das Meer und der Sand) ist weniger eine bloße Annehmlichkeit, sondern ein echter Anziehungspunkt – im Gegensatz zu den Bewohner der Inseln und deren Kultur. Die Suche nach „Ursprünglichkeit“ in der Natur ähnelt der nach „Authentizität“ in der Kultur im Volksstamm-Tourismus. Der nicht-kommerzielle Charakter des Strandes gefällt den jungen Touristen nicht nur, weil er einen billigen Aufenthalt ermöglicht, sondern auch, weil er dem Strand Natürlichkeit verleiht. Das wird durch die kleine Touristenanzahl am Strand noch verstärkt und ermöglicht dem Individuum das Alleinsein.

Obwohl er auch die Erholung sucht, ist der jugendliche Massentourist wählerischer als sein Pendant mittleren Alters, indem er überfüllte oder zu „touristische“ Orte meidet. Dieser Eigenart wird durch die paradoxe Aussage einer jungen französischen Touristin Ausdruck verliehen, die in ihrem Lob über den Sabai-Strand konstatierte, daß „ein Ort nicht gut für Touristen ist, wenn er zu touristisch ist.“ Unter der „Erholungsurlauber“-Oberfläche des Bungalow-Tourismus liegt also ein tiefergehendes Bedürfnis nach *„re-creation“* (Cohen 1979d, S. 183f). Trotz der Betonung dieser Aspekte sollte auch angemerkt werden, daß weitaus prosaischere Motive, wie vor allem der unproblematische Erwerb von Drogen und die anhaltend niedrigen Preise für Ernährung und Unterkunft, wichtige zusätzliche Faktoren sind, die die Strände für den jugendlichen Touristen so attraktiv machen.

Die Erholungsorientierung kommt in Aussagen der Touristen zum Ausdruck, daß sie zu den Stränden kommen, um sich physisch und psychisch von den Mühen ihres Alltags zu erholen. Während ein solches Bedürfnis bei Kurzzeiturlaubern, die Routinebeschäftigungen nachgehen, leicht einsehbar ist, überrascht es bei den Langzeit-Touristen, deren normales oder übliches Leben eher im Reisen als in regelmäßiger Arbeit besteht. Letztere behaupten, daß sie hierherkommen, um sich von Krankheiten und Erschöpfung aus den Monaten anstrengenden Reisens zu erholen und auszuspannen. Reisen ist im Vergleich zu Tourismus eine mühsame Tätigkeit, wie Boorstin feststellte (1962, S. 80). Tatsächlich unterscheiden *travelers* klar zwischen zwei Arten von Orten, die als „Sehenswürdigkeiten“ respektive „Erholungsorte“ bezeichnet werden können und den beiden Hauptformen des Tourismus, dem „sightseeing-“ bzw. „Erholungsurlaub“ entsprechen (Cohen 1974, S. 544ff.). Als „Sehenswürdigkeiten“ werden die verschiedenen Völker und deren Kulturen angesehen, die sie auf ihrer Reise besuchen. „Erholungsorte“ sind dagegen die Orte oder „Szenen“, an denen sie sich, oft unter ihresgleichen, entspannen und erholen können. Die Bedeutung dieser beiden Formen des Tourismus ist von *traveler* zu *traveler* verschieden, je nachdem, ob er eher introvertiert oder eher extrovertiert ist. Der nach außen orientierte, ursprüngliche *drifter* (Cohen 1973, S. 100) meidet im allgemeinen die Erholungorte des Jugendtourismus und sucht dort nur dann Unterkunft, wenn es ihm ernsthaft schlecht geht. Der nach innen gekehrte, reisende Hippie bewegt sich von einer „Szene“ des Jugendtourismus zur anderen, ist gewöhnlich in die Drogenkultur verwickelt und blind gegenüber der einheimischen Umgebung. Dies sind die *travelers*, die am längsten an den Stränden bleiben und die meiste Zeit im Drogenrausch verbringen. Aber sogar die extrovertierten *drifters* sehen, obwohl sie primär an den Menschen und ihren Kulturen interessiert sind, die Strände als Erholungsorte und nicht als „Sehenswürdigkeiten“ an. So unterschied etwa ein australischer weiblicher *traveler* explizit zwischen zwei Formen des „Genusses“: dem Genuß aus der Entspannung und Erholung an den Stränden und dem aus der Beobachtung fremder Kulturen. Da sie aber nur Leute als *traveler* bezeichnete, die „den Einrichtungen für Touristen aus dem Weg gehen“, sind aus ihrer Sicht alle Leute, solange sie am Strand sind, Touristen, da sie dort solche Einrichtungen benutzen.

Der Schlüssel zum Verständnis der touristischen Erfahrung an den Stränden ist das ubiquitäre Bedürfnis nach *Entspannung*. Entspannung ist dabei grundsätzlich eine stationäre Existenzform, eine Art oberflächlicher Kontemplation. Der vorherrschende Zeitvertreib ist demnach das Liegen am Strand, wenn möglich nackt, das stundenlange Sitzen in den kleinen offenen Restaurants und das *ganja*- (Marihuana-)Rauchen. Es gibt kaum Bewegung und noch weniger Bedürfnis nach physischer oder psychischer Anstrengung. Nur wenige schwimmen im offenen Meer, joggen oder machen Gymnastikübungen am Strand, unternehmen Spaziergänge durch die umgebende Landschaft oder besuchen nähergelegene Ortschaften, von deren Existenz manche Jugendliche nie etwas erfahren. Die Dörfer werden nicht als „Sehenswürdigkeiten“ angesehen. Die meisten jugendlichen Touristen interessieren sich lediglich für die Schönheiten der Natur (die Sonne, das Meer und den Sand). Die einheimische Umgebung beschäftigt nur einige wenige, extrovertierte *drifters*.

Das alles ist um so bemerkenswerter, wenn man sich in Erinnerung ruft, daß nicht wenige dieser Erholungssuchenden lange und anstrengende Dschungelreisen unternahmen, um die Volksstämme in den Bergen zu besuchen und deren Lebensweise zu „erfahren“. Auf den Inseln jedoch wird die Monotonie ihrer „paradiesischen“ Existenz nur durch kurze Ausflüge mit dem Mini-Bus oder einem gemieteten Motorroller in die Stadt oder zu anderen Stränden der Insel unterbrochen. Solche Ausflüge sind häufiger am weniger isolierten Sabai-Strand, von wo aus einige Touristen auch an organisierten *sightseeing*-Touren zur pittoresken Nachbarprovinz Phang-Nga teilnehmen. Im allgemeinen aber ist der kleine Strandstreifen, der äußerste Rand der Insel, das Zentrum der Existenz der Touristen. Ihr Lebensraum ist durch die Strandregion eng begrenzt. Für viele ist er auf den Bungalowkomplex oder sogar nur auf die unmittelbare Umgebung der Hütte beschränkt. Es gibt wenig Neugierde oder Beschäftigung mit der Welt hinter dem Strand. Ein typisches Beispiel für eine solche begrenzte Orientierung lieferte ein junger Australier, der ausrief, daß Ko Samui „ein super-entspannender Ort“ sei, „eine richtige Tropeninsel“ mit „weißen Stränden, Palmen, Korallen und blauem Wasser.“ Darauf hingewiesen, daß diese Art Landschaft nur 50 Meter weit ins Inland reiche, antwortete er: „Das ist gerade so viel, wie ich brauche.“ Die Welt dahinter war ihm egal. Sein Paradies war auf den äußersten Rand der Insel beschränkt.

„Das Ärgerliche am Paradies", so Turner und Ash (1975, S. 167), „ist, daß es so schnell langweilig wird." Aber nur wenige Touristen beklagten sich über Langeweile, und diese verließen den Strand bald wieder. Die meisten betrachteten das Fehlen von kommerzieller Unterhaltung als einen Vorteil; viele dehnten ihren Aufenthalt eher länger aus als geplant und waren damit sehr zufrieden. Die vorwiegende hedonistische oder narzißtische Beschäftigung mit sich selbst zeigt sich auch in der Sparsamkeit jeglichen sozialen Lebens an den Stränden. Kontakte unter den Touristen waren in der Regel auf Leute aus dem gleichen Herkunftsland beschränkt. Es fand sich nichts von der alles umfassenden Herzlichkeit oder der intensiven Vertrautheit zwischen Fremden, die man oft mit der „befreienden Atmosphäre" eines Erholungsortes assoziiert. Im Gegenteil, viele Touristen fühlten sich genau deswegen zu den Stränden hingezogen, weil sie dort allein sein konnten. Einsamkeit ist, wie ich an anderer Stelle bemerkt habe (Cohen 1972, S. 175), in einer überfüllten Welt zur Attraktion geworden.

Bis zu einem bestimmten Grad stellten *travelers* eine Ausnahme in der allgemeinen Tendenz zur Einsamkeit dar. Sie suchten die Gemeinschaft anderer *travelers* und formten kleine, gemischte, aber flüchtige „subkulturelle" Gruppen. Im Gegensatz zum Erholungstouristen ist für den *traveler* die Gesellschaft anderer *travelers* einer der Hauptanziehungspunkte der Erholungsorte oder „Szenen". Tatsächlich definierte ein *traveler* den Unterschied zwischen Tourist und *traveler* dahingehend, daß ersterer die Gesellschaft anderer meide und letzterer sie suche. Solche Gemeinschaften sind jedoch, wie unter *drifters* überall (Cohen 1973, S. 99; Teas 1974, S. 12), nur flüchtig und führen nicht zu längerdauernden Bindungen. Keiner von ihnen änderte seinen Plan, um seine Reise mit einem anderen zusammen fortzusetzen. Im Gegenteil, sie gingen wie sie kamen, allein oder paarweise. Keine permanenten Beziehungen zwischen Mitgliedern verschiedenen Geschlechts wurden geknüpft, und sogar flüchtige sexuelle Kontakte waren selten. Mehr als Sex waren Nahrung und leichte Drogen die vornehmliche hedonistische Beschäftigung.

Die Touristen und die Einheimischen

Die Einheimischen in den Dörfern haben, wenn überhaupt, dann nur wenig frühere Erfahrung mit Fremden. Sie verhalten sich in ihrer Anwesenheit scheu und sind eher unwillig, mit ihnen zu sprechen. Am Sawadee-Strand lungern oft Einheimische um die Bungalows herum und beobachten die Fremden schweigend, rennen jedoch weg, wenn man sich ihnen nähert. Keiner der Einheimischen spricht eine europäische Sprache, und keiner der Touristen, nicht einmal derjenigen, die für Monate am Strand bleiben, kann auch nur ein paar Brocken Thailändisch. Nur einige wenige einheimische Eigentümer oder Angestellte der touristischen Einrichtungen verfügen über rudimentäre Englischkenntnisse aus der Schule oder von früheren Kontakten mit Fremden; einige lernten es am Strand. Da viele Europäer, z.B. Franzosen oder Deutsche, auch kaum Englisch sprechen, sind die Kommunikationsprobleme oft unüberwindbar.

Die geographische Trennung zwischen dem Strandkomplex und den Dörfern reduziert die Wahrscheinlichkeit für Begegnungen zwischen Touristen und Einheimischen noch weiter. Diese Trennung von Strand und Dörfern wurde mit der Zeit eher noch größer als geringer. Früher übernachteten einige Touristen in den Dörfern. Mit der Errichtung von Bungalowkomplexen findet sich praktisch kein Tourist mehr dort. Am Anfang gab es auch nur wenige Restaurants am Sawadee-Strand, und die Touristen gingen gewöhnlich zum Dorf A, um abwechslungsreicheres Essen zu bekommen. Heutzutage gibt es eine reichhaltige Auswahl am Strand selbst, und die Touristen gehen selten zum Essen ins Dorf. Wenige Dorfbewohner besuchen überhaupt je die Strände, es sei denn für einen Drink in einem der Restaurants. Frühere Forschungsarbeiten unter den Volksstämmen in den Bergen haben gezeigt, daß Kontakte mit Einheimischen trotz des engen räumlichen Zusammenlebens wie auch in vergleichbaren Situationen anderswo (Teas 1974, S. 17) spärlich sind (Cohen 1979b, S. 21). Sie sind in der Erholungssituation der Strände sogar noch seltener. Im Gegensatz zu der Annahme, daß der „Handwerks"-Tourismus zu Interaktionen mit der weiteren einheimischen Gesellschaft führt (Rodenburg 1980), sind die sozialen Kontakte der Touristen an beiden Stränden im wesentlichen auf das Personal des Strandkomplexes beschränkt, das oft unabsichtlich zum Übermittler einheimischer Gebräuche und Kultur und zum Sprecher der ortsansässigen Gesellschaft wird. Obwohl die Einheimischen nach außen hin höflich und gastfreundlich zu den Touristen sind, sind ihre Beziehungen durch untergründige Mißverständnisse, Spott und latente Feindseligkeit, die gelegentlich in offene Konflikte oder feindliche Handlungen mündet, beeinträchtigt. Vielen der spezifischeren Einstellungen zueinander liegt ein grundsätzlicher kultureller Unterschied zugrunde, was die Einschätzung des Strandes als Unterhaltsquelle und die Vorstellungen über das adäquate Verhalten der Touristen am Strand angeht. Wie die Volksstämme in den Bergen haben auch die Inselbewohner keine Vorstellung von den Motiven, die die Touristen an die Strände bringen. Ihre Grundeinstellungen gegenüber Sonne, Meer und Sand sind grundsätzlich verschieden von denen der Touristen. Sonnenstrahlen zum Beispiel werden gemieden. Das thailändische Ideal weiblicher Schönheit ist die Blässe. Thailändische Frauen schützen ihre Haut immer vor der Sonne. Das Sonnenbaden ist daher für die Einheimischen eine unverständliche Beschäftigung. Das Meer ist für die Einheimischen eine Nahrungsquelle, eine Quelle für Fisch und andere Meeresfrüchte, aber nicht für Vergnügungen. Nur wenige Einheimische baden jemals im Meer, und die meisten können nicht schwimmen. Thailändische Strandbesucher tragen keinen Badeanzug. Mädchen baden gewöhnlich in all ihren Kleidern.

Für die Touristen jedoch sind Sonne, Strand und Meer eine Quelle des puren Vergnügens und die Grundlage des „Inselparadieses" überhaupt. Das Paradies aber ist ein Ort der Unschuld ohne Scham und ohne Hemmungen. Dementsprechend legen viele alle Kleidung ab und baden oder sonnen sich nackt. Dieses Verhalten hat keine sexuellen Konnotationen – es ist weit vom Exhibitionismus oder der Absicht entfernt, Zuschauern gefallen oder sie aufreizen zu wollen. Es ist eher ein weiterer Ausdruck der ausgedehnten narzißtischen Beschäftigung mit sich selbst und dem eigenen Körper, begleitet von einer völligen Gleichgültigkeit jedem Betrachter gegenüber. Dieses Verhalten ist für die Einheimischen unverständlich; für sie bedeutet Nacktbaden einen groben Akt der Unanständigkeit. Es ist die Hauptquelle für Konflikte zwischen den Einheimischen und den Touristen und eine der Hauptdeterminanten für ihre Beziehung zueinander Frauen und die ältere Generation fühlen sich durch das Nacktbaden ernstlich beleidigt. Bei den jungen Männern ruft es eine unangenehme Ambivalenz hervor. Einerseits erregt sie der ungewöhnliche Anblick von Nacktheit, auf der anderen Seite ärgern sie sich auch darüber. Aber vor allem vermittelt dieses Verhalten ein schiefes und unter diesen Umständen ungerechtfertigtes Bild von amoralischen und promiskuitiven weißen Frauen.

Auch die Inselbehörden beschäftigen sich mit dem Nacktbaden. Nach Erscheinen eines illustrierten Zeitungsberichtes wurden die Bungalowbesitzer auf Ko Samui aufgefordert, solches Verhalten zu verhindern. Obwohl jedoch „ die Polizei (...) in einem Jeep mit rotem Blinklicht über die Insel fährt" (Hail 1979, S. 29) in dem Bemühen, die Regelungen durchzusetzen, und Zuwiderhandelnde gelegentlich eine Strafe zahlen müssen, geht das Nacktbaden weiter. Diese und andere Formen des „unanständigen" Verhaltens haben jedoch einige weitreichende Implikationen. Bei dem Versuch, die kürzliche Welle von Verbrechen an Touristen zu erklären, meinte ein hoher offizieller Beamter auf Phuket, daß das Nacktbaden mangelnden Respekt für die thailändischen Gebräuche ausdrückt und von daher Feindseligkeit hervorruft, die sich ihrerseits in kriminellen Handlungen gegenüber Touristen äußert. Obwohl diese Erklärung selbstgerecht und ungenügend ist, weist sie doch darauf hin, daß das unanständige Verhalten der Touristen in der einheimischen Gesellschaft sowohl als ausreichende Rechtfertigung für die Täter akzeptiert wird als auch in den Augen der Gesellschaft als ganzer ausreicht, um deren Taten zu verzeihen.

Während die Touristen unter den Volksstämmen in den Bergen oft übersensibel für die Reaktionen der Einheimischen sind, sind die Touristen an den Stränden gewöhnlich für sie blind. Die mangelnde Kommunikation zusammen mit der thailändischen Zurückhaltung, Mißfallen am Verhalten ihrer Gäste direkt zu äußern, und das Fehlen solcher Vermittler wie den Dschungelführern, die die Touristen über das richtige Verhalten anweisen, läßt viele Touristen in Unkenntnis über einheimische Einstellungen. Sie werden auch durch die nachsichtige Einstellung einiger junger Thailänder, die am Strand arbeiten, und durch thailändische Besucher vom Festland irregeführt, für die das Nacktbaden oft eine Attraktion darstellt (wie das bei „Touristenbesichtigungsreisen" für inländische Touristen auf Bali oder in Goa der Fall ist). Es ist jedoch zweifelhaft, ob die meisten Touristen sich überhaupt um einheimische Empfindlichkeiten sorgen. Denn anders als die Mitglieder der Bergstämme sind die Inselbewohner keine „Attraktion" und werden daher von den Besuchern wenig beachtet.

Zum „paradiesischen" Bild der Inseln gehört das Stereotyp des primitiven, naiven und freundlichen Einheimischen. Die tägliche Atmosphäre am Strand bestätigt offensichtlich dieses Bild. Beziehungen sind formlos und liebenswürdig. Das Personal der Restaurants und Unterkünfte unterhält sich, macht Witze und Unfug mit den Touristen und trinkt und raucht *ganja* in ihrer Gesellschaft. Obwohl der Service langsam, fehlerhaft und gelegentlich nicht sehr zuvorkommend ist, sind die Besucher in der Regel froh, nicht als reine „Kunden" behandelt zu werden. Als der neue Besitzer eines Restaurants versuchte, einen formaleren und respektableren Service einzuführen, wurde seinen Bemühungen mit Spott begegnet. Obwohl die Einheimischen freundlich sind, verhalten sie sich nicht unterwürfig, was diejenigen jungen Touristen verwirrt, die mit einem Gefühl der Überlegenheit hier ankommen und erwarten, als „Übermenschen" behandelt zu werden. Besonders auf Ko Samui bewahren sich die Einheimischen ihren Stolz und ihr Gefühl für persönliche Ehre, sind schnell beleidigt und achten sorgsam auf jedes Zeichen von Arroganz auf seiten der Touristen. Sie kultivieren eine geheime Verachtung für das Verhalten der Touristen und verspotten sie hinter ihrem Rücken. Wie auf Ponape (Knox 1978, S. 12) werden Touristen „ungefähr auf Armeslänge von der einheimischen Gesellschaft ferngehalten". Es entsteht keine nähere Freundschaft zwischen Einheimischen und Touristen. Einheimische Mädchen scheuen sich vor jedem Kontakt mit den Fremden. Sogar am Sabai-Strand weisen Kellnerinnen jedes Anzeichen von Vertrautheit mit männlichen Kunden zurück – bis zur Abweisung von Trinkgeldern – und äußern Schrecken bei dem Gedanken, einen *farang*- (weißen) Freund zu haben.

Es stellt sich also eine gefährliche Diskrepanz zwischen dem Bild der Touristen über die Einheimischen und der örtlichen Realität heraus, eine potentiell explosive Situation, die in wiederholten Handlungen von Rachsucht oder in plötzlichen gewalttätigen Konflikten über offensichtliche Kleinigkeiten hervorbricht. Der Autor war Zeuge eines Vorfalls auf Ko Samui, bei dem ein Mißverständnis zwischen einen Minibusfahrer und drei Hippie-Touristen über einen Betrag von 30 Baht (etwa 1,50 US-$) fast in einer Tragödie endete. Nach einem heftigen Austausch von Beleidigungen und einem mißglückten Versuch, einen der Hippies zu überfahren, sammelte der Fahrer eine Gruppe von bewaffneten Freunden und Verwandten aus seinem Dorf um sich und machte sich auf den Weg, den Hippie zu erschießen. Nur die Intervention durch den Dorfvorstand und durch einige Umstehende verhinderte den Mord. Die Einheimischen betonten, daß es nicht das Geld, sondern der Angriff auf die Ehre war, der die stolze Reaktion provoziert hatte – und daß sie nur deshalb intervenierten, weil ein Mord schlimme Folgen für die Reputation des Strandes gehabt hätte. Für die Touristen am Strand war dieser Vorfall jedoch, wie einer von ihnen sich ausdrückte, ein „Realitätsschock" – ein völlig unerwarteter Riß in ihrem „paradiesischen" Bild.

Die unerfahrenen Unternehmer leiden unter der Unsicherheit bezüglich der Geschmäcker und Vorlieben ihrer Gäste und der häufigen Unfähigkeit, mit ihnen zu kommunizieren. Im Verlauf der täglichen Interaktionen zwischen den Touristen und den Einheimischen, die am Strand bedienen, tauchen viele Probleme und Mißverständnisse auf, die vor allem die langsame oder inkompetente Bedienung oder die Bezahlung betreffen. Solche Schwierigkeiten sind besonders in den Sommermonaten auf dem isolierteren Ko Samui akut, wenn hauptsächlich nicht englischsprechende Touristen da sind. Manche Eigentümer stellen deswegen Thailänder vom Festland ein, die besser mit den Fremden kommunizieren können. Aber die genialste und soziologisch gesehen interessanteste Lösung des Kommunikationsproblems ist die Anstellung eines *farang*, der nominell als Kellner arbeitet, aber in Wirklichkeit als Vermittler dient, nicht unähnlich den Dschungelführern im Fall der Volksstämme in den Bergen. Die Richtung dieser Vermittlung ist jedoch umgekehrt, d.h., er hilft eher den Einheimischen, sich auf die Bedürfnisse der Touristen einzustellen, als andersherum. In der Vergangenheit haben mehrere *farangs* am Sawadee-Strand gearbeitet. Im Sommer 1979 gab es dort drei, während am Sabai-Strand, wo es mehr nicht ortsansässiges Personal gibt, nur einer von ihnen arbeitete.

Der *farang* arbeitet für Essen und Unterkunft, aber nicht für oder nur gegen ein bescheidenes Entgelt. Er ist ein Tourist, in der Regel ein *traveler*, der am Strand bleiben möchte, aber kein Geld mehr hat oder etwas arbeiten möchte. Einer erzählte mir sogar, daß er sich „schrecklich schuldig fühle", wenn er nicht arbeite – eine merkwürdige Wiederkehr der Arbeitsethik in einer Urlaubssituation. Der *farang* sorgt gelegentlich für Neuerungen an den Stränden, indem er z. B. neue Gerichte einführt oder die Arbeit in der Küche neu organisiert. Seine Hauptfunktion ist jedoch integrativer Natur. Er ist wie der Dschungelführer eine Art „Stoßdämpfer" zwischen den Einheimischen und den Touristen, an den beide Seiten ihre Beschwerden herantragen und der versucht, Mißverständnisse zu klären und Konflikte zu verhindern. Anders als im Fall des Dschungelführers etabliert sich seine Rolle jedoch nicht mit der Entwicklung der Bungalowkomplexe, sondern tendiert eher dazu, zu verschwinden. Je mehr die Einheimischen der Probleme des Tourismus gewahr werden und sich ein Basisvokabular der fremden Sprachen aneignen, desto eher können sie auf die Hilfe der *farangs*, die in formaleren und mehr kommerziellen Situationen weniger bereitwillig kostenlos arbeiten, verzichten. Daher arbeiten immer weniger *farangs* am Sabai- und am Sawadee-Strand und überhaupt keine mehr an den fortschrittlichsten Stränden von sowohl Ko Samui als auch Phuket.

Die sozio-ökonomischen Auswirkungen des Bungalow-Tourismus

In einer kurzen Vorläuferstudie wie dieser sind die tiefergehenden Auswirkungen des Tourismus schwer auszumachen. Daher sollen hier nur die offensichtlichsten, aber dennoch wichtigen Konsequenzen des Bungalow-Tourismus erörtert werden. Ich konzentriere mich auf zwei Fragen: (a) Wer sind die hauptsächlichen Nutznießer des Bungalow-Tourismus, und im besonderen: Inwieweit ist der Tourismus von Vorteil für die Dörfer in der nächsten Umgebung der Strände und trägt zu deren Entwicklung bei? – Und (b): Welche sozialen und kulturellen Nebeneffekte hat das Vordringen des Tourismus in bis dahin relativ abgeschiedene Regionen? Die ökonomischen Vorteile können in vier Punkten zusammengefaßt werden:

1. Verkauf oder Verpachtung von Strandgrundstücken an Unternehmer. Obwohl hier manchmal hohe Summen beteiligt sind, kommen sie nur der kleinen Zahl von Dorfbewohnern zugute, die zufällig Strandgrundstücke besitzen. Die Preise und Pachtgebühren waren anfangs sehr niedrig, erhöhten sich aber vor allem am Sabai-Strand in den letzten Jahren um ein mehrfaches. Heutzutage haben dort jedoch die meisten ursprünglichen ortsansässigen Landbesitzer ihre Strandgrundstücke verkauft oder verpachtet, so daß die Hauptnutznießer künftiger Geschäfte hauptsächlich Ortsfremde sind. Ein Extrembeispiel ist das des städtischen Geschäftsmannes, der das Land für seinen Bungalowkomplex für nur 5.000 Baht (etwa 250 US-$) pro Jahr pachtete und dann das Restaurant für 6.000 Baht (etwa 300 US-$) pro Monat weiterverpachtete. Weiterhin verwendeten die Dorfbewohner, die ihr Land verkauften oder verpachteten, die Erträge hauptsächlich für „traditionelle" Zwecke, d.h. für Verbesserungen ihrer Wohnungen, für den Kauf von Kautschukbäumen im Landesinneren und zumindest in einem Fall für den Geldverleih. Keiner verwendete das Geld, um in das sich neu entwickelnde Tourismusgeschäft einzusteigen. Daher mag das Geld zwar geholfen haben, den Lebensstandard zu erhöhen und die existierende ökonomische Struktur des Dorfes zu festigen; es hatte jedoch keine grundsätzlichen Veränderungen zur Folge. Soweit der Autor ermitteln konnte, hatte es auch keinen deutlichen Effekt auf die Schicht- und Machtstruktur des Dorfes.

2. Profit aus touristischen Einrichtungen. Bei billigen Unterkünften mit niedrigem Standard floriert der Jugendtourismus. Für die Errichtung solcher Unterkünfte reichen bescheidene Investitionen aus. Am Sawadee-Strand überschritten 1979 die Gesamtkosten für einen Bungalowkomplex aus 12-15 Hütten, einem Restaurant, einer Wasserzisterne und einem Generator nicht 150.000 Baht (ca. 7.500 US-$). Sie waren noch bedeutend geringer, wenn die Eigentümer beim Bau mithalfen. Die komfortableren Hütten am Sabai-Strand erfordern weit höhere Investitionen, die die ortsansässigen Dorfbewohner in der Regel nicht aufbringen können. Die Restaurants jedoch sind meistens selbst gebaut und kosten nicht mehr als einige tausend Baht. Unter diesen Umständen ist der Einstieg in das Tourismusgeschäft relativ leicht, jedoch hält der Konkurrenzkampf sowohl die Preise als auch die Gewinne niedrig.

Außerdem reisen die jugendlichen Touristen mit einem sehr knappen Budget. Sie geben ausgesprochen wenig Geld aus – durchschnittlich 100-120 Baht (5-6 US-$) am Tag – und sind in hohem Ausmaß preisbewußt. Langzeit-traveler kommen mit sehr viel weniger, manchmal nur mit 80 Baht (4 US-$) pro Tag aus. Teas' Befund (1974, S. 9) für travelers, daß, „je billiger einer lebt, desto höher sein Status", trifft auch für die Strände zu. Daher kann ein winziger Preisunterschied Besucher zu einer anderen Unterkunft und sogar an einen anderen Strand treiben. Da die Größe von durch ortsansässige Eigentümer betriebenen Unternehmen klein ist, sind die Gewinne für die Restaurant- und Unterkunftsbesitzer im Vergleich zum Mittelklassen-Tourismus gering. Sie sind jedoch wahrscheinlich viel größer als die eines durchschnittlichen Landwirten in den Dörfern. Der Autor schätzt, daß ein kleines, einem ortsansässigen Besitzer gehörendes Restaurant oder Bungalowkomplex bis zu 5.000-10.000 Baht (250-500 US-$) im Monat einbringt. Die Beträge werden jedoch oft unter mehreren Erwachsenen aufgeteilt. Die großen Unterkünfte der auswärtigen Besitzer werfen ein Mehrfaches davon ab. Diese Gewinne fließen jedoch in das städtische Zentrum und bringen für die Wirtschaft des Dorfes keinen Vorteil.

Die Zahl der ortsansässigen Eigentümer ist klein – sie übersteigt an keinem der Strände ein Dutzend von mehreren tausend Dorfbewohnern. Ihre Unternehmen sind klein und neu. Sie tendieren dazu, ihre bescheidenen Gewinne in Renovierungen oder in Konsumgüter wie Autos zu investieren. Der Effekt aller durch Ortsansässige betriebenen Unternehmen auf die Wirtschaft des Dorfes ist daher (noch) unbedeutend.

3. Arbeit in Tourismusbetrieben. Die Besitzer und ihre nächsten Familienangehörigen bilden an beiden Stränden in ihren Unternehmen die Kerngruppe der Arbeitenden. Sie werden immer wieder durch Halbzeit- oder Gelegenheitskräfte unterstützt, meistens Verwandte oder Freunde, die ein paar Tage gegen Essen und Unterkunft, aber gegen kein oder nur wenig Geld aushelfen. Ortsansässige stellen selten Leute ein, zu denen sie keine Beziehung haben. Die abwesenden Eigentümer der großen Unterkünfte am Sabai-Strand stellen dagegen keine Verwandten, sondern nur auf formalem Wege angeheuerte Ortsfremde ein. Unter diesen Umständen können die folgenden Zahlen nur eine ungefähre Vorstellung der Beschäftigungssituation an den Stränden geben (Tab. 1).

Im Sommer 1979 arbeiteten mehr als 30 Personen am Sawadee-Strand. Dies entspricht wahrscheinlich dem jährlichen Maximum, da zur Zeit der Studie am Strand Hochsaison herrschte. Die Zahl der Besitzer und ihrer nächsten Familienangehörigen betrug jedoch fast 20: Kinder, Eltern oder Geschwister. Abgesehen von den wenigen *farangs* waren die meisten Ortsansässige. Von den Ortsfremden kamen vier aus anderen Ortschaften der Insel und nur einer vom Festland.

Tab. 1: Angestelltenverhältnisse in Tourismusbetrieben am Sawadee- und Sabai-Strand im Sommer 1979

	Familie	Ortsansässige	Ortsfremde	Fremde	Andere
Sawadee-Strand	18	7	5	3	33
Sabai-Strand	25	8	14	1	48
Bungalows	2	1	12	–	15
Restaurants	23	7	2	1	33

Am Sabai-Strand waren fast 50 Leute angestellt. Es sollte jedoch angemerkt werden, daß zur Zeit der Untersuchung keine Hochsaison am Strand war und die Einrichtungen so gut mit Personal ausgestattet waren, daß an manchen Tagen tatsächlich mehr Arbeitende als Touristen am Strand waren. Der Sabai-Strand ist nur einer von fünf Stränden, die zu den gleichen Dörfern gehören. Die anderen haben nur wenig Tourismus und weniger als ein Dutzend dort Arbeitende.

Am Sabai-Strand sind ungefähr die Hälfte der Arbeitenden die Besitzer oder deren Familienangehörige. Sie konzentrieren sich auf die Restaurants, in denen sie den größten Teil der Arbeitenden darstellen. Der Rest rekrutiert sich meist aus ortsansässigen Verwandten der Besitzer. In den Bungalowkomplexen sind 12 der 15 Angestellten Ortsfremde, hauptsächlich aus dem städtischen Zentrum der Insel oder vom Festland. Sie sind alle in den großen Komplexen der auswärtigen Besitzer angestellt. Ein Besitzer betonte, daß er nur Ortsfremde einstelle, mit Vorliebe Leute vom Festland, mit der Begründung, daß ihm die Ortsansässigen Schwierigkeiten gemacht hätten, als er sie entlassen habe. Die Daten dokumentieren das Ausmaß, in dem die großen Unterkünfte am Sabai-Strand von den angrenzenden Dörfern isoliert sind.

Der Tourismus hat außerdem für einige zusätzliche Arbeitsstellen, vor allem im Transport- und Bauwesen, gesorgt. Er ist zu einer wesentlichen Einnahmequelle für die Fahrer der Minibusse und der Motorrad-Taxis am Sabai-Strand geworden, die nicht nur manchmal überhöhte Preise von neuankommenden Touristen verlangen, sondern auch eine Kommission von den Bungalow-Besitzern bekommen. Die Fahrer sind jedoch keine Dorfbewohner.

Während Freunde und Verwandte oft umsonst aushelfen, entsprechen die Gehälter des festangestellten Personals denen, die dem Dienstleistungspersonal im „traditionellen" Sektor der thailändischen Wirtschaft bezahlt werden. Sie sind sogar an den offiziellen nationalen Standards gemessen eher niedrig. So verdienen ein angestelltes Kind nur etwa 300 Baht (15 US-$), eine zehnjährige Kellnerin ungefähr 500-600 Baht (25-30 US-$) und ein erwachsener Koch oder Hausmeister etwa 1.200-1.300 Baht (60-65 US-$) im Monat. Letzteres liegt knapp über dem offiziellen Mindestlohn von 35 Baht am Tag. Englisch sprechende Angestellte von außerhalb und besonders Unterkunftsmanager erhalten höhere Löhne – bis zu 3.000 Baht (150 US-$) im Monat. Da nur wenige Ortsansässige im Tourismus arbeiten und da auch sie nur relativ niedrige Löhne bekommen, ist die Arbeit im Tourismussektor ebenfalls noch kein bedeutsamer, potentiell strukturverändernder Faktor für die Wirtschaft des Dorfes.

4. Erträge aus der Lieferung von Waren und Dienstleistungen an den Tourismussektor. Im Gegensatz zu anspruchsvollen Touristen konsumieren jugendliche Touristen hauptsächlich vom Dorf produzierte Waren und Dienstleistungen. Die Produkte zum Konsum oder Gebrauch für touristische Dienstleistungen werden fast ohne Ausnahme in Thailand hergestellt. Die angrenzenden Dörfer spielen jedoch bei der Versorgung der Strände nur ein sehr untergeordnete Rolle. Sie verkaufen den Restaurants einige Früchte wie zum Beispiel Zitronen, Papayas und Ananas. Fisch und Meeresfrüchte beziehen die Restaurantbesitzer wegen des unregelmäßigen und kleinen Fangs nicht direkt von den Dorfbewohnern. Sie kaufen auch nicht auf dem Dorfmarkt ein, da die Preise dort hoch und die Auswahl begrenzt ist. Ihre Versorgung wird eher durch das städtische Zentrum der Insel gewährleistet – dem dortigen Markt samt Umgebung und den meist chinesischen Geschäften. Ein Teil der landwirtschaftlichen Produkte, z.B. ein Teil des Schweinefleischs, Geflügel, Eier, Fisch und andere Meeresfrüchte, Gemüse und Früchte stammen, vor allem auf Phuket, von der Insel. Aber die meisten Frischprodukte sowie die weiterverarbeiteten Waren, wie z.B. Getränke, Bier, Zucker, Kaffee etc., werden vom Festland „importiert". Auf dem kleineren und weniger fortschrittlichen Ko Samui ist der Anteil der Insellandwirtschaft bei der Versorgung der Touristen sehr begrenzt. Da jedoch die Nachfrage aus dem Tourismus einen bedeutenden Anteil an der gesamten Nachfrage des Marktes hat, übt sie einen steigenden Druck auf die Preise einiger Produkte aus, verursacht gelegentlich einen Mangel an anderen und reduziert durch die steigenden Importe das Ausmaß der wirtschaftlichen Autarkie der Insel. Einige Ortsansässige finden, verärgert durch die kürzliche Preissteigerungswelle, im Tourismus einen geeigneten Sündenbock, obwohl die meisten Preissteigerungen unabhängig vom Tourismus sind und durch ganz andere Faktoren wie z.B. die Ölkrise provoziert wurden.

Die ortsansässigen Bauern haben bisher nur langsam auf die neue Art der Nachfrage durch den Tourismus reagiert, vor allem auf dem traditionelleren Ko Samui, wo die Dorfbewohner wenig Bereitschaft zeigen, sich auf neue Produktionszweige einzustellen. Eine Veränderung wird darüberhinaus durch die begrenzten Informationen gebremst, die

die Bauern über Wege und Mittel haben, durch die sie vom Tourismus profitieren könnten. Es gibt offensichtlich auch ökologische Hindernisse für eine Veränderung der landwirtschaftlichen Produktion, ein Faktor, der noch genauer untersucht werden muß.

Die vorangegangene Analyse bekräftigt einen Punkt, nämlich daß die Dörfer in der unmittelbaren Nachbarschaft der Strände nicht die Hauptnutznießer aus der Tourismusentwicklung sind. Dies erscheint auch den ortsansässigen Unternehmern, die sich über die Tatsache im klaren sind, daß die Dorfbewohner, wenn überhaupt, dann nur wenig Vorteile vom Tourismus haben, ganz offensichtlich.

Wendet man sich jetzt den sozialen Effekten des Tourismus zu, so wird deutlich, daß aufgrund der Trennung zwischen Strand und umgebenden Dörfern die Wahrscheinlichkeit für eine direkte Auswirkung des Tourismus auf die Dorfbewohner mit Ausnahme der wenigen Angestellten im Strandkomplex gering ist. Der Tourismus hat jedoch einige wichtige indirekte soziale Auswirkungen. Er scheint im besonderen zum kürzlichen Anstieg von Verbrechen gegen Eigentum, deren Hauptopfer die Touristen sind, beizutragen. Alte Leute auf Phuket behaupten, daß Raub und Diebstahl vor der Ankunft der Touristen auf der Insel unbekannt waren. Jedoch gibt es wie im Fall der Preissteigerungen eine Reihe von tourismusunabhängigen Faktoren, vor allem strukturelle Veränderungen in der Gesellschaft, die kürzlich zu einer Welle von Gewalt und Verbrechen in ganz Süd-Thailand geführt haben. Weiterhin scheinen einige der ernsteren Angriffe auf Touristen von Nicht-Inselbewohnern begangen worden zu sein. Daher beschränkt sich die Diskussion hier nur auf die Vergehen gegen Touristen, die von den Bewohnern der an die Strände grenzenden Dörfer begangen wurden. Dies sind Vergehen minderer Bedeutung wie Diebstahl, Taschendiebstahl und Einbrüche in Bungalows.

Bedingungen, die geringfügige kriminelle Handlungen fördern, existieren auf beiden Inseln. Sie sind jedoch auf Phuket wahrscheinlich etwas ausgeprägter als auf Ko Samui. Unter diesen Bedingungen fällt die ländliche Unterentwicklung besonders ins Auge. Sie führt zu Arbeitslosigkeit, vor allem bei Jugendlichen, zur „Revolution der steigenden Ansprüche" und zur Schwächung der traditionellen Kontrollmechanismen. Die Touristen sind aus verschiedenen miteinander verknüpften Gründen die Hauptopfer der Vergehen:

Günstige Gelegenheiten: Vor allem die jungen umherwandernden Touristen tragen all ihre Wertsachen am Körper. Durch das „paradiesische" Bild von den Stränden und deren Bewohnern verleitet, gehen sie zuweilen nicht sehr achtsam mit ihren Besitztümern um und geben so potentiellen Diebe verlockende Gelegenheiten.

Image: Obwohl die jungen Touristen die ärmste Gruppe der Reisenden bilden, scheinen sie den ortsansässigen Jugendlichen enorm reich zu sein. Dieses Image macht sie nicht nur als potentielle Opfer attraktiv, sondern hilft auch, das Gewissen der Täter zu beruhigen, die denken könnten, daß der Diebstahl ihres Geldes die Opfer in Anbetracht ihres Reichtums nicht ernsthaft schädigen kann.

Fremdenstatus: Da Touristen nicht „dazugehören“, sind sie von der traditionellen Beschützung von Gästen ausgeschlossen, und Vergehen ihnen gegenüber ziehen nicht die gleichen Sanktionen nach sich wie ähnliche Vergehen gegen Mitbewohner des Dorfes. Da die Opfer zudem meist nicht in der Lage sind, die Täter zu identifizieren, können letztere einer formalen Verfolgung entgehen.
Verhalten: Verhalten, das gegen die einheimischen Gebräuche verstößt, wie z.B. das Nacktbaden, degradiert die jungen Touristen in den Augen der Gemeinschaft und verschafft Tätern so eine weitere Rechtfertigung für ihre Vergehen.

Obwohl diese Grundbedingungen für Verbrechen gegen Touristen – wenn auch in unterschiedlichen Graden – auf beiden Inseln vorhanden sind, variiert die Häufigkeit von Verbrechen beträchtlich. Zur Zeit fehlen sie auf Ko Samui praktisch ganz, dagegen sind sie auf Phuket häufig. Der Unterschied wird durch die unterschiedliche strukturelle Position des Tourismus in der einheimischen Gesellschaft erklärt. Am Sawadee-Strand und anderswo auf Ko Samui sind die touristischen Einrichtungen fast ausschließlich im Besitz von Ortsansässigen, meist Thailändern mit starken Beziehungen zur örtlichen Machtstruktur. Durch das Netz ihrer Verbindungen sind die Besitzer in der Lage, Druck auf die Diebe auszuüben, das gestohlene Eigentum zurückzugeben. Diese Möglichkeit nutzen sie, weil die traditionelle Führung am Tourismusgeschäft interessiert ist und von daher versucht, Verbrechen an Touristen zu verhindern. Es ist bedeutsam, daß vor der Errichtung von Bungalowkomplexen, als die Einheimischen noch kein Interesse am Tourismus hatten, Diebstähle den Touristen zur Last gelegt wurden. Diese Diebstähle haben später praktisch ganz aufgehört.

Auf Phuket ist die Situation ganz anders. Aufgrund der größeren Durchsetzung mit ortsfremden Kräften ist der Zusammenhalt in der ländlichen Gesellschaft geringer und die örtliche Führung daher weniger effektiv in der Kontrolle der jüngeren Generation. Der entscheidende Faktor ist jedoch, daß der Tourismus am Sabai-Strand wie anderswo auf Phuket nicht in die örtliche Gemeinschaft eingebettet ist. Die Eigentümer der Haupteinrichtungen für Touristen sowie die dort Angestellten sind Ortsfremde. Sie haben wenig Kommunikationsmöglichkeiten mit der örtlichen Führung, durch die sie Druck auf die Täter ausüben könnten. Auf der anderen Seite verspürt die Führung wenig Bedürfnis, mit dem Tourismus verknüpfte Verbrechen zu kontrollieren oder bei der Entdeckung der Täter mitzuhelfen, die nur schwer von den auswärtigen Eigentümern und Angestellten identifiziert werden können. Anders als auf Ko Samui können daher Täter auf Phuket ihre Anonymität bewahren. Die Bemühungen der Polizei, sie aufzudecken, werden durch die örtliche Gemeinschaft, die eine Zusammenarbeit mit ihr verweigert, vereitelt. Die Polizei hat daher den Ruf, nicht sehr effektiv zu sein, was wiederum Touristen, die beraubt worden sind, davon abhält, um ihre Hilfe zu bitten. Die ironische Konsequenz daraus ist, daß sich die Polizei auf Statistiken stützen kann, um zu verleugnen, daß Verbrechen an Touristen bestehen, während die Täter selbst ihrer Beschäftigung fast unbehelligt weiter nachgehen können.

Schlußfolgerungen

Obwohl dieser Bericht auf zeitlich begrenzter Feldforschung beruht und seine Befunde noch mit weiteren Beobachtungen gestützt werden müssen, ermöglicht er doch einige vorsichtige Antworten auf die Fragen in der Einleitung.

1. Die Befunde erlauben einige Modifikationen des idealisierten Bildes des jugendlichen Touristen als einem neugierigen und abenteuerlustigen Reisenden auf der Suche nach „authentischen" Erfahrungen. Kulturelle, politische und ökonomische Veränderungen, wie das Ende des Vietnamkrieges und die Verfügbarkeit billiger Flugreisen, haben die jugendliche Touristenszene umgewandelt und die Tendenz zur Vermassung des *drifter*-Tourismus verstärkt (Cohen 1973). Wie es ein junger deutscher Tourist formulierte, ist die Zeit der „Hermann Hesse-Urlauber", die im Orient nach „dem Sinn des Lebens" suchten, vorbei. Sogar die wenigen bleibenden Langzeit-*traveler* reisen komfortabler als die *„hard travelers"* der Vergangenheit. Die meisten jugendlichen Touristen sind nicht einmal Teilzeit-*drifter*: obwohl sie billig reisen, tun sie das im konventionellen Stil, der für den institutionalisierten Massentourismus typisch ist. Auf den Reisen unter den Volksstämmen in den Bergen des Nordens drücken zumindest manche ein genuines Interesse an der „Authentizität" des Lebens und der Kultur der Einheimischen aus. Während des Erholungsurlaubes auf den südlichen Inseln ist ein solches Interesse praktisch nicht vorhanden. Die Art der erwünschten touristischen Erfahrung ist vorherrschend „Erholung" mit „Entspannung" als Schlüsselwort.

Eine gewisse Annäherung an die Suche nach „Authentizität" kann jedoch in der Einstellung gegenüber der Natur gefunden werden – vor allem in der Betonung der „Ursprünglichkeit" und in der Abwendung von überfüllten und touristischen Orten. So kann vielleicht hinter dem Bedürfnis nach bloßer erholsamer Entspannung ein tieferer, vielleicht unbewußter Wunsch nach „re-creation" gesehen werden. Die einheimische Inselgesellschaft ist jedenfalls keine Erscheinung, die ein solches Bedürfnis nach tieferer touristischer Erfahrung auslöst. Sehr wenige junge Touristen an den Stränden zeigten eine Tendenz zu touristischen Erfahrungsweisen, die als „experimentell" oder „existentiell" bezeichnet werden können (Cohen 1979a).

Während sich Kurzzeittouristen an den Stränden von den Mühen ihres Arbeitslebens erholen, erholen sich *travelers* von den Anstrengungen ihrer Reise. Dieser Befund unterstützt Vogts Bemerkung über „Sammelorte" als Orte, an die sich der *traveler* „während einer Ruhepause zurückzieht", auf der Suche nach „einer Periode der Unbeschwertheit, nach einer Bewegungspause, um seine Lebensenergien wieder aufzufüllen" (1976, S. 37). Vogt beschäftigt sich aber nur mit den Wanderern, d.h. den nach außen orientierten, extrovertierten *drifters* oder *travelers*, für die der „kurze Aufenthalt [an einem Sammelort] der Länge ihrer Reise gewöhnlich angemessen ist" (ebda.). Für die introvertierten *travelers* jedoch stellen solche Plätze – als „Sehenswürdigkeiten" – das Hauptinteresse ihrer Reise dar. Sie bleiben zwar für lange Perioden an den Stränden, vertiefen sich aber in die Drogen-Kultur und bleiben blind für ihre soziale Umgebung. Die Strände bieten wenig von der Aufregung und Lebendigkeit, die man gewöhnlich mit solchen Treffpunkten verbindet. Sozialer Kontakt mit Einheimischen ist rar und auf das Personal der Strandkomplexe beschränkt. Mit Ausnahme der *travelers*, die sich untereinander zusammenschließen, suchen die meisten Touristen das Alleinsein und zeigen auffällig „narzißtische" Tendenzen. Dies spiegelt wahrscheinlich die vorherrschende Geisteshaltung der gegenwärtigen Jugendkultur wieder.

2. Obwohl sich die beiden Strände dem Äußeren nach und in ihrer Struktur ähneln – beide sind Tourismusunternehmen in kleinem, „handwerklichen" Maßstab – unterscheiden sie sich beträchtlich in ihrer Entwicklungsdynamik. Obgleich der Tourismus an beiden Stränden im ganzen gesehen „organisch" wuchs, hat er am Sabai-Strand eine deutliche sekundär „induzierte" Qualität. Am Sawadee-Strand war es ein rein endogener Prozeß, ins Leben gerufen durch ortsansässige Unternehmer; am Sabai-Strand begann er exogen: Ortsfremde errichteten die ersten Bungalowkomplexe, während Ortsansässige erst später dazustießen und von marginaler Bedeutung blieben, indem sie hauptsächlich unterstützende Dienstleistungen erbringen. Die Tourismusdynamik am Sabai-Strand verkehrt in wichtigen Aspekten die des Sawadee-Strandes. Diese Befunde unterstützen die Angemessenheit eines multilinearen Modells von touristischen Entwicklungen (Cohen 1979c, S. 24).

Der Unterschied zwischen Sabai- und Sawadee-Strand liegt in den strukturellen Bedingungen begründet, die vor der Ankunft der Touristen auf den Inseln vorherrschten. Auf dem fortschrittlicheren und integrierteren Phuket hatten mächtige städtische Eliten die Strände in ihren Besitz genommen, lange bevor die Ortsansässigen, für die die Strände nur von marginaler ökonomischer Bedeutung waren, deren Potential für die Zukunft realisierten. Der geschwächte Zusammenhalt der Dörfer, seinerseits eine Konsequenz aus der Einwanderung von außen, verringerte die örtliche Opposition gegen Versuche von Ortsfremden, am Strand touristische Einrichtungen zu bauen. Auf dem weniger fortschrittlichen und weniger integrierten Ko Samui hat sich eine solche Gruppe städtischer Unternehmer noch nicht herausgebildet. Die Kontrolle der Einheimischen über ihre Strände blieb bis zum Beginn des Tourismus intakt. Die Geschlossenheit und der Zusammenhalt der örtlichen Gesellschaft macht selbst jetzt noch jeden Versuch eines Ortsfremden, dort ein touristisches Projekt in Gang zu bringen, extrem schwierig.

Die Ortsfremden, die den Tourismus am Sabai-Strand dominieren, sind nicht Mitglieder einer großstädtischen oder internationalen Elite, wie in der Literatur oft behauptet wird (z.B. Greenwood 1972), sondern eher eine regionale Geschäftselite, die zu einer ökonomisch dominanten Minderheit gehört. Aus der breiteren Perspektive der nationalen Gesellschaft gesehen sind sie „Ortsansässige". Aus der begrenzten Perspektive der Dörfer jedoch sind sie definitiv ortsfremde Außenseiter. Ihr Außenseiterstatus hat bedeutende soziologische Konsequenzen, besonders im Bereich der sozialen Kontrolle.

3. Die stark kontrastierenden kulturellen Perspektiven, aus denen die Einheimischen und die Touristen die „marginalen Paradiese" jeweils sehen, sind nicht weniger eine potentielle Quelle für Mißverständnisse als die kulturellen Unterschiede im Volksstammtourismus im Norden des Landes. Im letzteren Fall, bei dem die Touristen in einheimischen Hütten übernachten, haben die touristischen Unternehmer ein unmittelbares Interesse an kontinuierlich freundlichen Beziehungen und an der Lösung von Konflikten zwischen Stammesangehörigen und Touristen. Als Konsequenz daraus ist die Vermittlung eine der Hauptkomponenten der Rolle des Dschungelführers (Cohen 1982).

An den geographisch abgetrennten Stränden haben die Beziehungen zwischen Touristen und Einheimischen keine unmittelbare Bedeutung für die Unternehmer. Die Konsequenz daraus ist, daß sich keine Vermittlerrollen herausgebildet haben, um mit den Problemen zurechtzukommen, die durch die Nichtbeachtung der Einheimischen und ihrer Gebräuche auf seiten der Touristen entstehen. Verdeckte Feindseligkeit kann daher unkontrolliert wachsen und bricht gelegentlich in gewalttätigen Konflikten durch.

Die Unternehmer stehen dem Problem der Vermittlung in umgekehrter Richtung gegenüber: Die Kommunikationsprobleme machen es für sie schwierig, die Wünsche und Bestellungen ihrer Gäste zu verstehen und ihnen nachzukommen. Als Konsequenz wurden zwei Typen ortsfremder Außenseiter eingestellt, um mit dem Problem zurechtzukommen: Thailänder vom Festland oder dem Inselzentrum mit Erfahrung im Tourismusgeschäft und Fremde, meistens *traveler*, die auf diese Art ihren Aufenthalt am Strand verlängern konnten. Die letzteren übten besonders in den frühen Stadien der Entstehung der Strandkomplexe auch eine innovative Funktion aus. Ihre vermittelnde Funktion ist in mancher Hinsicht der des Dschungelführers ähnlich. Sie ist jedoch nur vorübergehender Natur, die mit der Erlangung der notwendigen Kompetenzen auf seiten der Einheimischen verschwindet. Auch die Richtung der Vermittlung ist anders. Im Volksstammtourismus ist es das Hauptproblem für den Dschungelführer, das Wohlwollen der einheimischen Gastgeber zu erhalten. Seine Bemühungen gehen daher dahin, den Einheimischen zu gefallen, da sie dazu gebracht werden sollen, Unterkünfte bereitzustellen. Von den Touristen verlangt er, daß sie ihr Verhalten den Stammessitten anpassen. Im Strandtourismus gehen die Bemühungen jedoch dahin, den Touristen zu gefallen, da sie die Kunden sind, deren Wohlwollen erhalten bleiben soll, während die Besitzer und ihr Personal sich ihren Wünschen anpassen müssen. Dieser Unterschied bestimmt auch die Eigenschaften des idealen Vermittlers. Unter den Bergstämmen sollte er vorzugsweise selbst ein Mitglied des Stammes sein (Cohen 1982b), über Englischkenntnisse und Vertrautheit mit der westlichen Kultur verfügen. Am Strand sollte er bestens mit den Wünschen und Vorlieben der Touristen vertraut sein und deren Vertrauen genießen, weswegen er vorzugsweise selbst ein Fremder mit einiger Vertrautheit mit der einheimischen Situation sein sollte.

4. Der Bungalow-Tourismus an den Stränden unterstützt wie auch der „handwerkliche" Tourismus anderswo (Rodenburg 1980) vor allem dann die örtliche

Wirtschaft, wenn mit „örtlich" die Inseln und die nähere Region gemeint sind. Für die Dörfer um die Strände jedoch hat er auch im einfachen Stadium nur wenige Vorteile und bislang noch keine merklichen strukturverändernden Auswirkungen auf ihre Wirtschaft. Wo wie am Sabai-Strand die touristischen Einrichtungen Ortsfremden gehören und Arbeit verschaffen, wird ein großer Teil der Erträge aus dem Tourismus direkt in das städtische Zentrum geleitet. Aber auch dort, wo wie am Sawadee-Strand die Ortsansässigen die Eigentümer und Angestellten sind, sind die Hauptnutznießer immer noch die städtischen chinesischen Händler und Kaufleute und ihre Lieferanten vom Festland. Aus ökologischen und kulturellen Gründen ist es zweifelhaft, ob sich die Rolle der Dörfer im Bungalow-Tourismus in der Zukunft bedeutend ausweiten wird.

Wie unter den Volksstämmen in den Bergen (Cohen 1979b, S. 29), hatte der Strandtourismus außer dem geringen ökonomischen Nutzen für die Nachbardörfer auch keine bedeutsamen *direkten* sozialen Auswirkungen. Die Kontakte von Touristen mit Einheimischen waren im allgemeinen auf das Personal der Strandkomplexe beschränkt. Die Touristen zeigten wenig Interesse für die Einheimischen und betraten nur selten ihre Dörfer. Sie stören das Dorfleben daher nicht. Der Tourismus verstärkt jedoch *indirekt* bereits existierende ungesetzliche Tendenzen in der Dorfgesellschaft. Touristen, deren Verstöße gegen die einheimischen Gebräuche zumindest eine gute Rechtfertigung wenn nicht gar ein Motiv für gegen sie gerichtete Angriffe liefern, sind ideale Opfer für kriminelle Handlungen. Aber auch die Struktur des Strandtourismus beeinflußt die Rate von gegen Touristen gerichtete Verbrechen. Dort, wo die touristischen Einrichtungen den Einheimischen gehören, übt die örtliche Führung eine Kontrolle über potentielle Täter aus. Wenn sie Ortsfremden gehören, gibt es keine Kontrolle, und kriminelle Handlungen nehmen überhand.

Wie sieht die Zukunft des „Handwerks"-Tourismus an den beiden Stränden aus? Sie scheint vor allem am Sabai-Strand düster zu sein. Die Tourismusplanung in Thailand orientiert sich am Ziel der Maximierung der Einführung ausländischer Währungen. Daher wird der große, industrielle Tourismus gefördert. Dagegen werden der Bungalow-Tourismus wie auch die Dschungelreisen im besten Fall mit Gleichgültigkeit, als ein unbedeutender Faktor zur Beschaffung ausländischer Währungen betrachtet. In mancher Hinsicht ruft er aus kulturellen Gründen sogar Feindseligkeit hervor, z.B. weil er unerwünschte, Hippieartigen Touristen anzieht – eine Einstellung die die thailändischen Behörden mit denen in anderen Entwicklungsländern teilen (Cohen 1973, S. 101ff.). Vor allem auf Phuket behindern die Tourismusbehörden die Weiterentwicklung des „handwerklichen" Tourismus und fördern stattdessen ausgedehnte Investitionen in industrielle touristische Unternehmen durch städtische und ausländische Unternehmer. Die Dörfer an den Stränden werden in der Planung vollständig übergangen, da sie, so die Planer, zu arm sind, um in der Tourismusentwicklung eine Rolle spielen zu können. Ihre Führungen wurden offensichtlich nicht einmal dann konsultiert, als es um die Vorbereitung des Gesamtplanes für den Tourismus auf Phuket ging.

Je bekannter die Inseln werden, desto mehr ziehen sie konventionelle Mittelklassetouristen an, deren Bedürfnisse die Errichtung von verbesserten Unterbringungen, besonders von Hotels, fördern, während *travelers* und andere jugendliche Touristen auf der Suche nach weiter abgelegenen und weniger überfüllten Stränden weiterziehen. Wegen Mangel an Gästen verschwinden daher die billigen Bungalowkomplexe; dieser Prozeß hat schon den am weitesten entwickelten Strand auf Phuket betroffen und wird vermutlich auch bald den Sabai-Strand treffen. An beiden Stränden wird die Nachfrage nach größeren und teureren Einrichtungen zum verstärkten Vordringen von ortsfremden Unternehmern führen. Ein solches Vordringen wird am Sabai-Strand, wo die Ortsansässigen im Konkurrenzkampf mit den Ortsfremden keine Chance haben und auf unterstützende Dienstleistungsbereiche beschränkt bleiben werden, auf wenig soziale Barrieren stoßen. Am Sawadee-Strand ist die Situation komplexer. Die ortsansässigen Eigentümer von Bungalowkomplexen besitzen nicht die finanziellen Mittel für eine umfassende Ausdehnung und Modernisierung ihrer Einrichtungen, vor allem da schnell steigende Kosten solche Veränderungen immer teurer machen. Auch wenn dort eine luxuriösere Form von Bungalows statt Hotels als Hauptunterbringungsform erhalten bleiben sollten, ist es zweifelhaft, ob die gegenwärtigen Eigentümer diese bereitstellen können. Der Versuch von Ortsfremden, die Einrichtungen zu übernehmen, wird jedoch auf beträchtliche Widerstände stoßen. Wenn es auch unsicher ist, ob solche Wide- stände die Übernahme letztlich verhindern können, wird sie dadurch zumindest bedeutend hinausgezögert, so daß sie schwieriger, teurer und unattraktiver sein wird als an Orten mit einem geringeren Zusammenhalt der Bevölkerung.

Danksagung

Die Forschungen, auf denen dieser Beitrag basiert, wurden durch ein Stipendium der Stiftung Volkswagenwerk unterstützt, wofür hier gedankt werden soll. Der Beitrag entstand während meines Aufenthaltes bei der Fakultät für Soziologie der Universität Bielefeld im Jahr 1979. Ich bedanke mich bei Eyal Ben Ari und Don Handelman für ihre nützlichen Kommentare.

Literatur

Armanski, G. (1978). Die kostbarsten Tage des Jahres. Berlin: Rotbuch.

Boissevain, J. (1977). Tourism and development in Malta. Development and Change 8, 523–538.

Boorstin, D. (1962). The image: A guide to pseudo-events in American society. New York: Atheneum.

Bryden, J. (1973). Tourism and development: A case study of the Commonwealth Caribbean. New York: Cambridge University Press.

Cohen, E. (1972). Toward a sociology of international tourism. Social Research 39 (1), 164–182.

Cohen, E. (1973). Nomads from affluence: Notes on the phenomenon of drifter tourism. International Journal of Comparative Sociology 14 (1–2), 89–103.

Cohen, E. (1974). Who is a tourist? A conceptual clarification. Sociological Review 22 (4), 527–555.
Cohen, E. (1979a). Phenomenology of tourist experiences. Sociology 13, 179–201.
Cohen, E. (1979b). The impact of tourism on the hill tribes of Northern Thailand. Internationales Asienforum 10 (1–2), 5–38.
Cohen, E. (1979c). Rethinking the sociology of tourism. Annals of Tourism Research 6 (1), 18–35.
Cohen, E. (Ed.) (1979d). Sociology of tourism. Annals of Tourism Research 6 (1–2), 17–194.
Cohen, E. (1982a). The Pacific Islands from utopia to consumer product: The disenchantment of paradise. Cahiers du Tourisme, Ser. B, No. 27, 1–34.
Cohen, E. (1982b). Jungle guides in Northern Thailand: The dynamics of an occupational role. Sociological Review 30, 234–266.
Cohen, E. (1983a). The dynamics of commercialized arts: The hill Meo and Yao of Northern Thailand. Journal of the National Research Council of Thailand 15, Part II, 1–34.
Cohen, E. (1983b). Hill tribe tourism. In: J. McKinnon & W. Bhruksasri (Eds.), Highlanders of Thailand (pp. 307–325). Singapur: Oxford University Press.
de Kadt, E. (1979). Tourism: Passport to development? New York: Oxford University Press.
Donner, W. (1978). The five faces of Thailand. London: Hurst & Co.
Farrell, B. (1979). Tourism's human conflicts: Cases from the Pacific. Annals of Tourism Research 6 (2), 122–136.
Finney, B. R. & Watson, K. A. (Eds.) (1975). A new kind of sugar: Tourism in the Pacific. Honolulu: East-West Center.
Forster, J. (1964). The sociological consequences of tourism. International Journal of Comparative Sociology 5, 217–227.
Fussell, P. (1979). The stationary tourist. Harper's Magazine (April), 31–38.
Graburn, N. H. H. (1980). Teaching the anthropology of tourism. International Social Science Journal 32 (1), 56–68.
Greenwood, D. J. (1972). Tourism as an agent of change: A Spanish Basque case. Ethnology 11, 80–91.
Hail, J. (1979). Ko Samui: Changing. Business Times Week (June, 18), 28–29.
Hiller, H. L. (1976). Escapism, penetration, and response: Industrial tourism and the Caribbean. Caribbean Studies 16 (2), 92–116.
Hiller, H. L. (1977). Industrialization, tourism, island nations and changing values. In: B. H. Farrell (Ed.), The social and economic impact of tourism on Pacific communities (pp. 115-121). Santa Cruz, Cal.: Center for South Pacific Studies.
Jenkins, A. (1979). It's a tough ride to paradise isle. Bangkok Post (Sept., 23.), 21.
Knox, J. M. (1978). Resident-visitor interaction: A review of the literature and general policy alternatives. PEACESET Conference, The impact of tourism development in the Pacific, Noemea, Apr., 19 (vervielfält.).
Leach, J. W. (1973). Making the best of tourism: The Trobriand situation. In: R. J. May (Ed.), Priorities in Melanesian development (pp. 357–361). Papers of Sixth Waigani Seminar, Canberra, Australian Nat. Univ.
MacCannell, D. (1973). Staged authenticity: Arrangements of social space in tourist settings. American Journal of Sociology 79 (3), 589–603.
MacCannell, D. (1976). The tourist: A new theory of the leisure class. New York: Schocken Books.
McKean, P. F. (1976). An anthropological analysis of the culture brokers of Bali: Guides, tourists and Balinese. Paper, Joint UNESCO/IBRD Seminar on the Social and Cultural Impacts of Tourism, Washington (Dec. 8.–10.) (vervielfält.).

Mukerji, Ch. (1977). Bullshitting: Road lore among hitchhikers. Social Relations 25 (1), 241–252.
National Plan on Tourism Development (1976). National Plan on Tourism Development. Bangkok: Tourism Organization of Thailand.
Noronha, R. (1977). Social and cultural dimensions of tourism: A review of the literature in English. World Bank, Washington, D.C. (Entwurf).
Pi-Sunyer, O. (1977). Through native eyes: Tourists and tourism in a Catalan maritime community. In: V. Smith (Ed.), Hosts and Guests: The anthropology of tourism (pp. 149–155). Philadelphia: University of Pennsylvania Press.
Prahl, H. W. & Steinecke, A. (1979). Der Millionen-Urlaub. Darmstadt: Luchterhand (Reprint: Bielefeld 1990).
Rodenburg, E. E. (1980). The effects of scale in economic development: Tourism in Bali. Annals of Tourism Research 7 (2), 177–196.
Saeng-U-Thai, P. (1979). Phuket – A new tourist trade. The Eastern Star (Feb., 28.), 19–21.
Sricharatchanya, P. & Atkinson, T. (1979). Gearing for a takeoff. Business Times Week (Aug.,20.), 16–24.
Sutton, W. A. (1967). Travel and understanding: Notes on the social structure of touring. International Journal of Comparative Sociology 8 (2), 218–223.
Teas, J. (1974). I study monkeys – What do you do? Youthful travelers in Nepal. Paper, Symposium on Tourism and Culture, Annual Meeting, American Anthropological Assoc.
ten Have, P. (1974). The counter culture on the move: A field study of youth tourists in Amsterdam. Mens en Maatschapij 49, 297–315.
Tourist Authority of Thailand (T.A.T.) (1979). Masterplan and feasibility study – Tourism development of Phuket (2 vols.). Bangkok: Tourism Organization of Thailand.
Turner, L. & Ash, J. (1975). The golden hordes. London: Constable.
UNESCO (1976). The effects of tourism on socio-cultural values. Annals of Tourism Research 4 (2), 74–105.
Vogt, J. (1976). Wandering: Youth and travel behavior. Annals of Tourism Research 4 (1), 25–41.

Urlaub auf Amerikanisch

Alma Gottlieb

Einleitung

Dieser Artikel befaßt sich mit dem Wesen des amerikanischen Urlaubes aus dem Blickwinkel zeitgenössischer Entwicklungen in der Sozial- und symbolischen Anthropologie. Überraschenderweise wurde, trotz des wachsenden Interesses an Volkskulturen und an der amerikanischen Kultur, von Anthropologen bisher wenig über den amerikanischen Urlaub oder den Urlaub im allgemeinen veröffentlicht. Die meisten anthropologischen Veröffentlichungen (Smith 1977) zeigen eine Tendenz, die Sichtweisen der Soziologen und Ökonomen zu übernehmen, indem sie sich auf die soziokulturellen und ökonomischen *Auswirkungen* konzentrieren, die der Tourismus auf das besuchte Land oder dessen Kultur hat (Cohen 1971; Forster 1964; Ouma 1970; Young 1975). Oder man beschäftigt sich, wie Williams und Zelinsky (1970) mit den – vor allem ökonomischen und politischen – Faktoren, die der Auswahl des besuchten Landes zugrunde liegen oder unternimmt psychosoziale Analysen der Interaktionen zwischen Touristen und ihren einheimischen Gastgebern (Sutton 1967). Zahlreiche Autoren beklagen die Oberflächlichkeit des amerikanischen Urlaubs, ohne dabei zu untersuchen, warum die Urlauberzahlen dennoch nach wie vor steigen (z.B. Boorstin 1962); und nur wenige Autoren versuchen, die Auffassungen der Urlauber selbst über das Wesens eines Urlaubes zu erforschen.

Einer der wenigen wichtigen Versuche, die Grundcharakteristik von Urlaubererfahrungen *soziologisch* zu erklären, stammt von MacCannell (1976). Jedoch konzentriert er sich nicht auf den *amerikanischen* Urlaub, sondern behauptet stattdessen, daß *alle* Urlauber (die zum großen Teil der Mittelschicht angehören), vergleichbare Erfahrungen machen, und daß die Erfahrung von Urlaub selbst „entnationalisierend“ wirkt und internationale Grenzen überschreitet (und von daher für diese irrelevant ist). Insbesondere behauptet er, daß der Tourismus ein essentiell modernes Phänomen sei, ein Ausdruck der grundlegenden Probleme, denen der moderne Mensch als Resultat seiner postindustriellen Entfremdung zwangsläufig ausgesetzt sei. Die soziale Fragmentierung („Ausdifferenzierung“) in persönlichen Beziehungen spiegelt sich seiner Ansicht nach in den Urlauben der Mittelschicht wider, in denen Touristenattraktionen mit ihren kläglichen Versuchen, authentische Erfahrungen zu replizieren und auf diese Weise die soziale Entfremdung zu überwinden, eine ähnlich verfremdete Qualität aufweisen:

„Sightseeing ist ein Ritual, das auf der Basis der Fragmentierung einer Gesellschaft vollzogen wird, (...) eine Art kollektives Streben nach einer Transzendierung der modernen Totalität, eine Art zu versuchen, die Diskontinuität der Moderne zu überwinden und ihre Fragmente zu einer ganzheitlichen Erfahrung zu integrieren. Natürlich muß dieser Versuch scheitern; sogar im Versuch, Ganzheitlichkeit zu schaffen, wird die Fragmentierung zelebriert." (MacCannell 1976, S.13)

Cohen (1979) führt MacCannells Analyse einen Schritt weiter und behauptet, daß, obwohl einige Urlaube Ausdruck von Entfremdung sind und lediglich die Illusion hervorrufen, eine andere Kultur zu erleben, es anderen Reisenden tatsächlich gelingt, andere Kulturen „existentiell" zu erfahren; Cohen unterscheidet damit zwischen authentischen und illusorischen Erfahrungen anderer Kulturen, was zusammen mit dem Ausmaß und der Art der Entfremdung des Reisenden innerhalb der eigenen Gesellschaft die Basis für seine fünffache Typologie der Urlaubsformen liefert.

Im Gegensatz zu MacCannell soll hier die These vertreten werden, daß der amerikanische Urlaub eine eigenständige Untergruppe der möglichen Urlaubsformen aller Völker darstellt; daß weiterhin Schichtunterschiede – insbesondere die Unterschiede zwischen Mittel- und Oberschicht – für den Amerikaner ein wesentlicher Faktor in der Erfahrung des Reisens sind; daß der Urlaub, anstatt lediglich einen problematischen Aspekt der modernen Gesellschaft *widerzuspiegeln*, einen wesentlichen Bestandteil der amerikanischen sozio-ökonomischen Ideologie und Erfahrung umkehrt und auf diese Art ihre grundsätzlich widersprüchliche Natur unterstreicht; und daß – paradox genug – durch die Betonung dieses Widerspruchs der Urlaub eher zu einer *Erneuerung des Vertrauens* in den modernen sozialen Prozeß führt als die *Entfremdung* von diesem Prozeß ausdrückt.

Diese Sichtweise weicht von der Ansicht MacCannells und Cohens ab, daß die touristische Erfahrung „bedeutungslos" und „oberflächlich" sein oder, schlimmer, auf einem „falschen Bewußtsein" basieren kann. Stattdessen geht sie von der Voraussetzung aus, daß das, was der Urlauber erfährt, real, gültig und befriedigend ist, egal wie „oberflächlich" es dem Sozialwissenschaftler erscheinen mag. Das hier vorgestellte Modell bietet eine Typologie des Urlaubs an, die, statt wie bei Cohen auf dem Ausmaß der „Authentizität" zu beruhen, eher die Sichtweisen der Urlauber selbst zugrunde legt. Dieses Modell geht davon aus, daß die Gefühle der Urlauber selbst und ihre Ansichten über Urlaub „authentisch" sind, unabhängig davon, ob sie nach Ansicht des Beobachters der gastgebenden Kultur angemessen sind oder nicht. Dies ist daher eine theoretische Arbeit, deren Daten aus einer Kombination von Interviews und Gesprächen mit Informanten (der Mittel- als auch der Oberschicht) sowie aus litera rischen, populären und journalistischen Werken gewonnen wurden. Mit anderen Worten sind es zum größten Teil „Volks"-Daten („folk data") in Form subjektiver Vorstellungen und Theorien, die die Hypothese dieser Arbeit stützen.

Dabei ist dies durchaus nicht die erste Arbeit, die solche Datenformen für einen größtenteils theoretischen Zweck verwendet: sie steht zum Beispiel in der Tradition von Mary Douglas' *Deciphering a Meal* (1972), einem Essay, der gleichfalls eine theoretische Sichtweise subjektiver Vorstellungen über ein allgemeines Thema – nämlich britischen Vorstellungen darüber, was eine Mahlzeit ausmacht – lieferte und von daher eher allgemeine, subjektive Daten als statistische Daten verwandte. Das eigentliche Ziel dieser Art von Arbeit ist es daher, durch die Zusammentragung populärer Beispiele und Aussagen eine „Volks“-Definition eines allgemeinen Phänomens – einer Mahlzeit oder eines Urlaubs – aufzustellen. Auf diese Weise wird die knappe, wörterbuchartige Definition von „Urlaub“ zugunsten des Versuchs vermieden, eine tiefergehende, differenziertere Gruppe von Konzepten zu erarbeiten, Konzepte, die letztlich den zentralen Punkt dieser Arbeit ausmachen.

Ich glaube begründen zu können, daß es Konzepte gibt, die einem kulturell anerkannten Ideal davon entstammen, was einen „Urlaub“ ausmacht. Ich behaupte nicht, daß alle Formen des *Reisens* in den Geltungsbereich der in dieser Arbeit vorgeschlagenen Konzepte fallen, da von den Informanten nicht alle Formen des Reisens als Urlaub angesehen wurden. Zum Beispiel würden Formen systematischer Erforschung verschiedenster Aspekte fremdländischer Kulturen – Museen für einen Kunststudenten, Restaurants für einen Restaurantbegutachter, Fischwanderungen für einen Ökologen, Stammes-Initiations-Riten für einen Anthropologen und so weiter – von den jeweiligen Personen nicht als Urlaub betrachtet werden. Auf die gleiche Weise würden bestimmte Formen des Reisens und der Freizeitgestaltung im eigenen Land – wie zum Beispiel die Vogelbeobachtung oder die Erforschung der lokalen Geschichte – nicht als „Urlaubszeit“ bezeichnet werden. Stattdessen schlage ich vor, daß das kulturell anerkannte Ideal von Urlaub per definitionem um die Idee einer *Umkehrung* kreist: ein starker Kontrast zu dem, was normalerweise im täglichen Leben zuhause passiert und getan wird.

Urlaub als Umkehrung

Mit der Behauptung, daß der Urlaub bestimmte Aspekte der amerikanischen Gesellschaft umkehrt, wird teilweise das Werk von Victor Turner (z.B. 1969) herangezogen. Für Turner nimmt die Umkehrung einer sozialen Situation im allgemeinen die Form von *communitas* an – die Zerstörung der sozialen Grenzen, um das zu erreichen, was er in einer Publikation (1977) „flow“ genannt hat und was man metaphorisch als das „Verflüssigen“ der „festen“ sozialen und ökonomischen Unterscheidungen erklären könnte, die er *societas* nennt. Die Konzeptionen von *communitas* und *societas* tragen viel zur Definition und zum Verständnis sozialer Situationen, einschließlich von Umkehrungen der normalen Ordnung durch Rituale und andere symbolische Mittel, bei (Turner 1969, 1974, 1977). Dem entspricht auch die Sichtweise von Graburn (1977), der in Anlehnung an Van Gennep (1960) und Leach (1961) eine vergleichbare Analyse von Urlaub als einer geheiligten Zeit volegter, die den Fluß des täglichen, profanen Lebens unterbricht.

Turner (1969, S. 177) ist der Ansicht, daß es die Pflicht jeder Gesellschaft ist, zumindest eine Form von *communitas* zu ermöglichen, egal wie temporär oder begrenzt deren Geltungsbereich oder gar Anziehungskraft auch ist; alle sozialen Situationen müssen die Möglichkeit ihrer eigenen Beseitigung enthalten, wie Wagner (1975 es ausdrücken würde, um die Beliebigkeit ihrer Konstruktionen erträglicher zu machen. Im Falle Amerikas jedoch wird aus der Beseitigung eines Modells die Erschaffung eines anderen, da es in der amerikanischen Gesellschaft, so unsere Behauptung, zwei sich widersprechende Ideologien gibt, die für einen geborenen Amerikaner durchaus zusammenpassen; daher ist die Erschaffung eines Alternativmodells während des Urlaubs eine ernsthafte Angelegenheit – ein Mittel, die ganze ideologische Struktur des amerikanischen Traums zu erfüllen.

Turner behauptet, daß eine Umkehrung durch *communitas* in Stammes-Gesellschaften, wo sie für und von der Gruppe normativ ritualisiert wird, in strukturierten Bahnen verläuft, wohingegen communitas in der modernen Gesellschaft die mehr planlose Form von kleinen und exklusiven Gruppen annehmen soll, die nicht für jedermann zugänglich sind: „Straßenbanden, der Lion's Club, (...) Frauenbewegung, Katholiken für den Frieden, die New Minyan Bewegung, Bergsteigervereine, Literaturzirkel und Schreibgruppen..." (1977, S. 48). Mit anderen Worten gibt es nach Turner für Amerikaner keine kollektive Repräsentation der *communitas*. Die Arbeit Turners wird zwar eine wesentliche Grundlage für die vorliegende Analyse sein, sie wird jedoch in wesentlicher Hinsicht ergänzt werden. Ausgehend von Turners Betonung der Umkehrung als *communitas* wird anschließend vorgeschlagen werden, daß es noch eine andere Art der Umkehrung gibt, die eher die Form der Akzentuierung als der Auflösung von *societas* annimmt. Zweitens, in beiden Fällen dient als Beispiel eine Soziale Form, die, obwohl nicht für jedermann *verfügbar*, dennoch am ehesten einer „kollektiven Repräsentation" für die amerikanische Gesellschaft als ganzer entspricht – der Urlaub.

Zusätzlich ist diese Analyse eine Modifikation von Schneiders Behauptung (1968, S. 48), daß der Urlaub als ein Mediator fungiert, indem er „in der Mitte zwischen Arbeit und Zuhause" steht. Ähnlich wie „Arbeit", so Schneider, ist der Urlaub produktiv (das Produkt bestehend aus „vielen erlegten Fischen oder Tieren, gemalten Bildern oder gelesenen Büchern"), aber ähnlich wie „Zuhause" werden nur Dinge mit marginaler (und ganz bestimmt nicht finanzieller) Nutzbarkeit produziert – nämlich „Freude oder Befriedigung". In diesem vermittelnden Sinne könnte man sagen, daß Urlaub wie ein Fenster, eine Tür oder ein Flur eher räumlich als konzeptuell zwischen „Zuhause" und „Arbeit" vermittelt (Hieb o. J., S. 14)

Die vorliegende Analyse wird sich nicht so sehr auf der vermittelnden Qualität von Urlaub als eher auf seinen umkehrenden Charakter konzentrieren. Tatsächlich kann man ein System mit verschiedenen Unterteilungen beobachten (Smith 1956). Solange man nicht im Urlaub ist, sind „Arbeit" und „Zuhause" Umkehrungen des jeweils anderen; aber wäh rend des Urlaubs werden „Arbeit" und „Zuhause" gemeinsam als fernes Zuhause im Gegensatz zum Urlaub angesehen. In jedem Fall ist es klar, daß das Ideal des Urlaubs die Umkehrung von Arbeit ist, während derer Pausen er stattfindet („Urlaubszeit") (vgl. Graburn 1977, S. 18f). Ein Blick in einen amerikanischen Einkommenssteuer-Ratgeber macht deutlich , daß jede „Abwesenheitsperiode", die als „Arbeit" betrachtet werden könnte – einschließlich Unterricht oder Weiterbildung – als von den Steuern absetzbare Arbeitsperiode, nicht als steuerpflichtige Urlaubsperiode betrachtet werden kann (Arch 1977, S. 19ff.), und beleuchtet von daher den Widerspruch zwischen Volkskonzepten von „Arbeit" und „Urlaub".

Schließlich macht die Analyse auch Gebrauch von der neuesten Literatur über die paradoxe Natur des sozialen Lebens und sozialer Institutionen. Mit der Behauptung, daß die amerikanische Ideologie von Gesellschaft zwei sich widersprechende Konzepte enthält, steht dieser Aufsatz in der Tradition von Bateson (1963), Turner (1957), Crocker (1969), Shore (1978) und anderen, die eine ähnliche Ansicht über soziale Institutionen bei Stämmen vertreten. Insgesamt wird in dieser Sichtweise von Gesellschaft vorgeschlagen, daß eine Kultur, anstatt aus einem einzigen, alles umfassenden und reibungslos funktionierendem Prinzip sozialer Struktur zu bestehen, zwei oder mehr grundlegende Prinzipien aufweisen kann, die, weit davon entfernt sich gegenseitig zu bestärken, sich auf einem grundlegendem strukturellen Level gegenseitig widersprechen können. Es wird bald klar werden, wie dieses allgemeine Verständnis von Gesellschaft auf die amerikanische Gesellschaft und den amerikanischen Urlaub angewandt werden kann.

In Urlaub Gehen

Viele Amerikaner sehen den Urlaub gerne als eine „Aus-Zeit" – im Sinne einer Ablehnung der üblichen Zeiteinteilungen. Man sollte sich den ganzen Tag lieben oder die ganze Nacht aufbleiben und tagsüber schlafen können, sozusagen als Verleugnung des „normalen" Rituals zeitlicher Abläufe. Manche Urlauber lassen sogar ihre Uhr zuhause als ein klares Symbol für das Vorhaben, nichtnormale Zeitpläne zu übernehmen und z.B. dann zu essen, wenn man hungrig ist und nicht, wenn es nach der Uhr Zeit dafür wäre. Relationale Zeit ersetzt absolute Zeit (vgl. Evans-Pritchard 1940, S. 94 –138; Whorf 1931); in unterschiedlichem Ausmaß tritt anstelle der geplanten Rationalität die spontane Emotion.

„Die große Reise, die durch das Frühstück verhindert wird", ein Prosa-Gedicht von Russell Edson (1976), parodiert diese Möglichkeit der anderen Zeitorientierung während des Urlaubes. Ein Ehepaar fürchtet sich so sehr vor dem Kontrollverlust über ihr Leben, den der bevorstehende Urlaub bedeutet, daß sie sich immer wieder die Sicherheit einer regulären, selbstgemachten Mahlzeit gönnen, um den Aufbruch in das unsichere Zeitempfinden des Urlaubs zu vermeiden:

„Sollten sie früh aufbrechen, oder sollten sie noch das Frühstück abwarten? Mit einem Frühstück im Magen wären sie vielleicht gekräftigter; und da sie es aßen, könnten sie auch das Mittagessen noch hier einnehmen; und weil sie schon so weit gegangen waren, warum nicht auch gleich noch das Abendessen? Genausogut könnten sie sich, da es schon so spät geworden ist, noch einmal richtig gut ausschlafen und morgen dann in aller Frühe aufbrechen. ... es ist bestimmt kein Fehler, etwas im Magen zu haben, wer weiß, wann man wieder so etwas gutes zu Essen bekommt; wir könnten genausogut noch bis zum Mittagessen bleiben (...) gut, auch noch fürs Abendessen; ... Aber es ist schon wieder Frühstückszeit, und so weiter ... Wenn man sie fragte, warum sie nichts mit sich anfangen würden, antworteten sie, daß sie gerade auf dem Sprung seien, sie müßten nur losfahren... es hänge nur noch am Frühstück, das sie hinter sich zu bringen hätten.."

Die meisten Reisenden jedoch sind nicht so besorgt über das andere Zeitempfinden, das sie während ihres Urlaubes erfahren werden, sondern freuen sich eher darauf. Der Romancier Laurence Halley schreibt über seine Mittelmeerreise (1978, S. 24):

„Santorini auf den griechischen Inseln. Auf dem Fahrplan stand 18:00 Uhr für die Ankunft, aber Gott sei Dank haben griechische Fähren nichts mit Mussolinis Zügen gemein. Yanni, ein Matrose, war beim letzten Halt an Land gegangen. Wir hatten einfach zu warten, bis seine unübertragbaren ehelichen Rechte ... vollständig ausgeübt worden waren."

Es ist unnötig zu sagen, daß eine Verspätung dieser Art überall sonst, nur nicht im Urlaub bei Halley eher ärgerliche Beschwerden als amüsiertes Lächeln hervorgerufen hätte (vor allem, wenn es zuhause auf dem Weg zur Arbeit passiert wäre).

Ein Artikel von Fadiman (1977, S. 1) verfolgt dieses Entzücken an relationaler Zeit fast bis zum Punkt der Absurdität. Die Autorin und ihre Freundin fanden die Verkörperung von „fauler" Urlaubszeit in Tortola, einer karibischen Insel, wo die Einheimischen über das verfügen, was die Urlauber ethnozentrisch als eine gefestigte Philosophie des „Nichts-Tuns" wahrnehmen. Und in der Tat bietet die Insel „unübertroffene Möglichkeiten, mit Stil nichts zu tun." Nachdem die beiden Reisenden einen Tag mit Segeln verbracht hatten,

„(..) hatten wir das Gefühl, daß unser Urlaub fast energetisch wurde. Als Gegenmittel entschieden wir uns für die faulste Handlung, die wir uns vorstellen konnten, für einen Schaufensterbummel."(Fadiman 1977, S. 14). Nach ihrem „letzten Energieausbruch", dem Besteigen eines Berges, „wußten wir, daß wir bald mit dem Abstieg beginnen sollten, aber es war unglaublich schwierig, die Mentalität des Nichts-Tun von Tortola abzuschütteln" (1977, S. 14).

Das völlige Losgelöstsein der Urlauber von jeglichen „normalen" Handlungen wird in einem Cartoon aus der Zeitschrift *The New Yorker* (1977) deutlich. Er zeigt ein Pärchen, das im Rahmen einer Meinungsumfrage von einem Interviewer befragt wird. Sie antworten „Wir haben überhaupt keine Meinung. Wir sind nur auf Urlaub hier." Die extremste Form dieses Urlaubstyps sind wahrscheinlich die Flitterwochen. Braut-Zeitschriften sind voll von Vorschlägen für abgeschiedene Orte, wo die Frischvermählten in aller Ruhe „auf stilvolle Weise nichts tun können". Aber Flitterwochen sind in erster Linie ein Ritual des Übergangs, und verdienen von daher eher eine genaue Beschreibung in einer Zusammenstellung der amerikanischen Rituale als in einer Diskussion des Urlaubs.

Eine weitere Form der Umkehrung des Zeitempfindens ist die, bei der der Urlauber in der Zeit eher zurück gehen kann als daß die Zeit vorwärts schreitet (wie zuhause) oder statisch oder irrelevant ist (wie in den eben genannten Beispielen). Eine beliebte Form dieses in-die-Zeit-Zurückgehens ist das Reisen auf den Spuren einer berühmten historischen Person, wie es Hollander tat (1978), als er Henry Stanleys gefährliche Reise zur Auffindung David Livingstones in Zentralafrika nachahmte.

Zu dieser veränderten Orientierung bezüglich der Zeit kann noch ein anderes räumlich-gesellschaftliches Umfeld kommen: während der Reisende zuhause in soziale Masseninteraktionen eingebettet ist, kann er im Urlaub die umgekehrte Situation eines dünn besiedelten, abgeschiedenen Ortes suchen:

„Es gibt immer noch Orte auf der Welt, wohin man gehen kann, wenn man allein sein möchte. Wunderbar allein. Sicher in einer Einsamkeit, die von nichts bedroht wird. Ein Ort, der solchen Frieden bietet, ist die Insel Inishore vor der Westküste Irlands." (Coy 1978)

Eine andere Form der räumlichen Umkehrung findet man in den bekannten „Überraschungs-Kreuzfahrten" und „Kreuzfahrten ins Niemandsland", bei denen der Urlauber seine normalen Besorgnisse und Bedenken in einem Ausmaß zuhause läßt, daß bei der Reservierung nicht einmal das Reiseziel bekannt ist oder im „Niemandsland" besteht – was bedeutet, daß das Schiff eventuell nie anlegt, sondern einfach nur im Meer „treibt".

Zwei Urlaubsformen

In Abhängigkeit von der Schicht des Urlaubers als auch der Urlaubsform, die er auswählt, wird behauptet werden, daß die Umkehrungen im Urlaub zwei verschiedene Formen annehmen können. Daher ist nach unserem Modell das Thema der *Schichtzugehörigkeit* zum Verständnis von Urlaub essentiell. Soziologen, die sich mit der amerikanischen Gesellschaft beschäftigen, stellen oft fest, daß es schwierig ist, zu definieren, was die jeweilige Schicht ausmacht, da die zwei hauptsächlichen Faktoren, nämlich Einkommenshöhe und „Lebensstil" („Kultur") nicht unbedingt in Einklang miteinander stehen. Ein gutes Beispiel dafür wären bestimmte hochqualifizierte Handwerker, wie Klempner, Elektriker und manche Bauarbeiter, die oft von ihren Gehältern her im Oberschicht-Bereich liegen, deren Lebensweisen jedoch, gemessen am allgemeinen kulturellen Standard, der Mittelschicht zugeordnet würden. Diese allgemeinen kulturellen Standards umfassen verschiedene Faktoren: Kleidungsstil, die Art der Bücher, Zeitschriften und Zeitungen, die gelesen werden, die Art der Freizeitgestaltung, die Redeweise (lexikalisch und grammatikalisch) und vieles mehr. Im Rahmen dieser Arbeit werden als Oberschicht-Urlauber diejenigen angesehen, die sowohl am Lebensstil als auch an den finanziellen Privilegien der gesellschaftlichen Führungsschicht teilhaben. Gut situierte Handwerker würden z.B. ausgeschlossen sein, da sie kulturell als der Mittelschicht zugehörig betrachtet werden. Der für uns relevante Aspekt einer Schicht ist, wie diese Lebensstile im Urlaub umgekehrt werden.

Wir behaupten, daß es in Abhängigkeit von der Klassenzugehörigkeit grundsätzlich *zwei kulturelle Idealvorstellungen von Urlaubsstilen* unter Amerikanern gibt, die als *„Bauer für einen Tag"* und *„König/in für einen Tag"* bezeichnet werden. Mit der Urlaubsform „Bauer für einen Tag" beseitigen Amerikaner der Ober- oder der oberen Mittelschicht im Urlaub die sozio-strukturellen Unterschiede von zuhause und stellen vorübergehend eine *communitas*-Situation her. Es kommt vor, daß diese Urlauber im Urlaub ebenbürtige Beziehungen zu Mitgliedern der unteren Schicht des Gastgeberlandes herstellen, was sie zuhause (wo sie die autoritären Bosse von Gesellschaften, Fabriken und ähnlichem sind) nie tun. Sie besuchen die Bars der Einheimischen und nehmen an Volksfesten, Treffen von Erweckungspredigern und Auktionen teil. Man sieht sie bei Stier- oder Hahnenkämpfen, obwohl sie zuhause niemals am amerikanischen Äquivalent, den Box- oder Ringkämpfen, teilnehmen; sie sehen sich billige populäre Kinofilme in der Sprache des Gastgeberlandes an, die sie sich bemühen zu verstehen, obwohl sie zuhause Saison-Abonnements für die Oper oder das Schauspielhaus haben, niemals solche populären Filme anschauen und den regionalen Dialekt der unteren Schicht (wie z.B. das Englisch der Farbigen) verabscheuen. Und sie essen abenteuerlustig in billigen und schmutzigen Restaurants am Ort, die unkontrollierbar gewürzte Mahlzeiten auf wackeligen Tischen im Freien servieren, oder sogar an Straßenständen, obwohl sie zuhause normalerweise im makellosen Interieur teurer Restaurants speisen, die milde Speisen servieren. Allgemein gesagt „kokettieren" sie damit, in die Unterschichtkultur der Einheimischen vorzudringen, was sie zuhause normalerweise nicht tun würden.

Während eines Urlaubs als „Bauer für einen Tag" werden die willkürlichen Grenzen von sozialer Zeit und sozialem Raum radikal und in ritueller Form (wenn auch nur vorübergehend) niedergerissen. Diese Leute haben das Gefühl, daß sie das Privileg bekommen, die andere Kultur des Gastgeberlandes kennenzulernen, und für einen Moment sehen sie die Willkür ihrer eigenen Kultur und deren Kategorien. Daher versenken sie sich in den neuen Ort und fällen ganz bewußt die Entscheidung, während des Urlaubes nicht nach Hause zu schreiben und Freunde und Familie gnadenlos zu ignorieren, um für eine Woche oder zwei die Arbeitswelt zuhause zu vergessen. Eventuell arbeiten sie vorübergehend als Handwerker oder Arbeiter, wie z.B. der Urlauber auf der Insel Aran, der sich Essen und Unterkunft in einer Pension durch das Schrubben von Fußböden und das Ausliefern von Bier an Pubs verdiente (Coy 1978); andere Urlauber spielen sogar mit dem Gedanken, daß sie nie mehr nach Hause zurückkehren und Teil der neuen Kultur sind und bleiben. Die Extremform davon hat Cohen (1972, 1973) „Drifter-Tourismus" genannt. Hierbei wird der temporäre Urlaub zu einem endlosen Aufenthalt ohne einen anderen unmittelbaren Zweck als dem, der eigenen Gesellschaft zu entfliehen oder gegen sie zu rebellieren (1973, S. 91ff.). Die *„drifters"* können jedoch nicht als richtige Urlauber bezeichnet werden, da sie keine Pläne für die Rückkehr in die Vereinigten Staaten haben und sich oft tatsächlich in sogenannten „Drifter-Gemeinschaften" im Ausland niederlassen (Cohen 1973, S. 97ff.). Sie fallen daher aus dem Rahmen dieser Arbeit. Die Helden von Saul Bellows *Der Regenkönig* und Graham Greenes *Ein ausgebrannter Fall* könnten als borderline-„Drifter-Touristen" betrachtet werden: Beide leben für längere Zeitabschnitte im tropischen Afrika, um unangenehmen Situationen zuhause zu entgehen.

Das Konzept des Urlaubs als „Bauer für einen Tag" scheint besonders passend für eine Gesellschaft wie die amerikanische zu sein, in der man davon ausgeht, daß der Glaube an die Demokratie und an die grundsätzliche Gleichheit aller Menschen unter dem Deckmantel von sozialer Schichtung und der unglücklichen Klassenteilung liegt: Den propagierten Idealen von Demokratie und Gleichheit widersprechen die Fakten des alltäglichen kapitalistischen Lebens (vgl. Dumont 1970). Für den Urlauber als „Bauer für einen Tag" wird im Leben zuhause normalerweise nur eine Seite des kapitalistisch-demokratischen Kontinuums manifest: Die kapitalistische, die die Mitglieder verschiedener sozialer Schichten rigide voneinander trennt und an deren hierarchischen Spitze sie sich jetzt selbst setzen. Nur im Urlaub – der geographisch gesehen buchstäblich außerhalb des sozialen Systems stattfindet – kann dieses hierarchische Muster vollständig umgekehrt werden und die feste Überzeugung des Idealisten/Optimisten, daß dem Kapitalismus Demokratie zugrunde liegt, kann über den Weg der Verleugnung von Klassenunterschieden und über die Gründung einer *communitas* realisiert werden. Weiter unten wird deutlich werden, wie der Urlaub, der innerhalb Amerikas verbracht wird, in dieses Modell paßt.

Die andere populäre Urlaubsform, die in dieser Arbeit als „König/in für einen Tag" bezeichnet wird, ist das Gegenteil des gerade Beschriebenen. Amerikaner der unteren bis oberen Mittelschicht gehen auch hier in Urlaub, um die bestehende soziale Ordnung umzukehren, aber anstatt die *societas* zu verleugnen und sich selbst in eine Position der sozialen Gleichheit mit den anderen zu versetzen, betonen sie sie dadurch, daß sie sich in eine Position sozialer Überlegenheit erheben. Während sie zuhause extrem praktisch veranlagt sind und sich an knappe Budgets halten, indem sie nur das Notwendigste und das auch nur im Sonderangebot kaufen, verhalten sie sich im Urlaub auffallend extravagant und zahlen überteuerte Preise für Luxusgüter („Souvenirs"), für die sie nach ihrer Rückkehr möglicherweise nur wenig Verwendung finden. (So weit „weg" kann ihre Urlaubserfahrung und deren „Ethos" sein, wenn sie nach Hause zurückgekehrt sind.) Adams bezeichnet dieses Phänomen, daß im Ausland überteuerte Preise gezahlt werden, als „Benebelungseffekt", und behauptet, daß es die Theorie widerlege, wonach „perfekte Kenntnisse das Nachfrageverhalten erklären" (1972, S. 203), oder in anderen Worten, daß Menschen gemäß rationalistischer (marktorientierter) Prinzipien handeln. Das Zahlen solch hoher Preise aber wird zu einer Form der nach oben gerichteten Mobilität und erlaubt dem Urlauber vorübergehend die Kaufgewohnheiten der Oberschicht anzunehmen.

Während diese Urlauber zuhause in Amerika sorgfältig ein bescheidenes Haus oder Appartement ausgesucht haben, dessen Hypothek oder Miete sie sich ohne Probleme leisten können (und dabei vielleicht zugunsten des eingesparten Geldes auf mehr Raum verzichten), wohnen sie im Ausland in Luxushotels mit Merkmalen, die ihnen das Gefühl einer Königin oder eines Königs geben – Frühstück im Bett, Mitternachtschampagner, vielleicht Bettwäsche aus Satin. Tatsächlich wurde es in jüngster Zeit Mode, das Leben einer königlichen Hoheit zu leben, indem man in Schlössern oder Burgen übernachtet, die einst von wirklichem Adel bewohnt worden waren und jetzt in Hotels umgewandelt wurden. Ein Artikel von Blumenthal (1977) in der *New York Times* weist durch die Betonung der bescheidenen Preise klar auf die Mittelschicht-Leserschaft als das Publikum hin, auf das diese Schlösser einen Reiz ausüben. Mit anderen Worten ist es entweder der Preis oder der Stil (oder beides), das auf diesen Typ des Urlaubers besonders anziehend wirkt.

Für diese Urlauber ist die soziale Rangfolge im Urlaub ebenfalls verändert, aber anders als für die erste Gruppe. Zuhause sind die Urlauber als „König/in für einen Tag" einigermaßen höflich zu Personen aus dem Dienstleistungsgewerbe – Kellner, Zimmermädchen, Busfahrer etc. –, vielleicht haben sie ja selbst in ihrer Familie oder unter ihren Freunden einige Vertreter aus diesem Umfeld

(Klempner, Elektriker und Restaurantmanager). Im Ausland dagegen sind sie davon überzeugt, daß sie dem Land, in dem sie ihr Urlaubsgeld ausgeben, ein besonderes Privileg gewähren und erwarten von daher eine ehrfürchtige Betonung ihres Gäste-Status. Indem sie das „Gentleman/Lady“-Ideal des ursprünglich aristokratischen Verhaltens völlig falsch verstehen und stattdessen das „unfeine“ Privileg betonen, ständig und sogar auf rüde Weise Informationen und eine gesonderte („Oberschicht-“) Behandlung zu verlangen, werden sie auf diese Weise „aristokratisch“ bis zur Peinlichkeitsgrenze. Dazu paßt, daß sie die Begegnungen mit den niederen Schichten der Einheimischen auf Dienstleistungssituationen beschränken. Das ergibt, sowohl in den Augen der Oberschicht-Amerikaner als auch in den Augen der Einheimischen der Gastgeberländer, das stereotype Bild des Touristen, der sich mit dem Taxi vom Hotel zum Restaurant, von dort zum Theater und wieder zurück bringen läßt, ohne in richtigen Kontakt mit dem Gastgeberland zu treten. Obwohl Boorstin (1964) die Häufigkeit dieses Reisestils durch die Vernachlässigung des Urlaubertyps als „Bauer für einen Tag“ übertreibt, faßt er dennoch den Urlaub als König/in für einen Tag akkurat zusammen, wenn er sagt:

> „Der Reisende liebte es, auf seinen Reisen durch die Welt fremde Völker kennenzulernen. Ganz im Gegensatz dazu gehört es zu den Funktionen der heutigen Reisebüros, solch ein Zusammentreffen zu vermeiden.“ (S. 84)

Diese Urlauber-Raubzüge im Ausland sind zwar auf ähnliche Weise eine Umkehrung ihrer normalen Exkursionen im Inland, sie sind es jedoch wiederum in entgegengesetzter Weise zur ersten Urlaubsform. Während ihre Freizeitunterhaltung zuhause den populären Sport (sowohl als Zuschauer als auch als Teilnehmer), den Besuch von Kinos etc. mit einschließt, fühlen sie sich im Ausland dazu verpflichtet, Tage im Museum zu verbringen, Theaterstücke anzuschauen, womöglich sogar Konzert- und Ballettaufführungen durchzustehen, und damit an dem teilzunehmen, was sie als „hochkultiviert“ klassifizieren. Interessanterweise sind die besuchten Museen häufig solche, die zusätzlich zur (oder anstatt der) Ausstellung von Gemälden und Skulpturen persönliche/häusliche Gegenstände aus königlichen Haushaltungen zeigen:

> „Heutzutage wird ein Besuch der schönsten Kunstmuseen Europas zugleich zu einer Rundreise durch die ehemaligen Schlösser des Adels, der Fürsten und der regierenden Häupter aus der Zeit des Absolutismus: so ein Besuch der Uffizien und des Palazzo Pitti in Florenz; des Dogenpalastes in Venedig; des Louvre in Paris; von Schönbrunn in Wien. In den größten der verlassenen Paläste trug man die aus fürstlichen Residenzen stammenden Kostbarkeiten zusammen, um sie der Öffentlichkeit zugänglich zu machen. Gemälde, Skulpturen, Wandteppiche, Porzellan und andere objets d'art (die einstmals einen Teil der Innendekoration oder des Haushaltes aristokratischer Heimstätten bildeten) wurden auf diese Weise durch und für das Volk „gerettet“. ... *Jedermann* kann nun die Schätze aus den innersten Heiligtümern der Paläste sehen, Kostbarkeiten, die ursprünglich dazu bestimmt waren, die intimen Speiseräume, Schlafzimmer und Badestuben einer wohlbehüteten Aristokratie zu schmücken“. (Boorstin 1964, S. 91; Hervorhebung: A. G.)

All dies ist dadurch zu erklären, daß die Reisenden als König/in für einen Tag im Gegensatz zu den Bauer-für-einen-Tag-Urlaubern (wie unbewußt auch immer) glauben, daß manche Menschen – hoffentlich sie selbst – „gleicher" sind als andere und daß diesen Menschen deshalb die Möglichkeit zur aufwärts gerichteten sozialen Mobilität angeboten werden sollte (Garretson 1976). Weil sie zuhause nicht der oberen Schicht angehören können, verfolgen sie dieses Ziel im Ausland. Das hat zur Folge, daß diese Gruppe während des Urlaubs unzählige Postkarten und zum Teil sogar Briefe an ihre Freunde und Familien zuhause schreiben, um ihnen (und sich selbst) zu beweisen, daß dieser Traum von der sozialen Mobilität tatsächlich Wirklichkeit werden kann. Schlimmer noch sind die gefürchteten Diaabende, die nach ihrer Rückkehr veranstaltet werden und, wie Shaw (1977) feststellt, dazu dienen, „alle nötigen dokumentarischen Beweise zu liefern, um einigen ungläubigen, zuhause gebliebenen zu beweisen, daß *wir dort waren*". So gesehen können die „Wir wünschten, Du wärest hier"-Postkarten interpretiert werden, als ob sie eigentlich sagen wollten „Wir wünschten, du wärest hier, um zu sehen, wie wir wie die Oberschicht leben." Aber wiederum wie beim zuerst besprochenen Urlaubertyp ist diese Inszenierung der sozialen Umkehrung auf Urlaube beschränkt, die (geographisch) außerhalb des eigenen sozialen Systems stattfinden.

Da dieser Artikel den Urlaub aus der Sicht der Reisenden abhandelt, ist hier die Anmerkung notwendig, daß die Natur der Einheimischen des Gastgeberlandes ignoriert werden muß, weil die Reisenden selbst als „Einheimische" gesehen werden. Nichtsdestotrotz versteht es sich von selbst, daß beide Formen der hier beschriebenen Umkehrungen im Urlaub die Kultur des Gastgeberlandes empfindlich stören und damit das bewirken können, was ein Autor bei der Diskussion über westliche Touristen unter westafrikanischen Stammesgruppen sogar als „eine neue Obszönität für unsere Zeit" bezeichnet hat (Alland 1976, S. 210). Ähnlich hält Cohen (1973, S. 99) fest:

> „Ebenso wie der Massentourist (der dem König/ der Königin für einen Tag gleicht) bekommt der Massendrifter (der dem Bauer für einen Tag gleicht) auch ein vorgeformtes Bild des Gastgeberlandes: Die Perspektive des letzteren ist diametral der des ersteren: der eine schaut sich das Gastgeberland aus den erhabenen Höhen eines klimatisierten Hotelzimmers an; der andere beschaut es aus den Tiefen der Mülltonnen."

Andere Autoren machen die Frage der jeweiligen Offenheit auf der Seite des Reisenden gegenüber den Einheimischen und ihrer Kultur zum Hauptfaktor bei der Klassifizierung verschiedener Urlaubertypen (z.B. Cohen 1979; Kaplan 1975, S. 300; Sutton 1967). Das ist nicht von Bedeutung für die vorliegende Arbeit, obwohl es sicherlich für Sozialpsychologen von Interesse sein sollte.

Gemischte Urlaubsformen

Bis hierhin konnte man den Eindruck bekommen, als ob der amerikanische Urlaub zu einer von zwei entgegengesetzten soziologischen Typen gehörte. Es stellt sich jedoch die Frage, inwieweit die Grenzen zwischen diesen beiden Kategorien unantastbar sind, denn das soziale Leben ist selten so übersichtlich wie es die Soziologen gerne hätten. Für unseren Fall wird deutlich werden, daß sich die beiden vorgestellten Formen nicht gegenseitig ausschließen; andere dazwischen und am Rand liegende Formen als die oben beschriebenen sind gleichermaßen vorstellbar. Zum Beispiel fällt die Reisegeschichte *The Great Railway Bazaar* von Paul Theroux auf komplexe Weise aus dem Klassifikationsrahmen. Theroux, offensichtlich aus der oberen Mittelschicht stammend, setzt sich bei Zugreisen durch Eurasien oft zu Bauern, Arbeitern, Bettlern und anderen „Einheimischen" der niederen Schichten. Anders als der „reine" Bauer-für-einen-Tag-Urlauber jedoch *vermeidet* er bewußt ausgedehnte Beziehungen zu den Einheimischen der niederen Schichten, indem er nur selten den Zug verläßt und wenn, dann nur solange, wie der Zug nach Plan Aufenthalt hat. Theroux' ungewöhnliche Haltung, an der Grenze zum Bauer-für-einen-Tag-Urlaubertyp, unterstreicht überzeugend die Tatsache, daß die Unterscheidung der Reisenden in zwei Typen, wie es in dieser Arbeit vorgeschlagen wird, rein heuristisch ist und mit Sicherheit Grenzfälle, wie den Therouxs, mit einschließen kann.

Während man den Reisestil Therouxs als marginal zur Bauer-für-einen-Tag-Form betrachten kann, gibt es aber einen anderen Urlaubsstil, den man als intermediär zwischen dem König/in- und dem Bauer-für-einen-Tag-Stil ansehen kann, mit verschieden großen Anteilen zu verschiedenen Zeiten. Wir behaupten, daß der sozial *renommierteste* Urlaub derjenige ist, der das beste beider Formen miteinander kombiniert und abwechselnd das System von *societas* oder sozialer Hierarchie betont oder über Bord wirft. Der Urlauber kann die beiden Formen des Luxus kombinieren, die für die beiden Haupturlaubsstile essentiell sind: Als der König/in-für-einen-Tag-Urlauber kann sie/er den physischen Luxus teurer Hotels und Restaurants genießen, und als Bauer-für-einen-Tag-Urlauber den sozialen Luxus des Kennenlernens der einheimischen Unterschicht- oder bäuerlichen Kultur. Die Möglichkeit, diese beiden sich widersprechenden Luxusformen zu genießen, ist nur für die oberen Schichten gegeben – und attraktiv: nur ein Urlauber aus der oberen Schicht hätte ein Interesse daran, die „Kultur zuhause" durch die Erforschung von Unterschichtkulturen im Ausland umzukehren und gleichzeitig die Oberschicht-Gewohnheiten bezüglich Kost und Logis aufrecht zu erhalten. So kommt es ironischerweise dazu, daß der Oberschichturlauber beim Versuch, seine „Heimatkultur" in mancher Hinsicht umzukehren, diese reproduziert, indem er sich die prestigeträchtigste Form des Urlaubs leistet – genau wie er/sie auch zuhause an den Aktivitäten mit dem höchsten Prestigegewinn teilnimmt.

Die Reiseliteratur enthält aufschlußreiche Beispiele solcher gemischter Urlaubsformen. In einer Ausgabe der Zeitschrift *Holiday* gibt es zum Beispiel einen Artikel von Joyce Winslow (1972a) über diese Reiseform in Andalusien. Während des Tages geht Frau Winslow zum Fischmarkt, wo „die Fischer ihre Arbeiten mit einer urwüchsigen Begeisterung verrichten, und in der Arena plaudert sie mit den jungen Männern, die für ein Leben als Matador trainieren, während sie nebenbei die ganze Zeit die Stiere photographiert. Ihre Nächte jedoch verbringt Frau Winslow in einem alten, „wundervoll restaurierten Schloß, schimmernd im Schein antiker spanischer Möbel und handbemalten Urnen, mit einer eigenen Bar in jedem Zimmer, einem Marmorbad und einem üppigen Frühstück mit drei Gängen... und das alles für nur 15 Dollar pro Doppelzimmer und Nacht." Während des Tages spielt sie die Rolle des „Bauern" für einen Tag, aber nachts wechselt sie zur Rolle des Königs/der Königin für einen Tag über, obwohl sie in diesem Fall die ganze Zeit nur bäuerliche Preise zahlt (Winslow 1972a, S. 64, 37, 64). (Es besteht kein Zweifel, daß Frau Winslow der Oberschicht angehört, wie in einem anderen ihrer Artikel (1977b) über einen Urlaub in Monaco deutlich wird, dessen Höhepunkt ein Treffen mit der Prinzessin war.

Ein extremeres Beispiel noch gibt uns Bryan (1977), der für die gleiche Zeitschrift über einen Trip nach Mexiko berichtet. Der Autor übernachtete in einem Hotel, das offensichtlich das „feinste" in ganz Acapulco war und bei Filmstars, Präsidenten und anderen Berühmtheiten beliebt ist. Gleichzeitig wagte er sich jedoch hinaus in das „wirkliche" Mexiko und war entzückt. Besonders von einer lokalen („bäuerlichen") Kirche fühlte er sich angezogen:

„Während unserer Tage in Puerto Vallarta fand ich mich oft auf dem Weg zu dieser Kirche. Dann saß ich unter den alten, frommen Frauen in ihren langen, schwarzen Kleidern und hörte ihr leises Murmeln über ihren Rosenkränzen; oder ich machte eine Pause draußen auf den Treppenstufen und lauschte den Kindern, wie sie miteinander über ihre Betteleinnahmen redeten. Manchmal schlenderte ich herum und versuchte die Votivtafeln für die Heiligen zu entziffern, die Dankbarkeit demjenigen gegenüber äußerten, der eingeschritten war, um Maria oder Julio oder Juan oder Paulo von einem schweren Fieber, einer schweren Operation, einem schweren Gebrechen oder einer schweren Verletzung zu retten. Oder ich saß einfach nur in einer der letzten Bankreihen in der Kirche und erinnerte mich all derer, die mir einst nahe gestanden hatten und nun längst gestorben waren; oder ich sprach ein Gebet für all diejenigen von uns, die noch am Leben waren. Zuhause würde ich niemals so etwas tun." (Bryan 1977, S. 35)

Auch hier wird der Urlaub als Bauer für einen Tag durch den Urlaub als König für eine Nacht vervollständigt.

Aber auch das entgegengesetzte Modell – der Urlaub als König/in für einen Tag kombiniert mit der Form des Bauers für die Nacht – existiert, wenn auch viel seltener. Eine Anzeige für eine New Yorker Reisebroschüre, herausgegeben vom teuren („luxuriösen") U.N. Plaza Hotel (*The New York Times* 1978b) beschreibt die von ihr angebotenen, attraktiven Urlaubsmöglichkeiten folgendermaßen:

„Mischen und kombinieren Sie: Einen Abend in der Oper mit einem Tag im Zoo? Klöster (mittelalterliches Kunstmuseum) bei Tag und Harlem bei Nacht?" ...obwohl der Reisende in beiden Fällen im luxuriösen U.N. Plaza Hotel übernachten wird.

Dieses Paradoxon der Kombination zweier Extrema sollte uns nicht überraschen. Anthropologische Analysen begegnen ihm oft: In Gesellschaften mit Altersklassen zum Beispiel findet man es in der häufigen Konfiguration, daß sich die jeweils übernächsten Generationen sowohl emotional als auch soziologisch am nächsten stehen, während die direkt aufeinander folgenden Generationen im Gegensatz zueinander stehen und um die gleichen Güter (einschließlich der Partner) kämpfen. Beziehungstermini aus Stammes- und anderen Gesellschaften enthalten oft das gleiche Prinzip, wenn zum Beispiel auseinander liegende Generationen (Großeltern/Enkelkinder) einander gegenseitig mit derselben Bezeichnung anreden. In ähnlicher Weise könnte man das bekannte afrikanische Sprichwort zitieren: „Wir heiraten unsere Feinde". Solche Beispiele von miteinander kombinierten oder verbundenen, strukturellen Gegensätzen gibt es im

Überfluß. So sollte uns die Entdeckung nicht überraschen, daß diese paradoxe Kombination aus den Bauer- und König-für-einen-Tag-Urlaubsformen mit einer weiteren in Zusammenhang steht: der renommierteste Urlaub ist dann der, der den exotischsten mit dem vertrautesten kombiniert.

Zusätzlich zu den drei genannten Beispielen erscheint eine Anzeige aus der bereits erwähnten Zeitschrift *Holiday* (1977) erwähnenswert. Zu sehen ist ein nebliger See mit einem Gondel-ähnlichen Boot, das sorgfältig mit hellen aber undurchsichtigen, bedruckten Stoffen ausgelegt und überdacht ist. Darunter ist ein kleines Foto eines fünfstöckigen Hotels mit Swimming-Pool, das in Miami aufgenommen worden sein könnte. In gesperrt gedruckten Buchstaben liest man: „Indien. Das fremdeste Land, das Sie besuchen können, (...) spricht Ihre Sprache." Dann wird Indien folgendermaßen definiert:

„Es ist der mysteriöse See in Kaschmir. Und die Hotels mit Klimaanlage. Es ist das Land der Frauen im Sari, der Wahrsager und Gurus. Und der Kreditkarten (sogar in den kleineren Orten)(...). Es ist tausend Jahre früher. Und gleichzeitig sehr modern."

Es ist klar, daß Indien-Urlauber wohlhabend genug sind, um in klimatisierten Hotels wohnen und König/in für eine Nacht spielen zu können. Ihre Oberschichtherkunft bewirkt jedoch, daß sie ihre Erfahrung von Gesellschaft zuhause dadurch umkehren, daß sie ihre Tage mit der Erforschung der einheimischen „bäuerlichen" Kultur verbringen. Die moderne afrikanische „Safari" enthält eine ähnliche paradoxe Kombination aus Bauer und König/in für einen Tag. Die täglichen Aktivitäten betonen den Kontakt mit dem ursprünglichen Leben der Tiere, unterbrochen von königlichen Mahlzeiten und Zerstreuungen in den Unterkünften entlang der Straße.

Ein Urlauber erzählt: „[Es gab] ausgeklügelte Buffets zur Mittagszeit überladen mit delikaten Speisen (...). Die Abendmahlzeiten bestanden oft aus sieben Gängen (...). Fast jede Unterkunft hatte ihren eigenen Swimmingpool..." (Cullicott 1978, S. H4)

Eine Zeitungsanzeige (*The New York Times Magazine* 1978a, S. 36) liest sich ähnlich: „Das Hilton in Kenia sorgt für Luxus im Busch...Mit Swimmingpools, Tennis, Volieren und Gärten; die Unterkunft ist ein komfortabler Ausgangspunkt für die Erkundung des Nationalparks."

Eine vergleichbare Anzeige für Indonesien lautet folgendermaßen: „Unsere Kreuzfahrt bringt Sie in moderner Pracht zu alten Kulturen." Die Kreuzfahrt bietet Landaktivitäten wie „wilde Stierrennen" (Bauer-für-einen-Tag-Stil), während „als Ihr Hotelschiff die luxuriöse MS Prinsendam dient" (König/in für eine Nacht) (*The New York Times* 1978c, S. 220).

In all diesen Beispielen werden jeweils zwei Extrema (am wenigsten und am meisten fremd; am wenigsten und am meisten *communitas*) miteinander kombiniert, um die prestigeträchtigste Urlaubsform zu bilden, die die Oberschicht sowohl anspricht als auch von ihr bezahlt werden kann.

Urlaub im Inland

Zu guter Letzt müssen auch noch die Urlaube betrachtet werden, die im Inland von Amerika verbracht werden. Auf den ersten Blick scheinen sie der These zu widersprechen, daß der Urlaub die *societas* zuhause dadurch umkehrt, indem er in einer anderen Kultur oder in einem anderen Land stattfindet. Bei näherer Betrachtung jedoch gewinnt man den Eindruck, daß der Urlaub innerhalb Amerikas eine modifizierte Version jeweils einer der oben beschriebenen zwei Urlaubsformen ist; Die Ungewöhnlichkeit der Umkehrung wird verringert, weil die Ungewöhnlichkeit des Reisens selbst nachläßt, wenn es sich auf die gleiche Kultur beschränkt. Es ist jedoch offensichtlich, daß es in Amerika eine Unzahl von „Subkulturen“ gibt, die dem Reisenden als geeignete Orte für einen Urlaub dienen, der die Struktur und den Stil des Lebens zuhause umkehrt.

Eine auf der Hand liegende Möglichkeit, die *societas* zuhause umzukehren, ist der Wechsel der Art der Umgebung: Stadtbewohner verbringen ihren Urlaub oft auf dem Land, was Graburn (1977) „Umgebungstourismus“ genannt hat, und umgekehrt. (Wie man auch weiß, betrachten Landbewohner, die für längere Zeit eine Wanderung in den Bergen machen, dies selbst nicht als „Urlaub“.) Auf der anderen Seite muß daran erinnert werden, daß es verschiedene nicht-städtische Umgebungen gibt. Daher würden Menschen aus den Bergen einen Besuch an der Küste als Urlaub betrachten und so weiter.

In ähnlicher Weise gibt es verschiedene Arten von Städten. Ein New Yorker würde eine Reise nach New Orleans als „Urlaub“ betrachten, einen Besuch in Boston jedoch höchstwahrscheinlich nicht: Städte aus der gleichen Region haben die gleichen regionalen Subkulturen. Zeitschriften quellen über von Informationen über stadtspezifische Eigenheiten, was diese fast wie fremde Kulturen erscheinen läßt. Ein Artikel mit dem Titel *„Die Betonung liegt auf Chicawgo“* behandelt zum Beispiel diese Stadt als ein fremdes soziales System innerhalb Amerikas. Die Sprache wird als ein vom Standardenglisch abgegrenzter Dialekt mit eigenen Definitionen von sonst geläufigen Wörtern betrachtet und die ethnischen Nachbarschaften werden als fremde Kulturen behandelt (Powers 1977, S. 46). Unterschiedliche Merkmale einer Stadt wie das Wetter, die sportlichen Möglichkeiten und das politische (Ein-Parteien-)System werden alle vom ethnographischen Standpunkt aus kommentiert.

Ein anderer Faktor, der andere Orte mit einer Aura fremder Kultur umgibt, ist die variierende ethnische Herkunft, was zu schätzen besonders in jüngerer Zeit Mode geworden ist. Petrakis und Vinton (1977) unternehmen zum Beispiel eine ethnische Tour durch Amerikas Subkulturen: Griechische, polnische, schottische, deutsche und schweizerische Gemeinden mit ihren jeweiligen „farbenprächtigen“ Festzyklen werden hervorgehoben.

Die Umkehrung beim inländischen Urlaub kann jedoch nicht nur im Raum, sondern auch wie bei Auslandsreisen in der Zeit stattfinden: Unter Vermeidung der Annehmlichkeiten der Gegenwart kann der Urlauber einen Ausflug in die Vergangenheit wählen. Ein Autor empfiehlt eine Reise durch kleine Orte in Pennsylvania, deren Geschichte bis ins 18. Jahrhundert zurückreicht, und die über historische Meilensteine und Geschäfte zur Unterhaltung der Besucher verfügen. „Für diejenigen, die eine ältere und geschmackvollere Form des Reiselebens kennenlernen wollen“ (Crossette 1878, S. 18), schlägt die Autorin vor, die Nächte in ländlichen Gasthäusern zu verbringen, die zwei bis drei Jahrhunderte alt sind.

Eine persönlichere Form des in-der-Zeit-Zurückreisens ist die Rückverfolgung der eigenen Herkunft, das Erleben eines „Back-to-the-roots-Urlaubes“ (roots vacation), wie es seit kurzem nach Alex Haleys „Journey“ genannt wird. Mit Hilfe des Nationalarchivs kann man alle möglichen Informationen über die Gewohnheiten und Aufenthaltsorte der Vorfahren bekommen: „Finden Sie heraus, wo Ihr Ururgroßvater geboren ist, gehen sie den Weg entlang, den er gelaufen ist, besuchen sie den Bach, an dem er gefischt hat, die Kirche, die er besucht hat. Sie könnten sogar dort zu Abend essen, wo er immer gegessen hat...“ (Tonge 1978)

Schließlich gibt es noch viele Beispiele davon, was man als „Miniurlaub“ innerhalb Amerikas bezeichnen könnte. Ebenso wie man den Urlaub als Gegenteil des Lebens zuhause bezeichnen kann, kann man in gleicher Weise das Wochenende als Gegenteil des Wochentages sehen – sogar bis hin zu den Schichtunterschieden. Christopher Crocker (persönl. Mitt.) formulierte die These, daß sowohl für die oberen als auch für die unteren Schichten die Wochenenden eine Umkehrung der Wochentage bedeuten, wenn auch in die jeweils andere Richtung: Die Oberschicht, die sich die ganze Woche über formal und modisch kleidet, trägt in vielen Fällen das ganze Wochenende über Blue Jeans und arbeitet im Garten – womit sie ihrer Meinung nach Unterschicht-Aktivitäten nachgeht und dadurch im Kontrast zur urbanen *societas* des Wochentages eine „natürliche“ Form der *communitas* ausführt. Auf der anderen Seite mögen die unteren Schichten, die während der Woche informell gekleidet sind, viel Zeit dafür verwenden, sich am Wochenende und vor allem am Sonntag (für die Kirche oder mit der Kirche verbundenen Aktivitäten) formaler zu kleiden – und betonen damit die *societas*, indem sie sich in der Skala der sozialen Hierarchie höher einstufen. Sie „machen“ sich buchstäblich „fein“.

In ähnlicher Weise hat das Essengehen in „ethnischen“ Restaurants (oder das Kochen „ethnischer“ Speisen) den „Geschmack“ eines Miniurlaubes und ist von daher passenderweise eine Unternehmung des Wochenendes als „Erinnerung an lang vergangene Urlaube oder anstelle solcher Reisen“ (Clark 1975, S. 201). Bücher zu lesen oder Filme zu sehen, die in fremden Kulturen spielen, hat zwar noch mehr den Charakter des aus zweiter Hand, ist aber nichtsdestotrotz ein treffendes Beispiel für Miniurlaube (s. Cohen 1972, S. 170). Ein Artikel in der Zeitschrift *Glamour* (1978) stellt „Zehn Wege Urlaub zu nehmen, wenn Sie kein Geld oder keine Zeit haben“ vor. Einige davon sind folgende:

„Essen Sie in einem französischen oder anderem ausländischen Restaurant, schauen Sie sich einen ausländischen Film mit Untertiteln an und beenden Sie den Abend mit Espresso. Oder geben Sie ihre eigene „fremdländische“ Party mit allem drum und dran, einschließlich der passenden Musik.“

Schlußfolgerungen

Zusammenfassend muß betont werden, daß diejenigen Reisen (innerhalb oder außerhalb Amerikas), auf denen während des Aufenthaltes in einer anderen (Sub-)Kultur in keiner Weise eine Umkehrung, sondern bewußt nur eine *Reproduktion* der Erfahrungen zuhause gesucht wird, *nicht* Teil eines anerkannten Idealmodells des amerikanischen „Urlaubs" sind. Im Gegenteil muß für Amerikaner die Definition von „Urlaub" die *Umkehrung* enthalten. Sogar die Urlaube, die aus gut organisierten und im voraus geplanten Touristengruppen bestehen – von Cohen (1972) „Massentourist"-Trip genannt –, die alles durch die Scheiben eines Touristenbusses sehen und den direkten Kontakt mit der fremden Kultur minimieren, betonen die Umkehrung, die durch eine solche Urlaubsform stattfindet: wenn auch nichts darüberhinaus, so muß wenigstens die „Illusion von Abenteuer" (Cohen 1972, S. 171) geschaffen und erhalten werden, indem eine „kontrollierte Neuheit" (ebda.), angeboten wird. Kurz gesagt ist es die *Ideologie* von Urlaub, so wie sie Amerikaner sehen und sehen würden, die in dieser Arbeit bevorzugt behandelt wurde. Abweichungen von solcher Ideologie sind zu erwarten, sie werden jedoch immer minimiert, wenn der Tourist sich seiner Urlaubserfahrungen erinnert und wiedergibt – es sei denn, sie/er tut dies in zynischer Weise und verunglimpft die Urlaubserfahrung wegen ihres minimalen Kontaktes mit der fremden Kultur.

Der amerikanische Traum enthält zwei widersprüchliche Prinzipien: sowohl die ideologische Gleichheit („Demokratie") als auch die wirtschaftliche Ungleichheit („Kapitalismus") (vgl. z.B. Dumont 1970; Milner 1972). Daher

> „(...) haben Kommentatoren unserer Gesellschaft immer festgestellt, daß Amerikaner ungewöhnlich stark damit beschäftigt sind, ihren Sozialstatus zu heben (...). Zur gleichen Zeit wird Amerika als eine ungewöhnlich egalitäre Gesellschaft in dem Sinne betrachtet, daß wir uns in unseren alltäglichen Interaktionen relativ wenig um den Sozialstatus der anderen kümmern. (...) ironischerweise genug muß es, um die Chancengleichheit zu betonen, ein beträchtliches Ausmaß an Ungleichheit geben. (Milner 1972, S. 8f)

Obwohl sich die beiden Prinzipien von Gleichheit und Ungleichheit – Demokratie und Kapitalismus – gegenseitig widersprechen, besteht der amerikanische Traum genau darin, das Prinzip zu realisieren, das normalerweise eher unverwirklicht bleibt: demokratische Gleichheit für die Oberschicht, die in privilegierter Position nur an der kapitalistischen Ungleichheit teilnimmt; und kapitalistische Ungleichheit (jedoch in Form von nach oben gerichteter Mobilität) für die Mittelschicht, die in nicht-privilegierter Position lediglich an der demokratischen Gleichheit teilnimmt. Es kann daher notwendig sein, die Verleugnung – oder Verwirklichung – des einen oder anderen Prinzips in eine physische und/oder soziale Sphäre außerhalb des unmittelbaren sozialen System des Amerikaners zu verlegen, obwohl nach wie vor Amerikaner die Beteiligten (der „Tourist") sind, um die Bedeutsamkeit der Umkehrung für das amerikanische System zu erhalten. Die Anomalie der Tatsache, daß sich Menschen einer Kultur für den Urlaub in einer anderen (Sub-)Kultur aufhalten, ist daher förderlich

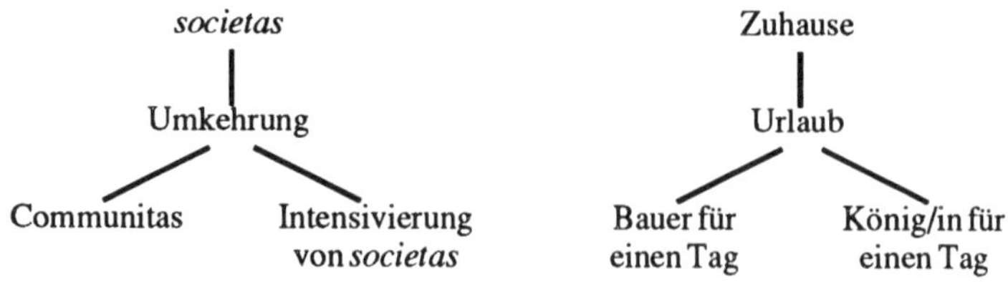

Abb. 1

für die Anomalie der Umkehrung des ursprünglichen sozialen Systems, zu dem der Tourist zuhause gehört.

Die beiden logischen Möglichkeiten der Umkehrung im Urlaub wurden bezogen auf die soziale (Schicht-)Struktur der amerikanischen Gesellschaft diskutiert: *Communitas* ist als Urlaubsstil für die obere Mittelschicht oder die Oberschicht angemessen, während die Akzentuierung von *societas* passend für die Urlauber der unteren bis oberen Mittelschicht ist (Abb. 1).

Die Kombination dieser beiden extremen Urlaubsmodelle ergibt den Urlaub mit dem höchsten Prestigegewinn. Der Urlaub selbst ist ein probates Mittel, um die eine oder andere Form der Umkehrung (oder eine Kombination aus beiden) zu erreichen, da er die Urlauber physisch und/oder sozial aus dem gewohnten sozialen System entfernt. Durch den Urlaub können die polaren Aspekte der amerikanischen sozialen Struktur und ihrer paradoxen dualistischen Ideologie von Kapitalismus und Demokratie realisiert werden. So kann der „amerikanische Traum", wenn nicht zuhause, dann wenigstens im Ausland (oder anderswo in Amerika) erfüllt werden. Das amerikanische soziale System enthält den Keim zu seiner eigenen Verleugnung – oder Verwirklichung – aber es verlegt die Verleugnung, oder Verwirklichung, in eine Sphäre außerhalb seiner selbst, in eine andere (Sub-)Kultur.

Danksagung

Die Autorin möchte folgenden Lesern für die ihre hilfreichen Kommentare danken: Paul Fussell, Philip Graham, Victor Turner, Roy Wagner, James Wilkerson und zwei Wissenschaftlern, die den Artikel begutachtet haben; sowie Russell Edson für die Erlaubnis, aus seinem Prosagedicht „Die große Reise, die durch das Frühstück verhindert wird" zu zitieren.

Literatur

Adams, J. (1972). Why the American tourist abroad is cheated: A price-theoretical analysis. Journal of Political Economics 80(1), 203–207.

Alland, A. (1976). When the spider danced: Notes from an African village. New York: Doubleday.

Arch, J. C. (1977). NEA 1977 federal income tax guide for teachers. Washington, D.C.: National Education Association.

Bateson, G. (1936). Naven. Stanford: Stanford University Press.
Blumenthal, R. (1977). A man's castle is home for a night in Germany. New York Times (Oct., 23.), Section 10:1, 16.
Boorstin, D. J. (1962). Das Image oder Was wurde aus dem amerikanischen Traum? Reinbek: Rowohlt 1964.
Bryan, C. D. B. (1977). On the road to Zihuatenejo. Holiday (Oct.), 32–35.
Clark, P. P. (1975). Thoughts for food II: Culinary culture in contemporary France. French Review 49(2), 198–205.
Cohen, E. (1971). Arab boys and tourist girls in a mixed Jewish-Arab community. International Journal of Comparative Sociology 12 (4), 217–233.
Cohen, E. (1972). Toward a sociology of international tourism. Social Research 39(1), 164–182.
Cohen, E. (1973). Nomads from affluence: Notes on the phenomenon of drifter tourism. International Journal of Comparative Sociology 14(1/2), 88–103.
Cohen, E. (1979). A phenomenology of touristic experiences. Sociology 13, 179–201.
Coy, Ch. (1978). The Aran islands, craggy outposts of solitude and Gaelic. New York Times (Apr., 9), Section 10: 7.
Crocker, J. C. (1969). Hierarchy and reciprocity. Man 4 (1), 44–58.
Crossette, B. (1978). A quiet corner of springtime in eastern Pennsylvania. The New York Times (Apr., 9), Section 10:1, 18.
Cullicott, J. (1978). Everything except peanut butter and jelly sandwiches: a safari is a fine family adventure ... even if the food is „different." Washington Post (Nov., 5), H1, H4.
Douglas, M. (1972). Deciphering a meal. Daedalus 101 (Winter), 61–81.
Dumont, L. (1980). Caste, racism and „stratification": Reflections of a social anthropologist. In: Homo Hierarchicus (pp. 239–258). Chicago: University of Chicago Press.
Edson, R. (1976). The great journey blocked by breakfast. In: R. Edson, The intuitive journey and other works (p. 80). New York: Harper & Row.
Evans-Pritchard, E. E. (1940). The Nuer. Oxford: Oxford University Press.
Fadiman, A. (1977). Tortola: Opportunities to do nothing with style. The New York Times (Nov., 6), Section 10:1, 12, 13.
Forster, J. (1964). The sociological consequences of tourism. International Journal of Comparative Sociology 5(2), 217–227.
Garretson, L. R. (1976). American culture: An anthropological perspective. Dubuque, Iowa: Brown & Co.
Glamour (1978). Ten ways to take a „vacation" if you don't have the time or money. Glamour (August).
Graburn, N. H. H. (1977). Tourism: The sacred journey. In: V. Smith (Ed.), Hosts and guests: The anthropology of tourism (pp. 17–31). Philadelphia: University of Pennsylvania Press.
Halley, L. (1978). Easter on Atlantis. Saturday Review (Jan., 7), 24–25.
Hieb, L. (o. J.). The American home: A cultural analysis. Washington State University: Unveröff. Manuskript.
Holiday (1977). Holiday Magazine (May), 3.
Hollander, R. (1978). On the Livingstone-Stanley trail. New York Times (Nov., 12), Section 10: 1, 6, 7.
Leach, E. (1961). Time and false noses. In: Rethinking anthropology (pp. 132–136). New York: Humanities Press.
MacCannell, D. (1976). The tourist: A new theory of the leisure class. New York: Schocken.
Milner, M. J. (1972). The illusion of equality: The effect of education on opportunity, inequality, and social conflict. San Francisco: Jossey-Bass.
The New Yorker (1977). The New Yorker (Nov., 14).

The New York Times (1978a). The New York Times Magazine (Apr., 9), Section 6: 36.
The New York Times (1978b). The New York Times (Nov., 12), Section 10: 4.
The New York Times (1978c). The New York Times (Nov., 12), Section 10: 22.
Ouma, J. P. (1970). Evolution of tourism in East Africa (1900–2000). Nairobi: East African Literature Bureau.
Petrakis, H. M. & Petrakis, B. V. (1977). The great American melting pot: A taste of Europe at home. Holiday (May), 24–26, 52.
Powers, J. R. (1977). Accent on „Chicawgo." Holiday (October), 46–47, 57.
Shore, B, (1978). Ghosts and government. Man 13(2), 175–199.
Schneider, D. M. (1968). American kinship: A cultural account. New Jersey: Prentice-Hall.
Smith, M. G. (1956). Segmentary lineage systems. Journal of the Royal Anthropological Institute 86(2), 39–80.
Smith, V. L. (Ed.) (1977). Hosts and guests: The anthropology of tourism. Philadelphia: University of Pennsylvania Press.
Sutton, W. A. (1967). Travel and understanding: Notes on the social structure of touring. International Journal of Comparative Sociology 8(2), 218–223.
Tonge, P. (1978). Why not vacation with great-great-grandpa? The Christian Science Monitor 7/5/78, 17.
Turner, V. W. (1957). Schism and continuity. Manchester: Manchester University Press.
Turner, V. W. (1969). The ritual process. Chicago: Aldine.
Turner, V. W. (1974). Passages, margins, and poverty: Religious symbols of communitas. In: Dramas, fields and metaphors: Symbolic action in human society (pp. 231–271). Ithaca: Cornell University Press.
Turner, V. W. (1977). Variations on an theme of liminality. In: S. F. Moore & B. G. Myerhoff (Eds.), Secular ritual (pp. 36–52). Assen: Van Gorcum.
Van Gennep, A. (1960). The rites of passage. London: Routledge and Kegan Paul.
Wagner, R. (1975). The invention of culture. New Jersey: Prentice Hall.
Whorf, B. J. (1931). Über einige Beziehungen des gewohnheitsmäßigen Denkens und Verhaltens zur Sprache. In: B. J. Whorf, Sprache, Denken, Wirklichkeit (S. 74–109). Reinbek: Rowohlt 1963.
Williams, A. V. Zelinsky, W. (1970). On some patterns in international tourist flows. Economic Geography 46 (4), 549–567.
Winslow, J. (1977a). Love letter to Andalusia. Holiday (Oct.), 37–38, 58, 64, 66.
Winslow, J. (1977b). Princess Grace's Monaco. Holiday (Jan./Febr.), 36–39.
Young, G. (1973). Tourism: Blessing or blight? Middlesex, England: Penguin.

Zwischen Dankbarkeit und Verpflichtung
Eine Analyse des Trinkgeldgebens

Boas Shamir

Einleitung

Das Phänomen des Trinkgeldgebens ist charakteristisch für viele touristische Dienstleistungen, wie sie z.B. in Hotels und bei Führungen erbracht werden, und ganz allgemein für Dienstleistungen, die überproportional von Touristen genutzt werden – wie etwa Restaurants und Taxis. Touristen kommen häufig in Trinkgeldsituationen, und eingedenk der existierenden kulturellen Unterschiede hinsichtlich der Trinkgeldnormen enthalten viele Reiseführer Abschnitte über das Trinkgeldgeben. Von daher handelt es sich hier um eine häufige touristische Erfahrung, die der Analyse und der Erforschung wert ist.

Die praktische Bedeutung des Phänomens liegt darüberhinaus in der großen Anzahl von Menschen, deren Bezahlung zusätzlich zum Lohn auch aus Trinkgeldern besteht (vgl. Butler & Skipper 1980). Die Praxis des Trinkgeldgebens scheint vielen Abschaffungsversuchen von Regierungen und Organisationen zu widerstehen, und an manchen Orten wie z.B. in Israel gewinnt sie sogar an Popularität. Auch vom theoretischen Standpunkt aus ist das Trinkgeldgeben ein interessantes Phänomen, da es eine Abweichung von der üblichen Praxis des Austausches von Waren und Dienstleistungen darstellt.

Das Trinkgeld wurde definiert als „ein kleines Geldgeschenk, das an einen Untergebenen, besonders an einen Diener oder Angestellten eines anderen, für erbrachte oder erwartete Dienstleistungen gegeben wird" (Oxford English Dictionary 1933).

Die dauerhafte Existenz dieses eigentümlichen Arrangements wirft mehrere Fragen auf, unter anderem: Welche Gründe gibt es für seine Existenz? Warum existiert es in manchen Dienstleistungsbereichen und in anderen nicht? Inwieweit differieren Praxis und Höhe des Trinkgelds innerhalb einer Situation, und was sind die Determinanten solcher Unterschiede? Wie beeinflußt das Trinkgeldgeben die Dienstleistenden, die Dienstleistungsempfänger und die Beziehungen zwischen den beiden Gruppen? Auf welche Weise bewältigen bürokratische Organisationen wie Reiseagenturen, Transportgesellschaften und Hotels, die normalerweise Standardisierung und Kontrolle betonen, die Existenz einer solchen, nicht standardisierten und und unkontrollierten Praxis innerhalb ihres Bereiches? All diese Fragen sind theoretisch interessant, und manche der Antworten könnten beträchtliche praktische Implikationen haben.

Im vorliegenden Beitrag werde ich versuchen, auf einige dieser Fragen Antwort zu geben. Der oben erwähnte wechselhafte und schwer faßbare Charakter des Phänomens macht seine Erforschung sehr schwierig. Aus diesem Grund enthält dieser Beitrag den Versuch, einige historische Ursprünge des Trinkgeldgebens aufzuzeigen und verwandte Gepflogenheiten in modernen und vormodernen Gesellschaften sowie Situationen und organisatorische Umstände zu untersuchen, in denen das Geben von Trinkgeld anzutreffen ist. Dieser Versuch basiert auf der Durchsicht der spärlichen Literatur zu diesem Thema und auf den früheren Erfahrungen des Autors als Sozialpsychologe aus Studien über Dienstleistungssituationen (z.B. Shamir 1978, 1980a, 1980b, 1981, 1983).

Die Analyse beruht jedoch nicht auf einer festen empirischen Basis und sollte als ein erster Versuch gesehen werden, sowohl weitere Untersuchungen dieses Phänomens anzuregen als auch weiteres Interesse für das vernachlässigte Gebiet der Beziehungen zwischen Dienstleistenden und Kunden in kommerziellen Dienstleistungssituationen zu wecken.

Es wird deutlich werden, daß kein Gedankengang allein das Phänomen in all seinen Variationen befriedigend erklären kann. Die Ursprünge und Wurzeln des Brauchs sind wahrscheinlich vielfältiger Natur, ebenso wie seine Funktionen in modernen Gesellschaften. Zunächst wird versucht, eine ökonomische Erklärung für das Trinkgeldgeben anzubieten, aus deren Logik bestimmte Hypothesen abzuleiten und deren Beschränkungen aufzuzeigen. Danach wird die ökonomische Logik ergänzt durch eine soziologische Analyse, um einen zusätzlichen Einblick in das Phänomen zu gewinnen. Ich werde jedoch auch zeigen, daß bestimmte Annahmen der soziologischen Analyse in vielen Trinkgeldsituationen nicht zutreffen. Aus diesem Grund müssen einige psychologische Erwägungen eingeführt werden, um die ökonomischen und soziologischen Argumente zu erweitern. Der Tourist wird als ein allgemeiner Fall diskutiert werden, dessen Verhalten diese psychologischen Erwägungen unterstützt.

Zusammenfassend werde ich die Bedeutung des Trinkgeldgebens als ein Symptom einiger Grundprobleme von Dienstleistungsinteraktionen und Dienstleistungsorganisationen aufzeigen.

Eine ökonomische Erklärung und ihre Beschränkungen

Vielleicht ist die konventionellste Erklärung des Trinkgeldgebens ökonomischer Natur. Sie beruht auf zwei vermuteten Ursprüngen des Trinkgeldgebens und schreibt seine Existenz ökonomischen Motivationen und Mechanismen zu. Nach diesem Gedankengang ist das Trinkgeld einfach eine Bezahlung für ein „Extra", entweder für einen Extra-Service, der über die normale Pflicht der Dienstleistenden hinausgeht, oder für eine Extra-Anstrengung, die zu einer effizienteren Dienstleistung führt. So wird behauptet, daß einer der Ursprünge des modernen Trinkgeldgebens der alte Brauch des „Geldgeschenkes" sei (Oxford English Dictionary 1933; Saunders 1981), nach dem im England der Tudorzeit von Besuchern erwartet wurde, daß sie am Ende eines Besuches Geldbeträge an Hausbedienstete für über deren Pflichten hinausreichende Dienstleistungen verschenkten.

Andere behaupten (z.B. Butler & Skipper 1980), daß sowohl die Praxis als auch der moderne Begriff des Trinkgeldes (im Englischen: *tip*) seine Wurzeln in der englischen Wendung „*to insure promptness*" (sich Schnelligkeit verschaffen) habe, die im England des 19. Jahrhunderts an deutlich sichtbaren Behältern in Gasthäusern und Cafés angebracht war. Etwas in diese Behälter zu legen, wurde als ein Mittel betrachtet, sich einer schnellen und effizienten Bedienung zu versichern.

Die ökonomische Argumentation kann durch die Betrachtung der Natur der Dienstleistung weiter entwickelt und bestärkt werden (z.B. Mills & Moberg 1982). Im Gegensatz zu den meisten Waren und Gebrauchsgegenständen, die auf dem ökonomischen Markt gehandelt werden, enthalten viele Dienstleistungen Elemente, die nicht standardisiert und gemessen werden können; für sie kann kein fester Preis gesetzt werden. Ein Preis kann festgesetzt werden für ein Hotelzimmer, für eine Mahlzeit oder für eine mit Bus oder Taxi zurückgelegte Distanz, aber nicht für das Lächeln, die freundliche Geste oder die Gastfreundlichkeit des Dienstleistenden.

Dafür gibt es zwei Gründe: Erstens kann der Dienstleistende die „Produktion" oder Vergabe solcher Elemente nicht standardisieren, und zweitens dürfte der Wert solcher nicht greifbarer Elemente – in Abhängigkeit von individuellen Unterschieden zwischen den Kunden – beträchtlich variieren. Die Verpflichtungen des Dienstleistenden können nicht vollständig spezifiziert und seine Ausübung der Dienstleistung nicht vollständig kontrolliert werden.

Aus diesem Blickwinkel ist das Trinkgeld der Mechanismus, der den regulär festgesetzten Marktmechanismus in Situationen ergänzt, in denen die verkaufte Ware (d.h. die Dienstleistung) nicht standardisierte und nicht meßbare Komponenten enthält (Ben Zion & Karni 1976). Auch wenn diese Dienstleistungen innerhalb eines organisatorischen Rahmens angeboten werden, erkennt die Organisation ihre Unfähigkeit an, alle Dienstleistungskomponenten zu spezifizieren und zu kontrollieren, und muß von daher einen Teil der Kontrolle an den Kunden abgeben, der diese Komponenten am besten beurteilen können sollte.

Nebenbei bemerkt können es sich öffentlich-bürokratische Institutionen, die nicht am ökonomischen Markt teilnehmen, leisten, keine solchen Mechanismen anzubieten, auch wenn ihre Dienstleistungen nicht greifbare, nicht standardisierte und nicht meßbare Elemente enthalten. Der resultierende Mangel an Flexibilität ist sowohl ein Hauptgrund für die Unzufriedenheit des Kunden mit solchen bürokratischen Institutionen (Katz & Danet 1973) als auch Quelle für manche Verwirrung, wenn bestimmte „Kunden" doch versuchen, bürokratischen Bediensteten ein Trinkgeld zu geben, um eine schnellere „Bedienung" zu erreichen (Thompson 1973). Das kann vielleicht dadurch veranschaulicht werden, daß das Wort „Bakschisch" in einigen Ländern sowohl das Trinkgeld bezeichnet als auch ein kleincs Bestechungsgeld für einen Regierungsbediensteten (siehe auch die Verwendung des Wortes „Trinkgeld" im zaristischen Rußland im Sinne eines Bestechungsgeldes für einen Regierungsbeamten (Wallace 1970, S.334).

Aus der ökonomischen Erklärung für das Geben von Trinkgeld folgt, daß die Höhe des Trinkgeldes sowohl das Ausmaß der Bemühung des Dienstleistenden widerspiegeln sollte als auch das Ausmaß, in dem die ausgeübte Dienstleistung über die normalen Pflichten hinausgeht, besonders was die nicht greifbaren, unspezifischen Elemente der Dienstleistung angeht. Während dies für bestimmte Gelegenheiten zutrifft, so ist es doch keineswegs eine allgemeine Regel. Trinkgelder werden in vielen Fällen automatisch gegeben, und ihre Höhe wird von anderen Faktoren bestimmt.

Das spärliche Wissen aus der Forschung über Determinanten der Höhe des Trinkgeldes zeigt deutlich, daß diese Unterschiede nur wenig, wenn überhaupt, mit der Qualität der Dienstleistung zusammenhängen. So zeigt eine Studie über Kellnerinnen, daß die Höhe des Trinkgeldes hauptsächlich eine Funktion von quantitativen Faktoren wie der Größe der speisenden Gesellschaft und der Höhe der Rechnung ist (Butler & Snizek 1976). Und im Rahmen einer Studie mit teilnehmender Beobachtung über das Taxifahren fand man heraus, daß die Höhe des Trinkgeldes von Eigenschaften des Kunden bestimmt wird, die nichts mit der Dienstleistungssituation zu tun haben (Karen 1962). Sogar in einer Studie über britische Kellnerinnen, in der behauptet wird, daß die Höhe des Trinkgeldes von der Qualität der Bedienung abhängt, zeigte es sich, daß die Eigenschaften des Gastes tatsächlich eine nicht weniger wichtige Determinante darstellen.

Zusätzlich zu der Annahme einer engen Beziehung zwischen der Qualität der Dienstleistung und der Höhe des Trinkgeldes muß eine ökonomische Argumentationslinie auch eine sich wiederholende Interaktion zwischen Trinkgeldgeber und -empfänger voraussetzen. Einem anderen über den vereinbarten Betrag hinaus Geld zu geben, am Ende einer Interaktion, wenn kein weiterer Austausch von Waren oder Dienstleistungen erfolgen wird, erscheint vom ökonomischen Standpunkt aus rein altruistisch. Altruistisches Verhalten stellt für die ökonomische Theorie jedoch ein Problem dar, weil das Grundpostulat dieser Theorie das Eigeninteresse ist (Wintrobe 1981). Wie jedoch die Wirtschaftswissenschaftler, die das Phänomen des Trinkgeldgebens abzubilden versuchten, zugeben mußten, ist die Annahme einer kontinuierlichen oder wiederholten Interaktion für viele Trinkgeldsituationen nicht zutreffend (Ben Zion & Karni 1967). Hier wird klar, daß die zwingende Logik der ökonomischen Argumentation das Phänomen nur teilweise erklären kann. Alternative Gesichtspunkte müssen in die Betrachtung mit einbezogen werden.

Eine soziologische Erklärung und ihre Beschränkungen

Ein zentraler Punkt der ökonomischen Analyse war die Erkenntnis, daß die Dienstleistungssituation Elemente enthält, die nicht vollständig spezifizierbar sind, womit auch die Verpflichtungen des Kunden nicht vollständig spezifiziert werden können. Dies ist der grundlegende und entscheidende Schlüssel zu einer Unterscheidung, die der Soziologe Peter Blau (1964) zwischen sozialem und ökonomischem Austausch gemacht hat: Sozialer Austausch bringt unspezifizierte Verpflichtungen mit sich. Während dies in der ökonomischen Analyse lediglich ein methodisches Problem darstellte (d.h., das Produkt und damit die Bezahlung kann nicht vollständig standardisiert und gemessen werden), ist dies in der soziologischen Analyse ein wesentliches Faktum.

Eine soziologische Argumentation führt dazu, nach den Ursprüngen des Trinkgeldgebens in Form von Geschenkaustauschpraktiken der archaischen und vormodernen Gesellschaften zu suchen. Man behauptet, daß Bräuche des Austausches von Geschenken in allen primitiven Gesellschaften gefunden werden und daß sie eine große Rolle im sozialen Leben dieser Gesellschaften spielen (Sundstrom 1974). Ausführliche Forschungsarbeiten haben gezeigt, daß der Austausch von Geschenken anscheinend freiwillig, in Wirklichkeit aber in hohem Ausmaß eine Pflicht ist (Mauss 1950, Sundstrom 1974). Dieselben Arbeiten wiesen auch nach, daß der Austausch von Geschenken eher soziale als ökonomische Funktionen erfüllt. Seine Hauptfunktionen liegen in der Etablierung von Freundschaften und im Erreichen übergeordneter Positionen. Blau zeigte, daß dasselbe auch für den sozialen Austausch in modernen Gesellschaften gilt (Blau 1963, 1964).

Die soziologische Erklärung lautet wie folgt: Wenn etwas (wie ein Geschenk oder eine Dienstleistung) unter der Bedingung nicht spezifizierter Verpflichtungen (über die allgemeine Erwartung eines zukünftigen Ausgleichs hinaus) gegeben wird, dann fühlt sich der Empfänger dem Gebenden gegenüber dankbar oder diesem verpflichtet. Der Soziologe Georg Simmel schreibt: „Es ist zunächst eine Ergänzung der rechtlichen Ordnung, die die Dankbarkeit vollbringt. (...) Bei allen wirtschaftlichen Tauschen, die in Rechtsform geschehen, bei allen Verpflichtungen aus einer rechtlich regulierten Beziehung erzwingt die Rechtsverfassung das Hin- und Hergehen von Leistung und Gegenleistung (...). Nun bestehen aber unzählige Beziehungen, für welche die Rechtsform nicht eintritt, bei denen von einem Erzwingen des Äquivalents für die Hingabe nicht die Rede sein kann. Hier tritt als Ergänzung die Dankbarkeit ein, jenes Band der Wechselwirkung, des Hin- und Hergehens von Leistung und Gegenleistung auch da spinnend, wo kein äußerer Zwang es garantiert" (1923, S. 443).

Obwohl Verlautbarungen von Dankbarkeit und Zuneigung ein wichtiger sozialer Lohn sind, genügen sie jedoch nicht. Der Empfänger eines Geschenkes oder einer Dienstleistung fühlt sich dem Geber des Geschenkes oder der Dienstleistung auch darüber hinaus verpflichtet. Wenn sich der Empfänger revanchieren kann, indem er dem Geber seinerseits Geschenke gibt oder für diesen wichtige Dienstleistungen erbringt, „dann hat er sich seiner Verpflichtungen entledigt und seine Abhängigkeit dadurch ausgeglichen, daß er den anderen ebenso abhängig von sich gemacht hat. Wenn er sich jedoch nicht in dieser Weise revanchieren kann, dann bleibt seine Abhängigkeit einseitig, und er muß sich seiner Verpflichtungen entledigen, indem er sich den Wünschen des anderen beugt, (...) was bedeutet, daß der andere Macht über ihn erlangt hat" (Blau 1963, S. 141).

Auf diese Weise wird das Geben zum Weg, sozialen Status und Macht zu erlangen und zu erhalten (Schwartz 1967). Diese These wird durch viele soziologische und anthropologische Beobachtungen gestützt. Eines der berühmtesten Beispiele ist der Potlatsch-Brauch nordamerikanischer Indianer, eine Zeremonie, zu der das Verteilen von Geschenken gehört. Unter den Kwakiutl-Indianern „könnte keine Person ohne eine solche Verteilung von Reichtümern irgendeine soziale Position erlangen" (Spradley 1968, S. 9). Die Hierarchie in einer solchen Gesellschaft wird mit diesen Geschenken hergestellt. „Derjenige, der seinen Reichtum am verschwenderischsten ausgibt, gewinnt an Prestige" (Mauss 1990, S. 85). Die Größe des Geschenks wird zum Symbol der Stellung des Schenkenden. „Nach einem alten afrikanischen Brauch erhält der Reisende in einem Dorf selbstverständlich Nahrung und Unterkunft für die Nacht. ... Der Brauch verpflichtet den Reisenden, dem Gastgeber ein Gegengeschenk zu machen. (...) Der Brauch erfordert, daß das Gegengeschenk sich nach dem sozialen Status des Gebenden bemißt" (Sundstrom 1974, S. 2).

Dem Erklärungsansatz des sozialen Austausches zufolge wird das Empfangen von Geschenken als gefährlich betrachtet: „Derjenige, der das Darlehen oder den Potlatsch nicht zurückzahlen kann, verliert seinen Rang und sogar den Status eines freien Mannes" (Mauss 1990, S. 101). Bedeutsam ist in diesem Zusammenhang, daß das englische Wort für „Geschenk" in mehreren Sprachen „gift" bedeutet (Burgess 1982). Deshalb sind Individuen und Gruppen daran interessiert, zumindest ein Gleichgewicht zwischen Leistung und Gegenleistung zu erhalten und bei ihren sozialen Transaktionen schuldenfrei zu bleiben. „Es ist das Bedürfnis, zu vermeiden, der Macht eines anderen unterworfen zu werden, das einen dazu bringt, dessen Dienste ausgleichen zu wollen" (Blau 1963, S. 141).

Wir können jetzt das Trinkgeld im Lichte der oben angeführten soziologischen Literatur untersuchen. Das Trinkgeld wird wie das Geschenk unter dem Deckmantel der Freiwilligkeit, in Wirklichkeit jedoch unter einschränkenden normativen Bedingungen in Situationen gegeben, in denen die gegenseitigen Verpflichtungen nicht genau spezifiziert sind. Der Empfänger der Dienstleistung erhält etwas mehr als das Zimmer, die Mahlzeit oder den Transport, für den er gezahlt hat. Dies ruft in ihm das Bedürfnis nach Wiedergutmachung und danach hervor, sich seiner Verpflichtungen zu entledigen und sich dadurch nicht in die Schuld des Dienstleistenden zu begeben.

Nach der Theorie des sozialen Austausches wird er in dem Falle, daß ihm dies nicht gelingt, unter dem Druck stehen, den Dienstleistenden mit sozialer Anerkennung oder Unterordnung zu bezahlen. Das ist natürlich unmöglich. Der Kunde ist sowohl nicht dazu bereit, sich in die Abhängigkeit des Dienstleistenden zu begeben, als auch daran interessiert, seine persönliche Überlegenheit zu bewahren. Um dies zu erreichen, gibt er dem Dienstleistenden ein Trinkgeld, entkommt so seinen Verpflichtungen im sozialen Austausch und erlegt dem anderen seine überlegene soziale Identität auf (Schwartz 1967). Mehr noch, nach dieser Erklärung etabliert er seine Überlegenheit jenseits jeglichen Zweifels, wenn er dem Dienstleistenden mehr Trinkgeld gibt, als dieser „verdient", weil er mittels des Trinkgeldes das Gleichgewicht zu seinen Gunsten verschiebt.

Aus dieser Perspektive ist das Trinkgeld kein Ausdruck der Dankbarkeit, wie gemeinhin angenommen wird, sondern eher eine Verteidigung *gegen* Dankbarkeit. Das ist wahrscheinlich der Grund dafür, daß das Trinkgeld in den meisten Fällen eher ganz am Ende als am Anfang der Interaktion gegeben wird. Das Ziel besteht nicht so sehr darin, den Dienstleistenden zu motivieren, als darin, den überlegenen Status des Kunden in einer Weise zu demonstrieren, die keine die Gleichwertigkeit wiederherstellende „Korrektur“ erlaubt.

Indem der Kunde darüberhinaus als Währung der Gegengabe das Geld (und nicht ein Lächeln, ein Geschenk o.ä.) wählt, versucht er, den sozialen Austausch in einen ökonomischen zu transformieren. Dadurch reduziert er die Verpflichtungen des sozialen Austausches noch mehr und verteidigt sich gegen dessen Implikationen. Um wiederum Simmel zu zitieren: „Denn das Geld ist, weil es das Allgemeine, d.h. den Tauschwert, an allen vertauschbaren Gegenständen ausdrückt, nicht imstande, das Individuelle an eben diesen auszudrücken; und daher kommt über die Gegenstände, insoweit sie als verkäufliche figurieren, ein Ton von Deklassierung, von Herabsetzung des Individuellen an ihnen auf das Allgemeine, das diesem Dinge mit allen anderen gleichfalls verkäuflichen und vor allen Dingen mit dem Gelde selbst gemeinsam ist“ (1923, S. 445).

Es gibt einiges an Belegen für die Behauptung, daß am Geben von Trinkgeld eine Demonstration von Dominanz und Überlegenheit beteiligt ist. Die oben erwähnte Definition des Trinkgeldes betont den niedrigen sozialen Status des Empfängers. Das Äquivalent zum englischen Begriff „tip“ in manchen Sprachen (z.B. „Trinkgeld“) enthält ein abschätziges Element, indem impliziert wird, daß das Geld für einen irgendwie unsauberen Zweck verwendet werden wird (d.h. für den Genuß alkoholischer Getränke). Eine von Terkel (1972, S. 205) interviewte Kellnerin erzählt von der Demütigung, die für sie im Empfang von Trinkgeld liegt. Genauso äußert sich ein von mir (Shamir 1980a, S. 745) befragter Kellner. Holloway (1981), der britische Reiseführer befragte, berichtet, daß das Trinkgeldgeben in diesem Falle deswegen problematisch ist, weil die Art der Beziehung zwischen Dienstleistendem und Kunden nicht der in fast allen anderen Trinkgeldsituationen entspricht, da die meisten Reiseführer aus der Mittelschicht kommen. Die Folge ist, daß sich beide Seiten unsicherer und peinlicher berührt fühlen als in anderen Trinkgeldsituationen.

Es verwundert nicht, daß man sich beim Geben von Trinkgeld im Konflikt mit sozialistischen Ideen und Praktiken fühlt. Das Trinkgeldgeben existiert in kommunistischen Ländern offiziell nicht, und in Gesellschaften mit einer starker sozialistischer Orientierung wie z.B. den skandinavischen Ländern oder in Israel während seiner Gründerzeit ist es weit weniger verbreitet. Einer der ersten Eindrücke des amerikanischen Journalisten John Reed nach der kommunistischen Revolution in der Sowjetunion war, daß „die Kellner und Hotelbediensteten organisiert waren und sich weigerten, Trinkgelder zu nehmen. An den Wänden der Restaurants klebten sie Zettel an, auf denen zu lesen stand: ‚Keine Trinkgelder!‘, oder auch: ‚Die Tatsache, daß ein Mann seinen Lebensunterhalt verdient, indem er bei Tisch aufwartet, gibt niemandem das Recht, ihn durch Trinkgeldgeben zu beleidigen‘ “ (Reed 1968, S.50).

Die soziologische Argumentation hat jedoch einige größere Nachteile. Erstens setzt jede Formulierung über sozialen Austausch als Basisannahme Kontinuität voraus (Homans 1976). So laufen alle Ausführungen von Blau über das Thema des sozialen Austausches darauf hinaus, zu zeigen, daß sozialer Austausch zu sozialer Integration und Differenzierung in relativ stabilen und kontinuierlichen sozialen Strukturen führt. Simmel (1923) führt das Konzept der Dankbarkeit ein, weil es ihm hilft, sozialen Zusammenhalt zu erklären; das ist auch das Hauptthema von Gouldners (1959) Analyse der Reziprozitätsnorm.

Viele, vielleicht sogar die meisten Trinkgeldsituationen sind jedoch durch die Einmaligkeit des Zusammentreffens charakterisiert, dessen Wiederholung unwahrscheinlich ist. Im Gegensatz zu bleibenden und kontinuierlichen sozialen Systemen, in denen Verfehlungen in der Entledigung eigener Verpflichtungen zu sozialer Bestrafung führen würden, könnte in solchen „flüchtigen Beziehungen" (Davis 1950) keine Bestrafung erfolgen. Das trifft besonders für Touristen zu, die nicht einmal zur selben Gesellschaft wie der Dienstleistende gehören. Weiterhin ließen die Formulierung sowohl des sozialen als auch des ökonomischen Austausches erwarten, daß regelmäßige Kunden mehr Trinkgeld geben als unregelmäßige, weil erstere diejenigen sind, die Sorge tragen sollten, sich dem Dienstleistenden nicht zu verpflichten. Sie sollten, als Investition in die Zukunft der Beziehung, großzügig Trinkgeld geben. Dies ist offensichtlich nicht der Fall. Man fand heraus, daß regelmäßige Kunden *weniger* Trinkgeld geben als unregelmäßige Kunden (Karen 1962) und daß der Anteil von regelmäßigen oder wiederholten Geschäften keinen Einfluß auf die Erwartungen der Dienstleistenden bezüglich der Höhe des Trinkgeldes hat (Butler & Skipper 1981).

Der zweite Nachteil der soziologischen Argumentation liegt in ihrer Annahme von Öffentlichkeit und „deutlich sichtbarer Dominanz". Soziologen betonen, daß es, „um Ansehen zu erwerben oder zu erhalten, nicht genügt, Reichtum oder Macht zu besitzen. Beide müssen sie auch in Erscheinung treten, denn Hochachtung wird erst dem Erscheinen gezollt" (Veblen 1971, S. 42).

Die meisten der von Soziologen als Beleg für die statuserhaltende und statusschaffende Funktion des sozialen Austausches angeführten Geschenkrituale sind hochgradig öffentlicher Natur. Für das Trinkgeldgeben trifft das nicht zu. Es gibt zwar Situationen, in denen beispielsweise der Gastgeber seine Gäste durch die Höhe des Trinkgeldes beeindrucken möchte, das er für alle sichtbar auf dem Tisch hinterläßt, oder einige bestimmte Situationen, in denen das Geben von Trinkgeld öffentlich erfolgt (z.B. Trinkgeldgeben an Striptease- oder Bauchtänzerinnen in einem Nachtklub); in den meisten Situationen ist jedoch das Geben von Trinkgeld durch Zurückhaltung und Diskretion gekennzeichnet. Das Trinkgeld für Kellner wird in vielen Fällen verdeckt auf dem Tisch hinterlassen, das für Zimmermädchen häufig auf dem Nachttisch. Auch wenn das Trinkgeld dem Dienstleistenden direkt gegeben wird, so geschieht dies in der Regel mit Diskretion, manchmal unter Abwendung des Blickes und manchmal mit einem Händedruck, der die Übergabe verdeckt. In all diesen Fällen soll die Höhe des Trinkgeldes für andere Personen unbekannt bleiben.

Mehr noch, in manchen dieser Fälle nimmt der Dienstleistende das Geld erst nach Beendigung der Interaktion an sich, und sogar dann, wenn die Trinkgeldgabe Teil des letzten Abschnitts der Interaktion ist, wird vom Empfänger des Trinkgeldes erwartet, daß er nicht auf das Geld schaut und es nicht sofort zählt (dies trifft z.B. zu bei Trinkgeldern für Reiseführer, Friseure und Oberkellner). Die Erklärung für solche Praktiken würde sich aus der soziologischen Perspektive, die die weitere soziale Bedeutung von Gebe- und Schenkhandlungen betont, sehr schwierig gestalten.

Schließlich zeigten sozialpsychologische Untersuchungen, die den Aspekt des sozialen Austausches aufgriffen, daß das Gefühl der Dankbarkeit – definiert als ein Zustand der Verpflichtung, die Gabe oder Dienstleistung des anderen auszugleichen – von den Bedingungen abhängt, unter denen die Vorleistung erbracht worden war. Diesen Untersuchungen zufolge (Greenberg 1980) sollte, wenn überhaupt, nur wenig Dankbarkeit erwartet werden, wenn die Handlungen der anderen Person als ein Resultat von Verpflichtungen oder als Ergebnis der Ausübung einer Rolle wahrgenommen werden. Darüberhinaus empfindet der Empfänger einer Dienstleistung wahrscheinlich keine Dankbarkeit, wenn er das Gefühl hat, daß die Hilfe des anderen eher aus egoistischen Motiven als aus Besorgnis um das Wohlergehen des Empfängers stattfand.

Doch in den meisten Dienstleistungssituationen, die die Praxis des Trinkgeldgebens mit einschließen, ist keine dieser Bedingungen erfüllt. Die Elemente einer Dienstleistung können vom Kunden als Bestandteil der Rolle des Dienstleistenden wahrgenommen werden, und jede zusätzliche Anstrengung von seiten des Dienstleistenden kann vom Kunden ohne weiteres als ein Ergebnis der Eigeninteressen des Dienstleistenden verstanden werden. Es steht also theoretisch frei, daran zu zweifeln, daß der Kunde in solchen Situationen Dankbarkeit verspüren sollte. So liegt der Schluß nahe, daß der ökonomische und der soziologische Ansatz, obwohl sie wichtige Einblicke für den Versuch liefern, das Phänomen des Trinkgeldgebens zu verstehen, doch einigen Beschränkungen unterliegen und durch weitere Erwägungen und Annahmen erweitert werden müssen, wenn man ein vertieftes Verständnis des Phänomens erreichen will. Das trifft vor allem in Situationen zu, in denen soziale Umstände und Bedingungen wie gemeinsamer sozialer Hintergrund, zeitliche Erstreckung der Situation, Zahl der Teilnehmer und gemeinsame soziale Zukunftsperspektive nur äußerst gering ausgeprägt sind.

Sozialpsychologische Überlegungen

Das Geben von Trinkgeld charakterisiert anscheinend genau diejenigen Situationen, in denen einerseits der reguläre ökonomische Mechanismus nicht wirkt und andererseits nicht genügend Kontinuität und Öffentlichkeit vorhanden ist, um einen vollständigen sozialen Austausch zu gewährleisten. Die Untersuchung der psychologischen Situation der Kunden könnte zu einem tieferen Verständnis des Phänomens beitragen. Zunächst sollen im folgenden einige grundlegende sozialpsychologische Erwägungen dargestellt werden; danach folgt eine Diskussion des Touristen als eines unterstützenden Fallbeispiels.

Wenn man erstens von der Analyse des sozialen Austausches die Annahme borgt, daß das Geben Status kreiert oder demonstriert, dann muß man weiterhin annehmen, daß eine solche Statuszuschreibung für das Individuum befriedigend ist, auch wenn kein unmittelbares Publikum vorhanden ist und keine kontinuierliche soziale Beziehung vorliegt. Eine solche Annahme kann sich sowohl auf psychologische Theorien stützen, die die Bedürfnisse des Ich als die grundlegendste und häufigste Kategorie von Bedürfnissen betonen (z.B. Maslow 1943), als auch auf zahlreiche sozialpsychologische Untersuchungen, die die Existenz eines bedeutsamen sozialen Einflusses sogar in Situationen nachgewiesen haben, die vollständig vorübergehender Natur waren – z.B. Aschs (1958) klassische Studien über Konformität. Man weiß, daß bestimmte Dienstleistungen über das Materielle hinaus Elemente enthalten, die in erster Linie für das psychische Wohlbefinden und die Zufriedenheit des Ego des Kunden sorgen sollen. Solche Elemente, die als „ego-massierend" (Hollander 1981) bezeichnet werden, heben das Gefühl psychologischen Wohlbefindens und das Selbstbild des Kunden. Aus dieser Perspektive kann das Geben von Trinkgeld als eine Praxis betrachtet werden, die es dem Individuum ermöglicht, sein Selbstbild und nicht nur sein Bild in den Augen der anderen zu steigern. Man sollte erwarten, diese Praxis besonders in solchen Dienstleistungsbereichen zu finden, in denen die „Ego-Massage" eine wichtige Rolle spielt.

Zweitens können einige der oben erwähnten Geschenkpraktiken eher als eine Antwort auf bestimmte psychologische Bedürfnisse als als Ausdruck einer sozialen Funktion interpretiert werden. So ist die Praxis des Verteilens von Geschenken am Ende des Schlußverkaufs vielleicht eine Investition in die Zukunft der Beziehung (Sundstrom 1974); sie kann aber auch als eine Demonstration persönlicher Freiheit gesehen werden. Der rein marktwirtschaftliche Austausch, der sich auf feste Preise stützt, reduziert den menschlichen Kontakt und das menschliche Verhalten auf einen eher mechanischen Vorgang. „Es wird objektiv Gleiches gegen objektiv Gleiches gegeben, und der Mensch selbst, obgleich er selbstverständlich um seines Interesses willen den Prozeß vollzieht, ist eigentlich gleichgültig. Die Beziehung der Menschen ist die Beziehung der Gegenstände geworden" (Simmel 1923, S. 443). Indem der Käufer oder Verkäufer dem jeweils anderen etwas gibt, das über den vereinbarten Preis hinausgeht, demonstriert er sich und anderen, daß er nicht vollständig im non-individuellen, nicht menschlichen Marktmechanismus gefangen ist und daß er sich die Fähigkeit zur freien, nicht profitorientierten Handlung erhalten hat.

In der Sozialpsychologie würde man sagen, daß er eher einen „internen" als einen „externen" Kontrollpunkt aufrechtzuerhalten versucht (Rotter 1966). Wenn man annimmt, daß der Ausdruck des Freiseins von Verpflichtungen eine der Motivationen für das Geben von Trinkgeld ist, dann wäre zu argumentieren, daß das Trinkgeldgeben in Situationen verbreiteter ist, in denen das Bewahren eines Gefühls von Freiheit für den Kunden wichtig ist. Dieses Argument ist dem der „Verteidigung gegen Dankbarkeit" nicht unähnlich, das auf Erwägungen zum sozialen Austausch beruht, nur daß hier eher das Gefühl der persönlichen Freiheit als die tatsächliche Unabhängigkeit betont wird.

Es gibt noch andere Eigenbelohnungen im Zusammenhang mit Handlungen des Gebens. Nach Schwartz (1967) ist die Hauptbelohnung für die eigene Persönlichkeit die Vorstellung von sich selbst als einer Quelle für die Zufriedenheit anderer. In dieser Weise kann das Geben von Trinkgeld das Selbstbild des Individuums steigern. Schwartz erwähnt auch die Möglichkeit (die Norman Brown zugeschrieben wird), daß das Geben Ausdruck von Schuld sein kann. Danach könnte man behaupten, daß sich manche Personen schuldig oder zumindest unwohl fühlen, wenn sie Geld ausgeben und von anderen bedient werden, und daß in solchen Fällen das Trinkgeld zur Beruhigung des Gewissens gegeben wird. Schließlich kann das Trinkgeldgeben als eine Handlung gesehen werden, die ihren Ursprung in der besonderen Empfindlichkeit und in den Unsicherheitsgefühlen oder der Ängstlichkeit des Kunden hat. Gezeigt wurde auch, daß Organisationspraktiken aus dem Versuch entstehen können, die Unsicherheiten und Ängste von Kunden und Dienstleistenden zu reduzieren (Menzies 1960).

Es gibt Hinweise darauf, daß auch das Geben von Trinkgeld mit Unsicherheit zusammenhängen kann. So enthält ein altes chinesisches Buch über Bräuche und Etiketten (das *I-Li*) z.B. einen ganz strikten Kodex für das Besuchen. Bei streng geregelten Besuchen verweigert der Gastgeber an einem bestimmten Punkt die Annahme des Gastgeschenkes, worauf der Gast antwortet: „Wenn ich nicht die Unterstützung meines Geschenkes habe, wage ich es nicht, diesen Besuch abzustatten" (Steele 1966, S.43). Aus dieser Perspektive würde man erwarten, daß Trinkgeldgaben in Situationen häufiger sind, die Empfindlichkeit oder Ängstlichkeit hervorrufen. Solche Empfindungen müssen nicht aus physischer Unsicherheit heraus entstehen, obwohl dies z.B. in Taxis ein Schlüsselelement sein kann (der Fahrgast dringt in ein abgeschlossenes Territorium ein, in dem er von einem Fremden zu einem möglicherweise unbekannten Ort transportiert wird). Ängstlichkeit kann aus der Intimität einer Situation entstehen (Menzies 1960).

Diesem Gedankengang zufolge können Dienstleistungen in Restaurants und Akte der Gastfreundschaft – durch ihre Ähnlichkeit zu Dienstleistungen innerhalb von Primärgruppen oder durch ihren Ersatzcharakter für intime „Dienstleistungen" – Ängstlichkeit hervorrufen (Miller & Rice 1967). Ein Zimmermädchen oder eine Friseuse verdienen ein Trinkgeld deswegen, weil sie „hinter die Kulissen" des Kunden schauen können (seine Erscheinung, sein persönliches Territorium und Gegenstände, die der Öffentlichkeit vorenthalten bleiben), eine Tatsache, die die Dienstleistenden zu einer Bedrohung für das öffentliche „Gesicht" des Kunden macht (Goffman 1959/ 1969). Das Trinkgeld erkauft das Schweigen der Dienstleistenden, und ihre Dankbarkeit versichert den Kunden ihrer Loyalität und reduziert seine Ängstlichkeit. Das Trinkgeld symbolisiert und betont zusätzlich die geschäftliche Seite der Interaktion und beseitigt etwas von der Dissonanz, die in solchen Situationen zwischen der sozialen und physischen Distanz der Gruppen entsteht.

In diesem Abschnitt wurde der Beitrag der sozialpsychologischen Überlegungen zur Analyse des Trinkgeldgebens betont. Im besonderen wurde gezeigt, daß menschliche Handlungen wie das Trinkgeldgeben eher intrinsisch motiviert sein können als daß sie der Erlangung materiellen Gewinns oder sozialer Belohnung dienen. Tatsächlich war einer der ersten Beiträge der Sozialpsychologie zur wissenschaftlichen Analyse menschlichen Verhaltens die Erkenntnis, daß der Mensch sich so verhält, daß er sein Selbstbild aufrechterhalten und verbessern kann, und daß dieses Selbstbild die antizipierten Reaktionen anderer Menschen enthält, die zumindest teilweise in Form eines „verallgemeinerten Anderen“ (Mead 1934) internalisiert worden sind. So kann man mit dem Geben von Trinkgeld das Ziel verfolgen, die eigene Ängstlichkeit oder Schuld zu reduzieren oder das Selbstwertgefühl zu steigern – alles Belohnungen, die von einem sozialen Kontext anhängig sind, aber nicht durch eine andere Person vermittelt werden. Der offene Akt des Gebens an einen anderen kann den heimlichen Akt des Gebens an sich selbst verbergen.

Der trinkgeldgebende Tourist

Auf der Basis dieser Überlegungen soll jetzt der Fall des Touristen untersucht werden. Die Analyse sowohl des ökonomischen als auch des sozialen Austausches würde es einen nicht erwarten lassen, bei Touristen häufiges Trinkgeldgeben zu finden. Im Falle des Touristen kann das Trinkgeldgeben in keiner Weise als eine Investition in eine zukünftige Beziehung betrachtet werden. Er hat kein Interesse daran, bei den Dienstleistenden Erwartungen hervorzurufen, da eine wiederholte Inanspruchnahme ihrer Dienste nicht wahrscheinlich ist. Aus dem gleichen Grund muß er auch nicht befürchten, in irgendeiner Form in die Schuld der Dienstleistenden zu geraten oder von ihnen abhängig zu werden. Es wurde sogar argumentiert, daß die temporäre Natur der Situation beide Seiten (Tourist und Gastgeber) räuberischer und ausbeuterischer macht als in anderen Begegnungen (Sutton 1967), eine Annahme, nach der jegliche Tendenz auf seiten des Touristen zunichte gemacht werden sollte, am Ende der Dienstleistungssituation Geld anzubieten. Der Tourist ist außerdem mit geringerer Wahrscheinlichkeit an die Normen der einheimischen Gesellschaft gebunden: die Tatsache, daß er ein Fremder und nur vorübergehender Besucher ist, befreit ihn davon, das gleiche Ausmaß an Konformität wie die Mitglieder der einheimischen Gesellschaft zeigen zu müssen.

Und doch sind Touristen dafür bekannt, überall zu den größten Trinkgeldgebern zu gehören, und man macht ihnen oft den Vorwurf, die Einheimischen zu „verderben“. Dieses Phänomen kann teilweise durch den Verweis auf die Normen in den Herkunftsländern erklärt werden. So mag das großzügige Trinkgeld amerikanischer Touristen bis zu einem gewissen Grad die Normen des großzügigen Trinkgeldgebens in den USA widerspiegeln. Amy Vanderbilt rät dem amerikanischen Touristen in ihrem Buch der Etikette: „Seien Sie großzügig, aber machen Sie sich nicht lächerlich. Trinkgelder in der in Amerika üblichen Höhe werden von ausländischen Regierungen oft nicht gerne gesehen“ (1963, S.666).

Es könnte auch behauptet werden, daß sich einige Touristen als Repräsentanten ihres Herkunftslandes sehen. Ihr großzügiges Trinkgeld spiegelte dann den Wunsch wider, das Bild ihrer Gesellschaft in den Augen der Einheimischen zu verbessern und Wohlwollen hervorzurufen. Es scheint mir jedoch so, als ob dies nicht die vollständige Erklärung sei. Ein weiterer Teil könnte im psychologischen Zustand des Touristen gefunden werden, der aus seiner spezifischen Situation entsteht und sich von dem der einheimischen Kunden unterscheidet.

Von der besonderen Konstellation von Merkmalen, die die Rolle des Touristen definieren und die Art der Begegnung zwischen Gastgeber und Gast bestimmen, scheinen zwei im Kontext dieser Untersuchung besonders bedeutsam zu sein. Cohen (1974) stellt die These auf, daß das grundsätzliche Charakteristikum des Tourismus, das diesen von anderen Rollen unterscheidet, darin besteht, daß er eine Abwechslung von der täglichen Routine bedeutet, etwas anderes, fremdes, neues, und daß das zentrale Ziel der Reise die Erwartung des Vergnügens ist, das aus der Abwechslung und dem Neuen entsteht. Viele Tourismusforscher betonen die Abwechslung und den Neuheitswert, die aus der neuen Szenerie, den neuen Begegnungen, aus der Erweiterung des Wissens etc. entstehen. Im Kontext der vorliegenden Analyse ist jedoch die Tatsache wichtiger, daß viele Touristen der Routine auf zwei andere Arten entfliehen wollen. Erstens soll ihre Reise freie Zeit im Sinne einer Befreiung von Verpflichtungen sein, und zweitens wollen sie nicht nur Urlaub von ihrem Land und ihrem Zuhause machen, sondern auch von ihrer sozialen Position.

Es wurde behauptet, daß Touristen, um die Vorzüge einer Reise zu genießen zu können, dazu neigen, ihren Kontakt mit der alltäglichen Realität, ihren Alltagsproblemen, ihren Alltagsrollen und ihren Alltagsrealitäten zu minimieren (Schmidt 1979, S. 452–460). Man fand weiterhin heraus, daß die Hauptmotivation zum Urlaub für viele Touristen darin besteht, „für einen Tag König zu sein“. Diese Touristen fahren in Urlaub, „um die soziale Rangordnung umzukehren ... und sich selbst in eine Position sozialer Überlegenheit zu erheben“ (Gottlieb 1982, S.; siehe den Beitrag in diesem Band). Weil es für viele in ihrer Heimat unmöglich ist, in die Oberschicht aufzusteigen, versuchen sie es im Ausland und nehmen zeitweilig oberschichtartige Gewohnheiten des Kaufens und Geldausgebens an.

Mit anderen Worten impliziert die Rolle des Touristen eine erhöhte Sensibilität für das Gefühl von Freiheit, für die Befreiung von Verpflichtungen und für den eigenen Status. Für die Dauer seines Besuches oder seiner Reise möchte sich der Tourist von den Beschränkungen frei fühlen, die sein tägliches Leben zuhause charakterisieren, und das Gefühl haben, daß für seine Ich-Bedürfnisse besser gesorgt ist als unter normalen Bedingungen. Dies steht hinter der von Sutton (1967) gemachten Beobachtung, daß der Reisende, indem er seine Aktivitäten als etwas besonderes oder ungewöhnliches definiert, großzügiger in seiner Reaktion auf andere und eher bereit ist, sein Geld auszugeben, als unter normalen Umständen. Das ist weiterhin der Grund für die von Gottlieb (1982/-1991) gemachte Beobachtung, daß der Tourist sich in bestimmten Situationen nicht nach rationalen (marktorientierten) Prinzipien verhält. Durch ein großzügiges Trinkgeld bestätigt der Tourist sich selbst, daß er von seinem normalen Berechnungskodex frei ist und sich „ein angenehmes Leben machen kann“ (Karen 1962).

Zusätzlich zur Definition der Situation als einer außergewöhnlichen und zu dem verstärkten Bedürfnis nach Freiheit und Selbstbestätigung ist der psychologische Status des Touristen durch ein relativ großes *Unsicherheitsgefühl* gekennzeichnet. Diese Unsicherheit wurde z.B. als Grund für die Tendenz des unerfahrenen Touristen angesehen, zuviel Gepäck mitzunehmen (Schmidt 1979). Touristen sind nicht nur in einem fremden Land und auf unvertrautem Gebiet, sprechen in den meisten Fällen nicht die Landessprache und sind in hohem Maße von den Einheimischen abhängig, sondern sie haben auch keine Vorstellung von den einheimischen Verhaltensnormen. Ein großzügiges Trinkgeld kann daher als eine weitere Reaktion auf die Unsicherheit angesehen werden, welche nicht nur aus der Besonderheit und Neuheit der Situation resultiert, sondern auch aus der Ängstlichkeit des Touristen und aus seinem Bedürfnis, seine Abhängigkeit von den Einheimischen auszugleichen. Aufgrund der Unsicherheit und der Befürchtung, zu abhängig von den Einheimischen zu werden, zieht es der Tourist vor, sich eher mit einem zu großzügigen als mit einem zu bescheidenen Trinkgeld zu irren. Sein fehlendes Wissen über die einheimischen Normen vermindert vielleicht auch die Gefahr der Lächerlichkeit, falls er durch ein unsinnig hohes Trinkgeld auffällt.

Man sollte dazu vielleicht noch die überproportional hohe Nutzung von Dienstleistungen im Bereich des Essens (z.B. Restaurants) und der Gastfreundschaft (z.B. Hotels) erwähnen, die besonders heikel und symbolträchtig sind (Burgess 1982), und die Möglichkeit, daß sich Touristen aus reichen und entwickelten Ländern etwas schuldig fühlen, wenn sie ärmere und unterentwickelte Länder besuchen. Es erscheint deshalb sinnvoll, das großzügige Trinkgeldgeben des Touristen mit seiner besonderen psychologischen Lage in Verbindung zu bringen, wodurch einige der oben besprochenen sozialpsychologischen Mechanismen hier eher zutreffen als im Falle des routinemäßigen Trinkgeldgebens des Einheimischen.

Diese Analyse würde dazu führen, die Behauptung anzuzweifeln, daß Touristen dem Trinkgeldgeben gegenüber sehr negativ eingestellt sind und von den Regierungen der Gastländer erwarten, daß sie diese Sitte abschaffen (Crampon et al. 1972). Obwohl Touristen eigentlich ein Interesse daran haben sollten, Geld zu sparen und der mit der Unkenntnis der einheimischen Normen verbundenen Unsicherheit aus dem Weg gehen zu können, motiviert sie ihre persönliche Lage dennoch dazu, Trinkgelder zu geben, ungeachtet der einheimischen Bräuche und gesetzlicher Regelungen. Dies ist vielleicht der Grund dafür, warum Regierungen mit ihren Bemühungen, das Trinkgeld abzuschaffen, keinen Erfolg haben und warum sogar in Ländern, in denen eine festgesetzte Dienstleistungsgebühr zur offiziellen oder inoffiziellen Norm geworden ist, das Trinkgeld zwar in seiner Höhe gesunken ist, die Praxis an sich aber nicht vollständig abgeschafft wurde (z.B. in der Türkei, im Iran und in den meisten skandinavischen Ländern).

Zusammenfassung: Jenseits des Trinkgeldes

Es gibt viele Aspekte und Implikationen des Trinkgeldgebens, die in diesem Beitrag nicht mit berücksichtigt wurden. Weitere Untersuchungen könnten in einer kulturvergleichenden Analyse von Trinkgeldpraktiken bestehen – mit dem Ziel, diese Praktiken in Beziehung zu anderen kulturellen und sozialen Normen, zu ökonomischen Bedingungen und zum Ausmaß und der Art des Tourismus zu setzen. Es könnte auch sinnvoll sein, eine vergleichende Studie über Dienstleistungen durchzuführen, um die Unterschiede in den Trinkgeldpraktiken zu den allgemeinen Eigenschaften der jeweiligen Dienstleistung, zum Klientel und zu den Dienstleistenden in Beziehung zu setzen, und auch, um die Beziehung der Höhe des Trinkgeldes zu unmittelbareren Eigenschaften der Dienstleistung, zum Kunden und zum Verhalten der Dienstleistenden zu erfassen. Solche Studien, die zugegebenermaßen aufgrund der mit dem Erhalt von Trinkgeld verbundenen Steuerersparnis nur schwer durchzuführen sein dürften, würden eine direktere Überprüfung der hier formulierten Hypothesen ermöglichen, die sich auf nicht systematisch erhobene Belege stützen.

Von besonderem Interesse wären Studien über die *Konsequenzen* des Trinkgeldgebens. Solche Konsequenzen könnten auf verschiedenen Ebenen untersucht werden: auf der individuellen, der organisatorischen und der gesellschaftlichen Ebene. Hinsichtlich der individuellen Ebenen gibt es Hinweise darauf, daß das Trinkgeld die Motivation und das Verhalten der Dienstleistenden beeinflußt (Bowey 1976), jedoch nur unter bestimmten Bedingungen (Holloway 1981). Hinsichtlich der organisatorischen Ebenen wurde gezeigt, daß das Trinkgeldgeben die Kontrolle vom Management auf die Kunden verlagert (NEDO, o.J.). Konflikte innerhalb der Organisation auslöst (Bowey 1976) und Rollenkonflikte verstärkt (Shamir, 1983). Auf der allgemein-gesellschaftlichen Ebene hat das Trinkgeldgeben bestimmte legale und steuerliche Implikationen und wurde teilweise für das Scheitern der gewerkschaftlichen Organisation von Hotelangestellten in England verantwortlich gemacht (Mars et al. 1973).

Obwohl das Phänomen des Trinkgeldgebens auch für sich genommen interessant und einer weiteren Erforschung würdig ist, hatte der vorliegende Beitrag jedoch drei Ziele, die über das Verständnis dieses speziellen Phänomens hinausgehen. Erstens sollte betont werden, daß dieser Beitrag weder eine Theorie des Trinkgeldgebens entwickelt noch das Phänomen allein aus einer theoretischen Perspektive analysiert. Versucht wurde eher, eine *multitheoretische* Analyse des Phänomens anzubieten. Der Zweck dieser Vorgehensweise lag darin, zu demonstrieren, daß ein soziales Phänomen manchmal besser verstanden werden kann, wenn mehrere theoretische Perspektiven herangezogen und kombiniert werden, als wenn der sparsamere und elegantere Zugang über eine einzige Theorie gewählt wird. Dies dürfte für viele multifaktoriell bedingte soziale Phänomen zutreffen.

Dieses Vorgehen sollte jedoch nicht so verstanden werden, als ob es das Ziel gewesen sei, das Trinkgeldgeben ohne Berücksichtigung seiner spezifischen theoretischen Bedeutungen zu analysieren. Tatsächlich war es das zweite allgemeine Ziel dieses Beitrages, zu zeigen, daß das Trinkgeldgeben eine interessante Abweichung von der Theorie sowohl des ökonomischen als auch des sozialen Austausch darstellt. Beide Theorien ließen einen in den meisten typischen Situationen das Trinkgeldgeben nicht erwarten. Vielleicht kann das Trinkgeldgeben zu den anderen Manifestationen menschlichen Sozialverhaltens dazugezählt werden, die ebenfalls nicht völlig auf der Basis von Austauschtheorien verstanden werden können. Allerdings unterscheidet es sich etwas von den anderen, in diesem Zusammenhang häufig erwähnten Beispielen (z.B. Liebe oder wohltätiges Verhalten), da es in ökonomischen Kontexten und in enger Verknüpfung mit dem Austausch von Waren stattfindet, kein Altruismus beteiligt ist und der Gebende am Wohlergehen des Empfängers völlig uninteressiert ist.

Das letzte Ziel dieses Beitrages schließlich war es, auf einen sehr großen Bereich des sozialen Lebens hinzuweisen, für den eine theoretische Konzeption dringend nötig ist, und gleichzeitig einige erste theoretische Erwägungen anzubieten, die bei dieser Aufgabe eine Orientierung bieten könnten. Irgendwo zwischen dem wirtschaftlichen Markt, den öffentlich-bürokratischen Institutionen und den sozialen Primärgruppen liegt ein Bereich sozialen Lebens, in dem Elemente aller drei Arten sozialer Institutionen zu finden sind. Dieser Bereich umfaßt wirtschaftliche Institutionen, die innerhalb einer bürokratischen Struktur Dienstleistungen anbieten, die wiederum Elemente primärer sozialer Beziehungen enthalten. Der Zusammenprall der ökonomischen, bürokratischen und primärsozialen Elemente birgt für diese Institutionen einige ernsthafte Probleme. Weder die ökonomischen noch die bürokratischen noch die primärsozialen Regeln können vollständig beachtet werden, und doch üben alle ihren Einfluß aus. Dienstleistungen, die normalerweise innerhalb von Primärgruppen erbracht werden und die Elemente von Primärgruppenbeziehungen enthalten, werden niemals vollständig kommerzialisiert werden können. Daher ist es z.B. im Bereich des Anbietens von Unterkunft für den ökonomischen Erfolg des Dienstleistungsunternehmens zentral, eine nicht vollständig kommerzialisierte Beziehung zu etablieren. Dieses grundsätzliche Problem bewirkt potentielle Konflikte, die sich in der Struktur solcher Unternehmen widerspiegeln (Shamir 1978), im täglichen Arbeitsablauf, in der Art, in der die Arbeit dort erfahren wird und welche Bedeutung sie hat (Shamir 1980a), und in der Inanspruchnahme ihrer Dienstleistungen. In diesem Beitrag wurde das Trinkgeldgeben als ein Indikator für dieses Problem und als ein gutes Beispiel für einige seiner Facetten analysiert. Im Hinblick auf das kontinuierliche Wachstum des Dienstleistungssektors in vielen entwickelten Ländern und auf die kontinuierliche Verschiebung von Dienstleistungen aus der privaten in die marktwirtschaftliche Sphäre scheint mir die weitere Theoriebildung und Forschung auf diesem Gebiet möglicherweise wichtige wissenschaftliche und praktische Ergebnisse zu versprechen.

Danksagung

Der Autor dankt Eric Cohen, Peter Stringer und Ken Saunders für ihre hilfreichen Vorschläge und ihre Anleitung bei der Aufarbeitung der Literatur. Das Verfassen dieses Artikels wurde durch das Bertelsmann-Programm unterstützt.

Literatur

Ash, S. E. (1958). The effects of group pressure upon the modification and distortion of judgements. In: E. E. Maccoby, T. E. Newcomb & E. L. Hartley (Eds.), Readings in Social Psychology. New York: Holt.

Ben Zion, V. & Karni, E. (1976). Tip payments and the quality of service. Tel Aviv: The Froeder Institute for Economic Research. Tel Aviv University.

Blau, P. (1963). The dynamics of bureaucracy (2nd. ed.). Chicago: University of Chicago Press.

Blau, P. (1964). Exchange and power in social life. New York: Wiley.

Bowey, A. M. (1976). The sociology of organizations. London: Hodder & Stoughton.

Burgess, J. (1982). Perspectives of gift exchange and hospitable behavior. International Journal of Hospitality Management 1 (1), 49–57.

Butler, S. & Skipper, J. K. (1980). Waitressing, vulnerability and job autonomy: The case of the risky tip. Sociology of Work and Occupations 7 (4), 487–502.

Butler, S. & Skipper, J. K. (1981). Working for tips: An examination of trust and reciprocity in a secondary relationship of the restaurant organization. Sociological Quarterly 22, 15–27.

Butler, S. R. & Snizek, W. I. (1976). The waitress-diner relationship. A multivariate approach to the study of subordinate influences. Sociology of Work and Occupations 3, 207–222.

Cohen, E. (1974). Who is a tourist? A conceptual clarification. Sociological Review 22 (4), 527–555.

Crampon, L. J.; Fox, J. R. & Metakan, C.F. (1972). South Pacific Regional Tourism Study, prepared for the United Nations by the University of Hawaii.

Davis, F. (1950). The cab-driver and his fare. American Journal of Sociology 45, 158–165.

Goffman, E. (1959). Wir alle spielen Theater. Die Selbstdarstellung im Alltag. München: Piper 1969.

Gottlieb, A. (1982). Americans vacations. Annals of Tourism Research 9 (2), 165–187.

Gouldner, A. W. (1959). Reciprocity and autonomy in functional theory. In L. Gross (Ed.), Symposium on sociological theory. New York: Harper.

Greenberg, M. S. (1980). A theory of indebtedness. In: K. J. Gergen, M. S. Greenberg & R. H. Wallis (Eds), Social Exchange. New York: Plenum.

Hollander, P. (1981). Political hospitality. Society (Nov./Dez.), 66–78

Holloway, J. C. (1981). The guided tour: A sociological approach. Annals of Tourism Research 8 (3), 377–403.

Homans, G. C. (1976). Commentary. In: L. Berkowitz & E. Walster (Eds.), Advances in Experimental Social Psychology, Vol. 9: Equity theory. (pp. 231–244). New York: Academic Press.

Karen, A. L. (1962). Some factors affecting tipping behavior. Sociology and Social Research 47, 68–74.

Katz, E. & Danet, B. (Eds.) (1973). Bureaucracy and the public. New York: Basic Books

Mars, G.; Bryant, D. & Mitchell, P. (1973). Manpower problems in the hotel and catering industry. London: Saxon House.

Maslow, A. H. (1943). A theory of human motivation. Psychological Review 50, 370–396.
Mauss, M. (1950). Die Gabe. Form und Funktion des Austauschs in archaischen Gesellschaften. Übers. v. Eva Moldenhauer. Frankfurt/M.: Suhrkamp 1990.
Mead, G. H. (1934). Geist, Identität und Gesellschaft. Frankfurt/M.: Suhrkamp 1973.
Menzies, I. E. P. (1960). A case study in the functioning of social systems as a defense against anxiety. Human Relations 13, 95–131.
Miller, E. J. & Rice, A. K. (1967). Systems of organization. London: Tavistock.
Mills, P. K. & Moberg, D. J. (1982). Perspectives on the technology of service operations. Academy of Management Review 7 (3), 467–478.
NEDO (National Economic Development Office) (o.J.). Economic development committee for hotels and catering. Why tipping? London: HMSO.
Reed, J. (1957). Zehn Tage, die die Welt erschütterten. Berlin: Dietz, 9. Auflage 1968.
Rotter, J. B. (1966). Generalized expectancies for internal vs. external locus of reinforcement. Psychological Monographs 80 (1), whole No. 609.
Saunders, K. (1981). Social stigma of occupations. London: Gower.
Schmidt, C. J. (1979). The guided tour: Insulated adventure. Urban Life 7 (4), 441–467.
Schwartz, B. (1967). The social psychology of the gift. American Journal of Sociology 73 (1), 1–11.
Shamir, B. (1978). Between bureaucracy and hospitality: Some organizational characteristics of hotels. Journal of Management Studies 15, 285–307.
Shamir, B. (1980a). Between service and servility: Role conflict in subordinate service roles. Human Relations 33 (10), 741–756.
Shamir, B. (1980b). Some differences in work attitudes between Arab and Jewish hotel workers: An exploratory study. International Journal of Intercultural Relations 5, 35–50.
Shamir, B. (1981). The workplace as a community: The case of British hotels. Industrial Relations Journal 12 (6), 45–56.
Shamir, B. (1983). A note on tipping and employee perceptions and attitudes. Journal of Occupational Psychology 56, 255–259.
Simmel, G. (1923). Soziologie. Untersuchungen über die Formen der Vergesellschaftung (3. Auflage). München: Duncker & Humblot.
Spradley, J. P. (1968). Guests never leave hungry: The autobiography of James Sewid, a Kwakiutl Indian. New Haven, Conn.: Yale University Press.
Steele, J. (1966). The I-Li or book of etiquette and ceremonial. Taipeh: Cueng-Wen Publishing Co.
Sundstrom, L. (1974). The exchange economy of pre-colonial tropical Africa. London: C. Hurst and Company.
Sutton, W. A. (1967). Travel and understanding: Notes on the social structure of tourism. International Journal of Comparative Sociology 8 (2), 218–223.
Terkel, S. (1972). Working. New York: Avon.
Thompson, J. D. (1973). Organizations and output transactions. In: E. Katz & B. Danet (Eds.), Bureaucracy and the public (pp. 191–211). New York: Basic Books.
Vanderbilt, A. (1963). Amy Vanderbilt's new complete book of etiquette: The guide to gracious living. New York: Doubleday.
Veblen, Th. (1899). Theorie der feinen Leute. Eine ökonomische Untersuchung der Institutionen. Übers. von S. Hintz u. P. v. Haselberg. München: dtv 1971.
Wallace, D. M. (1970). Russia. New York: Praeger.
Wintrobe, R. (1981). It pays to do good, but not do more good than it pays. Journal of Economic Behavior and Organization 2, 201–213.

Sonntags nie? Mexikanische Touristen am Strand

Phyllis Passariello

Einleitung

Puerto Caguama ist das Pseudonym für ein kleines Dorf (406 Einwohner) an der Pazifikküste des mexikanischen Bundesstaates Chiapas. Im Gegensatz zu den Bundesstaaten Guerrero, ebenfalls an der Pazifikküste (dort liegt Acapulco), und Quintana Roo auf der karibischen Seite (dort liegt Cancún), in denen sich Zentren für den Massentourismus befinden, gibt es in Chiapas kein international etabliertes Erholungsgebiet. Doch die Küste von Chiapas bietet kilometerlange Sandstrände, gute Luft und ein heißes, tropisches Klima, das einheimische Touristen, vor allem aus Chiapas selbst, und einen stetigen, wenn auch nicht überwältigenden Strom ausländischer Besucher anzieht.

Bei den mexikanischen Touristen, die nach Puerto Caguama kommen, handelt es sich zum größten Teil um eine homogene Mittelschicht-Gruppe von Bewohnern der im Hochland gelegenen Hauptstadt von Chiapas, Tuxtla Gutierrez (71.000 Einwohner), einem boomenden Handelszentrum für Kaffee und Tabak. Der Begriff „Boom" impliziert ein Auf und Ab, und zum Zeitpunkt der Erarbeitung dieses Artikels [1983] litt ganz Mexiko unter galoppierender Inflation und der Entwertung des Pesos, zum Teil als Ergebnis der weltweiten Ölschwemme. Im März 1982 erschien das tägliche Leben jedoch einigermaßen stabil, und viele der Stadtbewohner fuhren regelmäßig für das Wochenende an den Strand. Die Autofahrt von Tuxtla an den Strand dauert drei Stunden. Die meisten männlichen Haushaltsvorstände unter den mexikanischen Touristenfamilien aus Tuxtla arbeiten als Selbständige, Lehrer oder Ingenieure; sie besitzen Autos, Radios, Kühltaschen, Kassettenrekorder usw., sind gut gekleidet, und manche beschäftigen indianische Dienstmädchen – daher das Attribut „Mittelschicht". Sie repräsentieren einen wachsenden Anteil der sozialen Schichten Mexikos.

Die ausländischen Touristen in Puerto Caguama bilden eine sehr viel kleinere und heterogenere Gruppe, zusammengesetzt aus Besuchern mehrerer Länder der ersten Welt. Sie alle kommen natürlich von weit her und befinden sich in der Regel auf einer langen Reise, auf der Puerto Caguama eine von vielen Stationen oder auch eine wiederholte Anlaufstelle darstellt. Den größten Anteil der ausländischen Besucher stellen US-Amerikaner und Kanadier, obwohl eine zunehmende Zahl aus Europa kommt, vor allem aus Deutschland, Frankreich und Italien. In finanzieller Hinsicht können die meisten der ausländischen Touristen ebenfalls als Mittelschichtangehörige bezeichnet werden; doch diese Bezeichnung ist trügerisch, da die meisten von ihnen sich – vielleicht nur zeitweise – an den sozialen Rändern ihrer Gesellschaften bewegen, eben *weil* es sich bei ihnen um Langzeitreisende handelt (vgl. Cohen 1972; Teas 1976). Viele der Europäer sind Jugendliche, „Teilzeit"-Studenten auf ausgedehnten Ferien; bei den Nordamerikanern handelt es sich häufig um ältere (25–45 Jahre) Einzelreisende, gelegentlich auch um familienähnliche Gruppen, die meist einen alternativen bzw. unüblichen Lebensstil praktizieren, der lange Zeiten des Reisens einschließt.

Obwohl die ausländischen Touristen Vertreter verschiedener nationaler Kulturen sind, weisen sie untereinander genug Ähnlichkeiten auf, um einige bemerkenswerte Vergleiche mit den mexikanischen Touristen in Puerto Caguama nahezulegen. Allerdings schaffen diese Vergleiche eine Art „Äpfel und Birnen"-Situation, die gegenwärtig Thema grundlegenderer Forschungsarbeiten der Autorin ist. Im Rahmen dieses Beitrags sollen einige eher skizzenhafte Vergleiche das Wesen des mexikanischen Tourismus in Puerto Caguama verdeutlichen.

Seit mindestens fünfzig Jahren ist Puerto Caguama bei einer kleinen Gruppe mexikanischer Besucher ein beliebter Ferienort für die *Semana santa,* d.h. die Osterwoche, einem traditionellen mexikanischen Familienurlaub. Vor etwa zwanzig Jahren wurde die Straße zum Dorf geteert, was den Zugang aus dem Landesinneren erleichterte und die Zahl der Besucher zur *Semana santa* Jahr für Jahr weiter ansteigen ließ. Heute nimmt die Bevölkerung von Puerto Caguama in der *Semana santa* jedes Jahr schlagartig zu; Schätzungen reichen von 10.000 bis 50.000 Menschen! Die Mehrzahl der Besucher sind Familien aus dem Bundesstaat Chiapas und dem benachbarten Oaxaca, die nur für das lange Osterwochenende an den Strand kommen.

An den anderen Wochenenden zwischen Weihnachten und der Osterwoche beherbergt Puerto Caguama eine wesentlich kleinere Gruppe mexikanischer Touristen, deren Zahl sich in den ersten Frühlingsmonaten mit dem Näherrücken der Osterwoche erhöht. Gleichzeitig hält sich von Dezember bis März eine kleine Gruppe von jeweils etwa 10–50 ausländischen Touristen im Dorf auf, deren Zahl sich zur Osterwoche hin (und mit dem heißeren, feuchteren Klima) meist vermindert. Die ausländischen Touristen reisen normalerweise allein oder zu zweit durch das Land, und viele von ihnen besuchen wiederholt abgelegenere Gegenden des Landes. Ausländische Besucher bleiben in der Regel zumindest einige Tage und oft mehrere Wochen am Strand; zu Begegnungen mit mexikanischen Touristen kommt es nur am Wochenende. Nur sehr wenige Ausländer bleiben über die Osterwoche.

Dieser Artikel konzentriert sich hauptsächlich auf die mexikanischen Touristen, die sich vor der Osterwoche während der Winter- und Frühlingssaison in Puerto Caguama aufhalten. Er basiert auf mehreren Forschungsaufenthalten in dieser Gegend in den Wintern von 1976 bis 1982.

Über die Anwendung der Technik der intensiven *Mikro-Ethnographie* soll, als Illustration der kulturellen Struktur einiger Facetten des mexikanischen Mittelschichttourismus, ein Wochenende in einem einzelnen, jedoch repräsentativen Hotel-Restaurant von Puerto Caguama beschrieben und evaluiert werden. Vergleiche mit ausländischen Touristen sollen das Bild des nationalen Tourismus – und des Tourismus in Puerto Caguama insgesamt – ergänzen und in ersten Ansätzen zeigen, wie sich die Struktur touristischer Erlebnisse mit dem historischen Kontext einer Kultur zu verändern scheint.

Jede Diskussion des Tourismus ist mit einigen zentralen Themen der Tourismusforschung verknüpft, zu denen die Definition des Touristen, die Bestimmung der Motive für den Tourismus, die Arten touristischer Erlebnisse, die Geschichte und mögliche Veränderung der Entwicklungsmuster des Tourismus und natürlich die Frage der Tourismusfolgen gehören. In diesem Beitrag steht die ethnographische Beschreibung des Touristenverhaltens gegenüber theoretischen Überlegungen im Vordergrund, obwohl auch einige theoretische Annahmen deutlich werden. Nash (1981) hat die Bandbreite des Spektrums anthropologischer Interessen am Phänomen des Tourismus skizziert und dessen Definitionen, Ursachen und Konsequenzen zu bewerten versucht. Für die vorliegende Arbeit dürfte eine weite Definition des Touristen am sinnvollsten sein: ein Tourist ist jemand, der Zeit hat und zum Vergnügen reist. Die Motive der Touristen sind schwieriger zu bestimmen. Dann (1981) gibt eine umfangreiche Übersicht der verschiedenen Analysen touristischer Motive bzw. der sich aus diesen ergebenden touristischen Erlebnisse. Eine der größeren Auseinandersetzungen innerhalb der gegenwärtigen Tourismusforschung betrifft die Frage nach den Inhalten touristischer Erlebnisse. Manche Forscher betrachten alle oder wenigstens einige Touristen als oberflächliche Horde, die „Pseudo-Ereignisse" sucht (Boorstin 1964), oder als Eskapisten, die aus einem bloßen „Müßiggangs-und Unterhaltungs"-Motiv heraus „Erholungs"- oder „Ablenkungs"-Tourismus praktizieren (Cohen 1979). Andere sehen Tourismus als eine Suche nach „Authentizität" (MacCannell 1976), in der Motivation einer Pilgerfahrt vergleichbar und ersehnt als Wechsel vom säkularen, alltäglichen Leben zu einer intensiven, „nicht-gewöhnlichen" und u.U. geistig erneuernden Erfahrung, einer „heiligen Reise" (Graburn 1977). Die ethnographischen Daten aus Puerto Caguama unterstützen die Tourismus-als-Pilgerfahrt-Seite dieses Kontinuums; sie zeigen, daß sowohl einige der mexikanischen Mittelschichttouristen als auch manche ausländischen Touristen den Strand – um Cohens (1979) Strukturkonstrukt zu verwenden – als Erneuerungs-„Zentrum" betrachten, obwohl die Gestalt, die ihre touristischen Erlebnisse annehmen, vollständig von den historischen Kontexten und den entsprechenden Akzentsetzungen ihrer Heimatkulturen bestimmt sind. Derselbe touristische Schauplatz oder dasselbe touristische „Zentrum" führen nicht unbedingt bei allen Touristen zu identischen Erlebnissen; die sich zeigenden klaren Unterschiede sind im Gegensatz zu Cohens (1979) Behauptung nicht lediglich oberflächlicher Natur, sondern reflektieren Unterschiede in der historischen Entwicklung [climate] und damit in den Wertvorstellungen, Weltanschauungen und Vorannahmen der Heimatländer der Touristen. Turner und Turner (1978, S. 7) bemerken, daß es das Ziel einer Pilgerfahrt sei, „aufzubrechen und zu einem weit entfernten, heiligen Ort zu ziehen, der von allen akzeptiert wird". In diesem Sinne ähneln die Wochenenden in Puerto Caguama einer Pilgerfahrt.

Ein Wochenende bei Enrico's

Das zu beschreibende Hotel-Restaurant hat einen offiziellen Namen, der, von Hand geschrieben und längst verblichen, auf einem altersschwachen Schild zu lesen ist, aber weder der Name noch das Schild sind von Bedeutung, da die Lokalität sowohl von Besuchern als auch von Einheimischen als „Enrico's" bezeichnet wird; Enrico (ein Pseudonym) ist der Vorname des Besitzers. Viele Einrichtungen des Dorfes werden auf diese Weise mit den Vornamen ihrer Eigentümer bezeichnet. Enrico's gehört zu den 20 am Strand gelegenen Hotels und Restaurants am bescheideneren Ende des Dorfes, wo die Straßen nicht geteert sind. Die Anlage des mit einigen Palmen und blühenden Pflanzen bestandenen Areals ist einigermaßen komplex; sie beinhaltet private und halb-private Schlafbereiche sowie mehrere allgemeine Essens- Trink- und Freizeitbereiche. Einige der Bereiche haben Zement-, andere Lehmböden. Die meisten Freiluftareale werden von palmengedeckten, spitzen Dächern, sogenannten *palapas*, überschattet. An die Freiluft-Palapas angrenzend liegen Räume mit Zementwänden, die von buntbemalten Zementpfeilern gestützt werden, die Zementtoiletten und primitive, „solar beheizte" öffentliche Duschen, ein offener Brunnen und ein Zement-Wasserbehälter für die Wäsche, das Spülen des Geschirrs und das Säubern von Fischen. In verschiedenen Ecken befinden sich Parkplätze für etwa zehn Autos. Enrico und seine Familie leben ebenfalls auf dem Areal; sie benutzen die Küche des Restaurants mit, haben jedoch halb-private Essens- und Wohnräume und private Schlafzimmer. 15 Zimmer oder *cabañas* werden an Touristen vermietet. Die *cabañas* haben Zementböden, Wände aus Lehm und Holz und Palmdächer. Außerdem gibt es drei primitive „Zimmer" mit Wänden aus Baumstrünken, Lehmböden, Palmdächern und alten Bettdecken, die als Frontseiten und „Türen" dienen. Fünfzehn bis zwanzig Holztische verschiedener Größe und zahlreiche Stühle verteilen sich über die beiden größten Essensbereiche und vor einigen der *cabañas*. Unter der großen Palapa, die am nächsten zum Ozean gelegen ist, stehen sechs Zementtische, die direkt auf den Sand gebaut sind; zwischen den Stützen der Palapa sind mehrere Hängematten aus grobem Seil befestigt. Auf der Ostseite grenzt die Anlage an eine Lehmstraße, die die südliche Verlängerung der Haupt- (und einzigen geteerten) Straße des Dorfes ist, und auf der Westseite an den nur knapp 20 Meter entfernten offenen Ozean. Aufgrund der nachlässigen Architektur und jährlicher schwerer Stürme verändern sich Teile der Baulichkeiten von Jahr zu Jahr.

Die Atmosphäre der Lokalität bleibt jedoch erhalten; sie ist rustikal, farbenprächtig, tropisch und laut – *típico*, wie die mexikanischen Touristen sagen, was wörtlich übersetzt (orts-)typisch oder malerisch bedeutet, jedoch meistens eine Konnotation von „indianisch" hat (so werden z.B. die handgewebten indianischen Decken als „típicos" bezeichnet), wodurch eine Verbindung zu dem komplizierten mexikanischen Thema der indianischen und der Klassenidentität gezogen wird. Einerseits haben in Mexiko Indianer und alles, was *típico* ist, Unterschicht-Charakter; andererseits werden sie als einzigartige Bestandteile der mexikanischen Identität angesehen. In gleicher Weise wird Puerto Caguama, ein ländliches Küstendorf, als *típico* betrachtet, insofern es den mexikanischen Mittelschichttouristen malerisch, primitiv und ärmlich vorkommt, obwohl es nicht besonders „indianisch“ ist. Auf den ersten Blick mag die Attraktivität des ärmlichen *típismo* von Puerto Caguama für die mexikanische Mittelschicht nicht deutlich werden; bei genauerer Betrachtung offenbaren sich jedoch die komplexe Haßliebe und Anziehungs-Verleugnungs-Gefühle, die die Beziehung der Mexikaner gegenüber ihren kulturellen und rassischen Wurzeln zu charakterisieren scheinen. Dieses komplizierte Thema verdient es, an anderer Stelle ausführlich behandelt zu werden. Für die Ziele dieser Beschreibung reicht es aus, festzustellen, daß die Lehmböden, die primitiven Toiletten und „barfüßigen“ Charakteristika von Enrico's genauso wichtig sind wie der frische Seewind.

Die größten Menschenmengen finden sich sonntags am Strand ein. Die Ankunft der mexikanischen Familien beginnt Samstag nachmittag nach Sonnenuntergang und setzt sich bis spät in den Abend hinein fort; einige kommen bereits am Freitagabend. Die meisten Gäste bei Enrico's sind aus Tuxtla Gutierrez. Alle Familien kommen in vollbepackten Autos an, häufig in Pickups oder VW-Bussen – ein Indikator des finanziellen Status', da Autos in Mexiko durchweg sehr teuer sind (etwa doppelt so teuer wie in den USA). Tuxtla ist eine moderne, hochentwickelte Stadt mit einer wachsenden Mittelschicht.

Die meisten Familiengruppen, die sich bei Enrico's einfinden, bestehen aus einem Ehepaar, mehreren Kindern, einer Schwiegermutter, häufig einem Schwiegervater und des öfteren einem oder zwei indianischen Dienstmädchen. Für die meisten ist es ein wiederholter Besuch (sie kommen halbjährlich, jeweils in der Winter- bzw. Frühlingssaison) dieses Strandes bzw. speziell dieser Lokalität. Die Familie mietet – je nach Zahl der Mitglieder – eine oder zwei *cabañas* und richtet Schlafgelegenheiten ein, die immer provisorisch sind – drei Personen in einem Bett, andere im Pickup oder Auto, einige in Hängematten und Kinder gelegentlich auf Matratzen direkt am Strand. Wenn die Leute überhaupt schlafen, so schlafen sie in ihren Kleidern; die laute Musik, das Tanzen, Trinken und Singen dauern für Erwachsene wie für Kinder bis zur Morgendämmerung an. Am Sonntagmorgen von vier bis sechs Uhr tritt gewöhnlich eine kurze Schlafpause ein. Doch die meisten Leute erwachen wieder mit dem Sonnenaufgang, drehen sofort die Radios und Kassettenrecorder auf und stürzen sich für eine kurze Morgenwaschung in den Ozean.

Ab dem Sonnenaufgang am Sonntagmorgen beginnen weitere Familiengruppen einzutreffen, bis Enrico's gegen elf Uhr morgens voll besetzt ist. Die ankommenden Gäste tragen für gewöhnlich ihre Schwimmsachen unter den Kleidern und haben diverse Strandutensilien dabei (Bälle, Hängematten, Handtücher, Kühltaschen, Radios, sogar Papageien), dazu Unmengen von Essen und Getränken (literweise nichtalkoholische Getränke, Wassermelonen, pfundweise handelsübliches Weißbrot, kiloweise Kekse und Salzgebäck, mit Milch oder oft auch mit Orangensoda gefüllte Saugflaschen für die Kinder). Eine Familie läßt sich immer, oft an mehreren zusammengeschobenen Tischen, in einem Bereich nahe bei oder auch etwas weiter von den gemieteten *cabañas* entfernt nieder und bestellt sofort, unabhängig von der Tages- oder Nachtzeit, eine Runde

Sodawasser und Bier oder Kokosnüsse, oft auch eine Runde Shrimp-Cocktails. *Mariscos* oder Schellfisch sind wohl die wichtigsten Bestandteile des mexikanischen Stranderlebens; sie symbolisieren den Ozean und den Sand. Enrico's Kellner, Jungen aus dem Dorf, die nur für das Wochenende angeheuert werden, und einer seiner Söhne beginnen umherzueilen und die Menge mit Tabletts voller Getränke und Shrimp-Gerichte zu versorgen. Alle leeren Flaschen bleiben bis zum Ende des Tages auf dem Tisch, wie es in Teilen Mexikos üblich ist, sowohl als eine Methode, am Schluß die Rechnung zusammenzustellen, als auch als Indikator und zur Zurschaustellung des Wohlstands und/oder des gesunden Dursts der Trinkenden. Am Strand besonders beliebt sind sehr kleine Bierflaschen, *cuartos* oder Viertelliterflaschen, vielleicht, weil sie eine solche Menge von Flaschen auf dem Tisch ergeben. Im Gegensatz dazu bestellen sparsamere ausländische Gäste oft preiswertere Literflaschen Bier und werden von den Mexikanern – manchmal offen – für dieses Verhalten getadelt. Die Getränke- und Essenspreise sind am Strand zwischen 30 und 50 Prozent höher; mit Ausnahme der zu vermutenden Frische der Meeresfrüchte ist die Qualität nicht besser oder sogar schlechter (z.B. sandige Tortillas) als andernorts.

Kinder aus dem Dorf tragen Tabletts und Körbe mit diversen ortstypischen Speisen den Strand auf und ab und verkaufen sie, hauptsächlich am Samstag und am Sonntag an die mexikanischen Touristen. Zu diesen Speisen gehören sowohl solche, die tatsächlich Teil der im Dorf üblichen Ernährung sind, wie z.B. *totopos* (knusprige, gebratene Mehltortillas), winzige Maisbrote, die in Sardinenbüchsen gebacken werden, und *pans dulces* (kleine, süß schmeckende Brote), als auch Spezialitäten wie kleine Kuchen aus gebratenen Fischrogen, grüne Mangos, dekorativ geschnitten und auf Spießchen, *tamales* und Wassermelonenschnitze. Neben den Kindern gibt es einen Erdnußverkäufer und einen Eisverkäufer mit einem Handwagen. Die mexikanischen Familien kaufen bei diesen oder bei den Kindern bis zu 15 oder 20 Sachen auf einmal, immer zu überhöhten Preisen. Ausländische Besucher sind zurückhaltender und sparsamer; manche kaufen nur eine oder zwei Sachen (wobei sie oft um den Preis feilschen), die dann innerhalb einer Gruppe aufgeteilt werden.

Enricos Restaurant selbst bietet am Wochenende andere Mahlzeiten an. Einige der mexikanischen Familien erhalten am Wochenende tatsächlich zunächst eine Speisekarte. Während der Woche bekommt man eine solche nie zu sehen, es gibt lediglich eine längst ungültige Preisliste für gebratene Fische und Shrimp-Gerichte, die an die Wand einer der *cabañas* gepinselt ist. Die Speisekarte ist einfach: es gibt verschiedene dort vorkommende gebratene Fische *(lissa, mojarra, barrelete, robalo)* und verschiedene Shrimp-Gerichte (Cocktails, *caldos* oder Suppen, gebratene Shrimps mit verschiedenen Gewürzen). Manchmal werden einige alltägliche und preiswertere Eierspeisen *(rancheros, revueltos* oder Rührei) mit billigen Beilagen wie Bohnen oder Reis bestellt, hauptsächlich von Ausländern. Einige Spezialitäten stehen nicht auf der Karte und werden nur am Wochenende (und nur Mexikanern) angeboten, z.B. rohe Schildkröteneier (die mit Limonensaft beträufelt und ausgesaugt werden – ein Snack für Männer: je mehr ein Mann von diesen ißt, desto mehr „macho" ist er) und diverse Tintenfischgerichte. Ausländer kennen oder bestellen diese Gerichte bei Enrico's nur selten.

Tatsächlich kaufen die meisten ausländischen Touristen ihr Essen in billigeren Geschäften nicht direkt am Strand und neigen dazu, sich in einem oder zwei Restaurants zu versammeln, die – im Gegensatz zu Enrico's – eher die Bedürfnisse von Ausländern zu befriedigen versuchen. Die Ausländer schätzen Enrico's weniger als Restaurant denn als Hotel. Für diese Präferenz gibt es Gründe: Enrico's liegt direkt am Strand, bietet Ausländern niedrige wöchentliche Mieten, ist farbenprächtig dekoriert, hat eine lebendige Atmosphäre und, was am wichtigsten ist, einen guten Ruf. Wo einmal Ausländer sind, kommen auch noch mehr zusammen.

Die meisten der Ausländer, die bei Enrico's wohnen, bauen in den kleinen Höfen vor ihren *cabañas* umfangreiche Campingküchen auf und kochen sich einen großen Teil ihrer Mahlzeiten selbst. Enrico und seiner Familie ist diese Konkurrenz im eigenen Hause gleichgültig (ein weiterer Grund für ihre Beliebtheit bei Ausländern), da sie sich darauf verlassen, den größten Teil ihrer Essensverkäufe am Wochenende mit den Mexikanern zu tätigen und es tatsächlich vorzuziehen scheinen, während der Woche *nicht* für ihre Gäste kochen zu müssen. Die meisten ausländischen Touristen kaufen bei Enrico's mehrmals am Tag Getränke, gehen jedoch auch oft ins Dorf, um sie andernorts für ein paar Pesos weniger und besser gekühlt zu bekommen. Ein zentrales Gesprächsthema der Ausländer ist, wo man was billiger bekommt, wer die am besten gekühlte Cola des Dorfes anbietet, wo die größten Portionen serviert werden usw. Dieses knauserige Verhalten steht in deutlichem Gegensatz zu der Verschwendung der mexikanischen Touristen.

Das herausragendste Merkmal des Essensverhaltens der mexikanischen Touristen bei Enrico's ist die ausgeprägte Tendenz, die üblichen Essensregeln zu ignorieren. Alle diese Regeln scheinen aufgehoben zu sein, und die „Mahlzeiten" sind in Wirklichkeit ein Dauerereignis mit eindeutig nicht-alltäglichen Speisen. In dieses Wochenendverhalten werden auch die Kinder mit einbezogen. Den ganzen Tag über ernähren sich die Menschen von Shrimps, Fischen, Bier, Sodawasser, Obst, Gebäck, Brot oder Tortillas und diversen Süßigkeiten.

Neben dem Hauptanliegen des Essens gehören zu den wichtigen Wochenendaktivitäten der mexikanischen Touristen das Spielen im Wasser (normalerweise ein Herumplanschen im Flachen), Musikhören und ein wenig tanzen (Männer mit Frauen oder Frauen mit Frauen), in Hängematten baumeln, Kinderspiele in den Hängematten, Autos auf den Strand fahren (mit häufigen Zwischenfällen, bei denen ein Auto im Sand steckenbleibt), kurze Spaziergänge und Fußballspiele zwischen Jungen und jungen Männern. Frauen mittleren Alters gehen manchmal Arm in Arm am Strand spazieren; kleine Gruppen jüngerer Frauen „trainieren" häufig morgens am Wasser oder sitzen oder liegen manchmal sogar mit ihren Kindern im flachen Wasser. Gelegentlich waten ganze Familien zusammen durch den Schaum der Brandung. Dem Ozean und der Meeresluft werden eine heilkräftige Wirkung zugeschrieben, insbesondere als Schutz gegen *la grippe* (Erkältungen). Ein *curandero* (ein traditioneller Medizinmann) wurde am Strand beobachtet, als er eine Kur durchführte. Der Patient wurde, in Sichtweite von Enrico's, eimerweise mit Meerwasser begossen und im Sand eingegraben. Ähnlich werden sehr kleine Kinder und alte Menschen ins Wasser gebracht, um ihre Gesundheit zu fördern. Tatsächlich zu schwimmen oder sich von den hohen, oft gefährlichen Wellen tragen zu lassen, ist bei den Mexikanern nicht besonders beliebt.

Für viele Ausländer sind andererseits die Brandung und der kilometerlange offene Strand wesentliche Anziehungspunkte der Gegend. Wellenbaden, Jogging und lange Spaziergänge sind wichtige tägliche Aktivitäten der ausländischen Touristen. Besonders an den Wochenenden brechen viele Ausländer wegen des massenhaften Zustroms von Mexikanern zu ganztägigen Wanderungen oder zu Ausflügen in kleinere Städte entlang der Küste auf. Manche Ausländer empfinden den Zustrom der Mexikaner als störend für die ruhigen Gewohnheiten, die sie während der Woche am Strand angenommen haben. Die Wochenenden sind Thema häufiger, milde anti-mexikanischer Witzeleien unter den Ausländern, und es gibt eine ganze Mythologie mexikanischer Exzesse.

Gemäßigter Alkoholkonsum ist unter den Mexikanern weit verbreitet. Etwa 5–10 % der mexikanischen Männer, sowohl Einheimische als auch Auswärtige, betrinken sich jedes Wochenende in der Öffentlichkeit schwer. Betrunkenes Verhalten wird normalerweise akzeptiert und toleriert und erregt keine besondere Aufmerksamkeit. Alkoholisierte Männer urinieren, fluchen und verlieren das Bewußtsein häufig inmitten der Menge. Die Familien tragen betrunkene Verwandte liebevoll und amüsiert zum Auto, damit sie dort ihren Rausch ausschlafen können. Die Ausländer trinken meist nur in Maßen oder wenigstens diskret, mit der gelegentlichen Ausnahme einzelner Männer, die, manchmal zusammen mit Mexikanern, offen und exzessiv trinken. Während die Mexikaner den Ausländern sehr häufig Alkohol und Essen anbieten und oft dazu ermuntern, eine große, chaotische Party in Gang zu setzen, bleiben die Ausländer meist unter sich. Viele halten sich zurück, weil sie kein Spanisch können, eine xenophobische Furcht vor Mexikanern empfinden oder ihre Illusionen über die unverdorbene Charakteristik „ihres“ Strandparadieses behalten wollen.

Musik und hohe Lärmpegel bilden im allgemeinen den Hintergrund der Wochenend-Partyatmosphäre bei Enrico's. Der Eigentümer läßt Musik auf seinem Plattenspieler laufen, die von großen, jedoch mittelmäßigen Lautsprechern in mehrere Bereiche des Geländes übertragen wird. Er spielt immer wieder eine irritierende und wahrscheinlich willkürliche Auswahl von drei oder vier Platten ab, darunter Alben von den „Doors“ (einer harten US-Rockgruppe der späten 60er), eine Platte mit Marimba-Weihnachtsliedern und einige mexikanische Disco-Schallplatten. Die Musik ist normalerweise so laut wie möglich. Viele der mexikanischen Familien bringen eigene Kassettenrekorder, Radios oder – selten – sogar eine Gitarre mit, die alle zu dem hohen Lärmpegel beitragen. Sowohl der Lärm als auch die Menge (die natürlich ihrerseits ebenfalls zu dem Lärm beiträgt) haben für die mexikanischen Touristen eine positive Bedeutung und scheinen „Spaß am Strand“ zu signalisieren. Den ganzen Strand entlang spielen die Restaurants Musik, in der Hoffnung, möglichst viele Leute anzuziehen oder am Ort zu halten. Wiederum im Gegensatz dazu beschweren sich die Ausländer untereinander und manchmal sogar – vergeblich – bei Enrico über „den Krach". Einige Ausländer mit Autos bringen ihre eigene Musik mit, und manche suchen ein anderes Restaurant am Strand auf, dessen Englisch sprechender Besitzer viel nordamerikanische Musik spielt.

Die zwölf Stunden des Sonntags, von der Morgendämmerung bis zum Sonnenuntergang, vergehen in einer Kakophonie zügelloser und dennoch kulturell vorhersagbarer Exzesse. Sämtliche mexikanischen Touristen ergehen sich in einem allgemeinen Übermaß von Lärm, Essen, Trägheit und Faulheit. Abfälle (leere Flaschen und Dosen, gebrauchte Papierwindeln, Verpackungen, Obstschalen, usw.) sind über das ganze Gelände verstreut, die Toiletten und Duschen sind völlig verdreckt, und das ganze Restaurant ist in Unordnung. Bei Sonnenuntergang sammeln die Familien Kinder und Kühltaschen ein, zahlen ihre Rechnungen (die für eine sechsköpfige Familie oft über 100 US-$ betragen, eine für mexikanische Verhältnisse sehr große Summe) und reisen ab, oft alle zusammen, so daß Enrico's nach 30 Minuten verlassen daliegt. Zurück bleiben nur die drei oder vier Ausländer, die die ganze Woche dort gewohnt haben.

Während der Sonnenuntergang am Sonntag für die Mexikaner das Ende des Wochenendes markiert, bezeichnet er für die meisten Ausländer in Puerto Caguama den Zeitpunkt eines täglichen Rituals. Jeden Tag versammeln sie sich in Ruhe am Strand, um die Sonne im Ozean versinken zu sehen, teilen Getränke und Zigaretten und planen das Essen und die Aktivitäten des Abends. Der „letzte Sonnenuntergang" am Strand am letzten Abend des Aufenthaltes wird von vielen Ausländern besonders beachtet, die fast immer bis zum Morgen warten, bevor sie tatsächlich abreisen. Die romantische Qualität des Verhaltens der Ausländer bei Sonnenuntergang steht im Gegensatz zu der geschäftsmäßigen und schnellen abendlichen Abreise der Mexikaner. Der Sonnenuntergang hat für die beiden Gruppen unterschiedliche Funktionen: für die eine signalisiert er das Ende eines intensiven, ungewöhnlichen Zeitabschnitts; für die andere ist er ein Symbol des überdauernden Kerns touristischen Erlebens – eine tägliche Erinnerung an Ruhe, Ordnung und Frieden. In ähnlicher Weise haben auf metaphorischer Ebene auch Puerto Caguama und der Strand selbst für die beiden Gruppen unterschiedliche Funktionen.

Schlußfolgerungen

Sowohl die mexikanischen als auch die ausländischen Touristen in Puerto Caguama praktizieren möglicherweise das, was Smith (1977) als „ethnischen Tourismus" bezeichnete, bei dem die Anziehungskraft einer touristischen Lokalität von ihrer als romantisch wahrgenommenen ländlichen, kulturellen Umgebung abhängt; mit einem Touch „Naturtourismus", der sich auf die Reize der natürlichen Umgebung bezieht. Ironischerweise ist jedoch – insbesondere für die mexikanischen Besucher – die kulturelle Umgebung in Puerto Caguama für sie nicht in dem Sinne ethnisch, daß sie eine historisch ältere, reinere Form der mexikanischen Kultur darstellte. Vielmehr handelt es sich einfach um ein armes Dorf, ländlich lediglich aus Gründen des Mangels, das wirtschaftlich stark vom unregelmäßigen Tourismus abhängig ist und in Wirklichkeit fast ausschließlich von Umsiedlern aus der Stadt aus den letzten 25 Jahren bewohnt wird. Doch für die mexikanischen Besucher verkörpert das Dorf ihre kulturelle Vorstellung von *típismo*. Für die Ausländer ist es vielleicht ethnisch im Vergleich zu ihren Heimatkulturen, doch tatsächlich scheuen oder kritisieren sie vieles von dem, was wirklich *típico* für das ländliche Mexiko ist (das Essen, das Trink- und Sozialverhalten, die sanitären Zustände) und ziehen es vor, am Strand neue Gewohnheiten zu entwickeln, die auf ihrer eigenen spezifischen kulturellen Ästhetik des „Paradieses" beruhen.

Auch hinsichtlich der natürlichen Umgebung gibt es ironische Elemente. Zwar hat Puerto Caguama einen eindrucksvollen Strand, aber er erstreckt sich über viele Kilometer, und das Dorf hat den am wenigsten attraktiven Teil geschaffen. Doch die mexikanische Menge versammelt sich in Puerto Caguama selbst, am unnatürlichsten, verdrecktesten und insektenverseuchtesten Teil des Strandes. Die Anziehungskraft des „Natürlichen" ist offensichtlich begrenzt und kulturell definiert. Auch die Ausländer nehmen für sich in Anspruch, die natürliche Umgebung des Strandes zu suchen, versammeln sich jedoch hauptsächlich dort, wo auch andere Ausländer sind, also bei Enrico's oder in anderen Lokalen im Dorf, obwohl sie sehr viel öfter als die Mexikaner wandern, sonnenbaden und schwimmen.

Eine Methode, den Sinn der Sonntage bei Enrico's zu verstehen, besteht darin, die Bedeutung des Begriffes *típico* für die mexikanischen Besucher näher zu definieren. Puerto Caguama, der Strand und die Szenerie bei Enrico's sind *típico* und, als solche, für die größtenteils städtische Mittelschicht Mexikos sehr attraktiv. Die ländliche Charakteristik des Dorfes am Strand scheint das Bedürfnis nach einem einfachen, jedoch „exotischen" Paradies zu erfüllen. Als Wochenendtouristen versuchen die Mexikaner, in kurzer Zeit etwas anderes als in ihrem normalen Alltag zu erleben. Das, was als „anders" genug betrachtet wird, um ein anerkanntes touristisches Erlebnis darzustellen, scheint eine kulturell unterschiedliche Struktur aufzuweisen, wobei die kulturellen Unterschiede zum Teil vom Stand der historischen Entwicklung der Heimatländer der Touristen abhängen. So untersucht z.B. Kasson (1978) wie Coney Island in New York zu Beginn des Jahrhunderts aufblühte, weil es die Erholungsbedürfnisse einer neuen Massenkultur zu befriedigen half und eine radikale Abkehr von den strikten viktorianischen Moralvorstellungen darstellte, die auch von der Freizeitgestaltung noch irgendeinen erbaulichen Effekt verlangten. Insbesondere Strände mit ihrer Informalität und den dort möglichen entspannten Umgangsformen sowohl im postviktorianischen New York als auch im Mexiko der 80er Jahre fungieren als kulturell sanktionierte, liberalisierte soziale Umgebungen.

Wenn man sie fragt, was der Strand für sie bedeutet, antworten die Mexikaner meistens, daß er natürlich, gesund und *tranquilo* sei – ruhig und friedlich im Vergleich zum Leben in der Stadt. In Wirklichkeit tobt natürlich am Wochenende in Puerto Caguama rund um die Uhr ein Exzeß, der mit allen alltäglichen Gewohnheiten bricht: die Nacht wird zum Tage und umgekehrt, Arbeit und Fleiß werden durch Spiele und Faulenzen ersetzt. Die am Strand gefundene Ruhe ist möglicherweise ein Ausruhen von den Beanspruchungen und der Rigidität der Arbeitswelt während der Woche. Erholung scheint für diese Mexikaner kulturell definiert zu sein als Lockerung der üblichen Regeln des Alltags (die durch genauso strikte und anstrengende, jedoch unübliche Regeln der Erholung und des Spiels vollständig ersetzt werden).

Vielleicht aufgrund der historischen Vermischung zweier barocker Kulturen, der spanischen und mittelamerikanisch-indianischen des 16. Jahrhunderts, ist die mexikanische Kultur geheimnisvoll und komplex, mit einer untergründigen Morbidität, die eine Neigung zu Exzessen auf allen Gebieten einschließt. Vielleicht befindet sich Mexiko auch in einer Phase der Reaktion auf die Unterdrückung seiner eigenen nach-revolutionären „viktorianischen Epoche“, die zu einer Coney-Island-Mentalität führt, in der zügelloses Amüsement als „Opium des Volkes“ (Kasson 1978, S. 109) und zugleich paradoxerweise als Überdruckventil fungiert, das dazu beiträgt, die Ungleichheiten des Status quo aufrechtzuerhalten.

Das griechische Ideal der Mäßigung, des goldenen Mittelweges, das zumindest theoretisch in den Ländern der ersten Welt kultiviert wird, steht im Gegensatz zu zahlreichen Aspekten des gegenwärtigen mexikanischen Lebensstiles. Die ausländischen Touristen in Puerto Caguama suchen am Strand Erholung durch eine „reine“ Lebensweise, die die „einfachen“ Freuden des Sonnenbadens und sportlicher Betätigung in der Brandung einschließt. Das Streben nach „Einfachheit“, wie sie von einem ausländischen Strand verkörpert wird, hat bei den Nordamerikanern historische Vorläufer, die bis zu der amerikanischen Künstlerelite an der französischen Riviera in den 20er Jahren zurückverfolgt werden können (Turner &Ash 1975, S. 74ff.). Diese Amerikaner reagierten auf die Rigidität der damaligen sozialen Klassentrennung und versuchten, mit ihrem „natürlichen“ Verhalten sowohl zu schockieren und hier eine Entwicklung einzuleiten als auch sich zu amüsieren.

In den 80er Jahren sind die Informalität, die Ausgelassenheit und die eleganten Formen der Befreiung, die den Nordamerikanern und anderen Völkern der ersten Welt durch Extravaganzen und ein intensives Leben ermöglicht wurden, schon fast wieder passé. Möglicherweise vertreten die sozial eher randständigen ausländischen Touristen in Puerto Caguama eine neue kulturelle Ordnung, in der sich erneut ein Puritanismus im Freizeitverhalten der ersten Welt entwickelt, der an den viktorianischen Wunsch nach „erbaulicher“ Freizeit (Kasson 1978, S. 4) erinnert. Im Gegensatz dazu befinden sich die Mexikaner quasi im vollen Schwung ihrer anti-„viktorianischen“ Reaktion. In einem gewissen Ausmaß erschaffen die Ausländer geradezu eine „mexikanische“ Kultur nach ihrem eigenen Bilde und entsprechend ihren eigenen Zielen, genauso wie die mexikanischen Touristen mexikanischen *tipismo* für sich und ihre eigenen Ziele uminterpretieren. Beide Gruppen scheinen die „Realität“ des Stranderlebnisses zu mystifizieren oder zumindest zu modifizieren, um die erholsamen, reinigenden, ungewöhnlichen und kathartischen Eigenschaften zu steigern, die die historisch bedingten Bedürfnissen jeder der Kulturen befriedigen. Vom Durchzechen der Nacht über ihre Völlerei bis hin zur Zerstörung der Schönheit der Landschaft, die zu genießen sie eigens aus der Stadt angereist sind, verhalten sich die mexikanischen Wochenendtouristen in Puerto Caguama in Übereinstimmung mit der augenblicksorientierten Morbidität zu diesem Zeitpunkt ihrer kulturellen Entwicklung. Die Modernisierung Mexikos schreitet voran, die Mittelschicht wächst, genauso wie die Inflation und die Bevölkerungszahl, doch die Gstalt dieses Wachstums ist kulturell genauso einzigartig und genauso historisch bestimmt wie ein Wochenende bei Enrico's. Das Verhalten der mexikanischen Touristen am Strand enthüllt die mexikanische Kultur genauso, wie das Verhalten der ausländischen Touristen die ihre enthüllt. Obwohl die touristischen Motive der Erholung und Erneuerung ähnlich und sogar die gleichen Arten von Symbolen und Korrekturen der Realität für die beiden Touristengruppen bedeutsam sein mögen, sind die Struktur und die Form ihrer touristischen Erlebnisse doch kulturell und historisch unterschiedlich. Hier bedarf es weiterer ethnographischer Forschung, die ohne Zweifel diese Schlußfolgerungen noch präzisieren wird.

Literatur

Boorstin, D. (1964). The image, a guide to pseudo-events in America. New York: Harper & Row.

Cohen, E. (1973). Nomads from affluence: Notes on the phenomenon of drifter tourism. Journal of Comparative Sociology 14, 89–103.

Cohen, E. (1979). A phenomenology of tourist experiences. Sociology 13, 179–201.

Dann, G. (1981). Tourist motivation: An appraisal. Annals of Tourism Research 8, 187–219.

Graburn, N. H. H. (1977). Tourism: The sacred journey. In: V. Smith (Ed.), Hosts and guests: The anthropology of tourism (pp. 17–32). Philadelphia: University of Pennsylvania Press.

Kasson, J. F. (1978). Amusing the masses: Coney Island at the turn of the century. New York: Hill and Wars.

MacCannell, D. (1976). The tourist: A new theory of the leisure class. New York: Schocken.

Nash, D. (1981). Tourism as an anthropological subject. Current Anthropology 22, 461–481.

Smith, V. (1977). Introduction. In: V. Smith (Ed.), Hosts and guests: The anthropology of tourism (pp. 1–14). Philadelphia: University of Pennsylvania Press.

Teas, J. (1976). I'm studying monkeys. What do you do? Youth and travellers in Nepal. Berkeley: Unveröff. Manuskript.

Turner, L. & Ash, J. (1975). The golden hords: International tourism and the pleasure periphery. London: Constable.

Turner, V. & Turner, E. (1978). Image and pilgrimage in christian culture: Anthropological perspectives. New York: Columbia University Press.

Interrail: Zur Phänomenologie des Jugendtourismus

Rainer Schönhammer

1 Einleitung: Fragestellung und Methode

Das Inter-Rail-Ticket (im weiteren IRT) der europäischen Bahngesellschaften („Eurail“, das spezielle Angebot für Kunden aus anderen Ländern, de facto vorwiegend den USA, Kanada und Australien, wird hier unter Absehung von tariflichen Besonderheiten dem IRT subsumiert) hat, wie bereits der Augenschein auf das Geschehen im sommerlichen Bahnverkehr zeigt, eine neue Reise(sub)-kultur geschaffen. Abgesehen von knappen kursorischen Bemerkungen bzw. Mutmaßungen in Übersichtsdarstellungen zur Jugendforschung (z. B. Jörger 1985; Andritzky 1986), hat sich die Sozialwissenschaft für diese Kultur bislang nicht interessiert. Die vorliegende Arbeit basiert auf qualitativen Feldforschungen, ausgehend von der Fragestellung, wie jugendliche Touristen „das Fremde“ erleben und reflektieren. Im Wechselspiel von empirischer Arbeit und theoretischer Durchdringung der Erscheinungen wurde einerseits die Fruchtbarkeit des phänomenologischen Zugangs zum Thema immer deutlicher, andererseits der Reiz der spezifischen Fragestellung „Aneignung von Welt qua Interrail“ sichtbar. Eine Diskussion spezifischer theoretischer Orientierungspunkte würde den Rahmen sprengen; ich verweise diesbezüglich auf die durchgeführte Deskription und Interpretation. Im folgenden liste ich die durchgeführten Erhebungen auf, deren Ergebnisse, entsprechend bereits erfolgter Veröffentlichungen, in unterschiedlicher Gewichtung die Darstellung in dieser Arbeit prägen:

a) Aufsätze und Interviews zum Thema internationale Begegnungen beim Reisen (Erhebungsort: Jugendherbergen; Sommer 1984); auf Ergebnisse dieser ersten Teiluntersuchung, die auf die Bedeutung des IRT hinwies, wurde bereits aufmerksam gemacht (Schönhammer 1985); inzwischen wurden die Quellen ausführlich dokumentiert (Schönhammer 1987a);
b) Retrospektive Interviews mit ehemaligen IR-Reisenden;
c) Einschlägige Reiseführer (in deutscher und englischer Sprache);
d) Interviews mit Leuten, die beruflich mit IR-Reisenden zu tun haben;
e) Beobachtungen im Feld (teils fotografisch dokumentiert); in populärer Form wurde ausschnittsweise davon berichtet (Schönhammer 1987b).
f) Interviews in Zügen und Bahnhöfen (Sommer 1986);
g) Fragebogen (zweisprachig: Deutsch und Englisch; offene Fragen), die im Feld ausgegeben wurden (Sommer 1986); Rücklauf: 215, davon 160 IR-Reisende; diese Fragebogen enthielten (wie teils auch die Interviews unter f) die Aufforderung, eine grobe Karte Europas zu zeichnen und darin die eigene Route zu markieren (siehe hierzu wie c und f auch Schönhammer 1989);

h) Vergleichspunkte wurden in der belletristischen Behandlung des Themas Bahnreise gesucht.

Durch den Aufsatzwettbewerb, die Interviews sowie die Fragebogenerhebungen wurden Jugendliche verschiedener Ursprungsländer erfaßt; soweit zahlenmäßige Ergebnisse auffallend waren, werden sie unten erwähnt. Der betriebene empirische Aufwand ist grundsätzlich in zwei Richtungen fragwürdig: zuviel – sprich: überflüssig breit angelegt, bzw. zuwenig – sprich: nicht auf die Prüfung von Hypothesen angelegt. Dazu eine grundsätzliche Bemerkung. *Phänomenologisches* Einkreisen von Sachverhalten verlangt spekulative Phantasie, die jedoch einer möglichst breit angelegten Suche nach empirischen Anhaltspunkten nicht entraten kann (heuristische Sackgassen sind dabei kaum immer vorweg auszuschließen); ob erhellende empirische Befunde durch repräsentative Massenerhebungen oder experimentelle Anordnung „abgesichert" werden müssen bzw. können, ist eine andere Frage, deren eindeutig positive Beantwortung dem psychologischen Wissenschaftsbetrieb wohl näher liegt als der wissenschaftstheoretischen Reflexion.

2 Magie und Entzauberung der Ferne

(1) Erscheinungsbild und Begriff. Bereits ein Blick auf das Werbeplakat bzw. den Prospekt der Bundesbahn von 1985 (Werbeslogan: „Inter-Rail. Für alle unter 26. Einen Monat durch 21 Länder für 410,– DM") zeigt zweierlei: 1. Die potentielle Reichweite (um die Terminologie von Schütz zu verwenden; Schütz & Luckmann 1975), die sich der Jugendliche durch den Kauf des Interrail-Tickets aneignet, transzendiert nicht nur seinen alltäglichen Lebensraum in gewaltigem Umfang, diese potentielle Reichweite übersteigt auch den herkömmlichen Rahmen der Erweiterung des Lebensraumes durch eine Urlaubsreise in Europa erheblich; 2. Der käufliche Erwerb dieser umfangreichen potentiellen Reichweite ist mit einer zeitlichen Begrenzung versehen, die das Maß der praktischen Aneignung der eröffneten Wege im europäischen Bahnnetz an das Maß des Unterwegsseins bzw. (mit umgekehrtem Vorzeichen) das Maß der Verweildauer an besuchten Orten koppelt. Es ist offenkundig, daß in jedem Falle der Weg, den sich der einzelne durch das eröffnete Netz in der gegebenen Zeit zu bahnen vornehmen kann, daß also das, was Lewin (1969) den „hodologischen Raum" genannt hat, in seiner Erstreckung hinter dem Angebot, d. h. dem erworbenen Rechtstitel auf das gesamte Netz, zurückbleiben muß. Zu fragen ist allerdings:

1. Wie wird dieses Angebot erlebt; 2. wie prägt das Angebot das Handeln tatsächlich, sprich: wie reist man mit dem IRT, 3. was erlebt man dabei?

„‚Einmal Europa hin und zurück, bitte!', mit genau diesen Worten könnte jeder sein IRT kaufen.... Denn Interrail bedeutet Urlaub in fast ganz Europa für wenig Geld. Heute noch am Eiffelturm – und morgen schon an einer verträumten andalusischen Bahnstation im Mittagsschlaf? Heute noch auf dem Markusplatz, morgen schon auf der Akropolis? – Das IRT macht es möglich." (Walter & Horn 1982, S. 9) So hört es sich an, wenn die eigene Faszination durch das IRT-Angebot – und meist führen sich die Autoren der Führer als in die Jahre gekommene Ex-IRT-Praktiker ein – wenn die Faszination, angesichts der Möglichkeit des permanenten Anderswo in ganz Europa, sich zu Reiseführer-Prosa gemausert hat (vgl. auch Kretz & Peter 1984; Wood & McDonald 1986; Wanninger 1985).

Welche Wege werden tatsächlich durchmessen bzw. wieviel Zeit wird mit dem Unterwegssein verbracht? Die von den Bahngesellschaften zwecks internationaler Einnahme-Aufteilung im Abstand einiger Jahre vorgenommenen statistischen Auswertungen zurückgegebener IR-Pässe (die Rückgabe wird bescheiden honoriert) weisen (s. Barnickel 1984) auf eine vielleicht extensive Ausnutzung der Karte hin. Meine Erhebungen erlauben eine Veranschaulichung des Maßes des Unterwegsseins. Der Fragebogen enthielt die Aufforderung, eine grobe Karte Europas zu zeichnen und darin die eigene (absolvierte, wie noch geplante) Route zu markieren.

Die auswertbaren Routen[1] umfassen bei IRT-Nutzern durchschnittlich 6.000 km (gegenüber 2.700 km bei den anderen Reisenden) bei durchschnittlich 12 besuchten Orten (gegenüber 7). Die genauere statistische Beschreibung ergibt: 58% der IRT-Benutzer durchmessen zwischen 5.000 und 7.000 km, bei 22 % sind es weniger, bei 20% mehr (mit einem kleinen Gipfel [7%] bei 8 000 bis 9.000 km; maximal sind es 13.500 km); 50% ohne IRT reisen zwischen 2.000 und 4.000 km; bei 18% sind es weniger, bei 30% 5.000 bis 8.000 km; bezogen auf die Zahl der besuchten Orte liegt der Gipfel bei den IRT-Reisenden zwischen 10 und 15 (40%), bei den anders Reisenden zwischen 1 und 5 (48 %). Diese grobe statistische Beschreibung läßt vielleicht schon ahnen, was der Blick auf die Routen räumlich anschaulich macht: Man reist mit dem IRT tatsächlich eher „flächendeckend" als „zielorientiert" (im Sinne einer hier und da unterbrochenen Anfahrt zu einem bevorzugten Urlaubsziel). Diejenigen, die das IRT lediglich für eine Anfahrt zum Bade-Urlaub (etwa: Griechenland oder Portugal) nutzen, bilden die Ausnahme[2].

Zur Illustration einige Beispiele: Zunächst der Reiseweg eines 21jährigen, alleine reisenden, britischen Studenten (Abb. 1). Als er die Karte zeichnete, war er bereits durch Belgien, Frankreich, Österreich, die Schweiz, Italien und Jugoslawien nach Griechenland gereist, mittlerweile war er in der Bundesrepublik angekommen und nun auf dem Weg in die skandinavischen Länder. Die folgende Abbildung (2) – wiederum von einem britischen Studenten –, die 19 Stationen von der Abreise bis zur vorgesehenen Rückkehr markiert, zeigt eine Route, die mit den Stationen Paris, Amsterdam, Rom, Athen, Istanbul und Venedig für eine ganze Reihe von britischen Interrailern steht. Bei der Route einer 23jährigen amerikanischen Studentin (Abb. 3) ist weniger der Weg als dessen Darstellung bezeichnend: Etwa die Hälfte der von der Fragebogen-Untersuchung erfaßten 45 IR-Reisenden aus den USA folgte nicht der Aufforderung, eine Karte zu zeichnen; statt dessen wurden Schema-Darstellungen (wie die in Abb. 3 bzw. noch stärker von den geographischen Verhältnissen abstrahierende, z. B. Abb. 4) produziert oder die Stationen nur benannt. Dabei werden teilweise oder manchmal überhaupt keine Namen von Ortschaften, sondern lediglich die Namen der besuchten Länder aufgeführt. Zum Vergleich: Nur etwa ein Sechstel der 55 erfaßten britischen Interrailer verweigerte die Aufforderung, eine Karte zu zeichnen – eine Reihe von ihnen nahm allerdings unbefangen eine Landkarte zur Hilfe. Von den 12 erfaßten bundesdeutschen Interrailern war es nur einer, der keine Karte zeichnete. Die Interpretation dieses Befundes möchte ich noch etwas zurückstellen (siehe Ergänzung zu These 1).

Wie sieht es aus, wenn man näher auf das Geschehen blickt? Exemplarisch sei aus einem Interview mit einem 19jährigen deutschen Abiturienten zitiert.

Die Route, die er in den ersten drei Wochen seiner IR-Fahrt absolvierte, gehört keineswegs zu den extrem extensiven. Er fuhr inzwischen allein; seinem Freund, mit dem er die Reise angetreten hatte, war das Geld ausgegangen. Nun mußte er, wie er sagte, „das Ticket alleine ausnutzen". Hätte er ein paar Tage mehr übrig, hätte ihn die Reise noch nach Athen geführt, so aber wolle er nur noch nach Italien, erst an den Gardasee und dann nach Florenz, um sich dann auf einem Campingplatz in der Schweiz ein paar Tage auszuruhen. Jetzt, nach drei Wochen, habe er „den ganzen Streß schon satt". Aber: „Auf eine Zugfahrt mehr oder weniger" komme es „jetzt auch nicht mehr an". „Rein theoretisch gesehen müßte ich das noch zwei, drei Tage durchhalten, dann hau ich mich auf den Campingplatz". – Worin bestand der Streß: Meist habe er im Zug übernachtet, tagsüber dann Stadtbesichtigungen, aber auch Strandbesuche; letzteres schon deshalb, weil er im Zug nur zwei, drei Stunden Schlaf bekomme und deshalb dann tags tranig gewesen sei. (Die Übernachtung im Zug ist nicht nur eine Frage der zeitlichen Ausnutzung der Karte, sondern nicht zuletzt auch eine ökonomische.) Auf Bahnhöfen habe er geschlafen, wenn dies möglich war. Seine (insgesamt 25) Postkarten habe er meist im Zug geschrieben oder am nächsten Tag: z.B. auf dem Schiefen Turm die Postkarten aus Rom, die von Pisa habe er gerade noch kurz vor der französischen Grenze – es waren bereits italienische Briefmarken aufgeklebt – auf einem kleinen italienischen Bahnhof einwerfen können. Eine Zeitverschiebung konstatierte er auch bezüglich seines Erlebens: erst in Spanien habe er Italien und die Côte d'Azur verdaut; jetzt hoffe er in 14 Tagen doch noch seine momentanen Reiseerlebnisse genießen zu können; immer wieder betonte er, die „kleinen Feinheiten" seien dabei das Wichtigste. Allerdings ist es ihm auch wichtig, künftig Tips geben zu können, z. B.: „Zürich lohnt sich nicht." Ein Ärgernis waren für ihn die schmutzigen Züge in Spanien, insbesondere wenn dann auch noch Zuschläge verlangt wurden – beides häufig Steine des Anstoßes für Interrailer. Dies ist seine erste IR-Tour. Er würde es schon nochmal machen, dann aber fünf Städte aussuchen, in denen er jeweils eine knappe Woche bleibe, um von dort kleine Ausflüge zu unternehmen. Die überwiegende Mehrzahl der Interrailer, denen ich begegnete, war übrigens das erste Mal so unterwegs.

Exkurs. In der zitierten Veröffentlichung der Deutschen Bundesbahn heißt es: „Die IR-Karte bleibt somit für einzelreisende Jugendliche weiterhin ein preisgünstiges Angebot zur Erfüllung eher untypischer, vielleicht sogar abenteuerlicher Reisewünsche. Hierbei wird die Bahn wegen ihrer Zuverlässigkeit geschätzt. Sie löst organisatorische Fahrtprobleme und wird fast zuviel als Nachtquartier in Anspruch genommen, wodurch manche Beschwerden anderer Reisender ausgelöst werden" (Barnickel 1984, S. 46). Inzwischen wurde ein verbilligter Liegewagen-Tarif auf zwei Langstreckenlinien der DB eingeführt (Werbeslogan: *„Ausgeschlafene Typen fahren mit dem Twen-Nachttramper"*), von dem

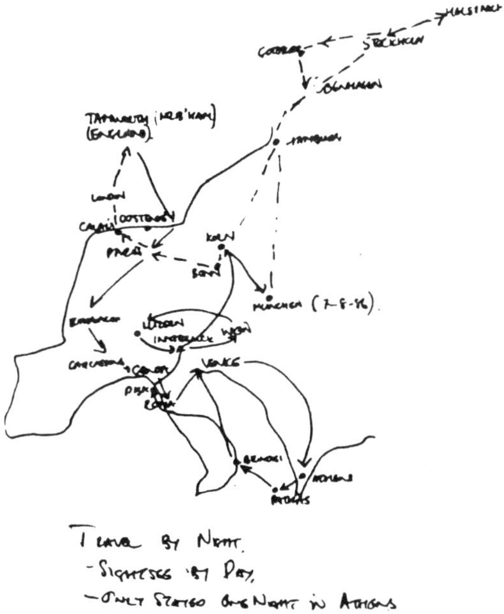

Abbildung 1

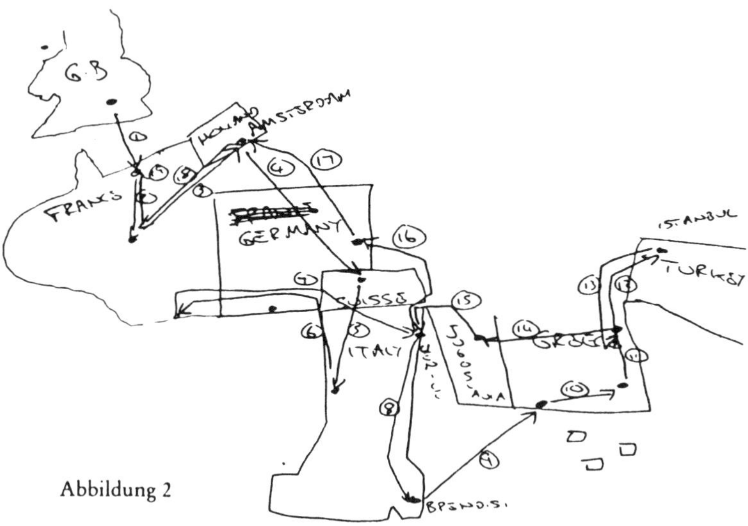

Abbildung 2

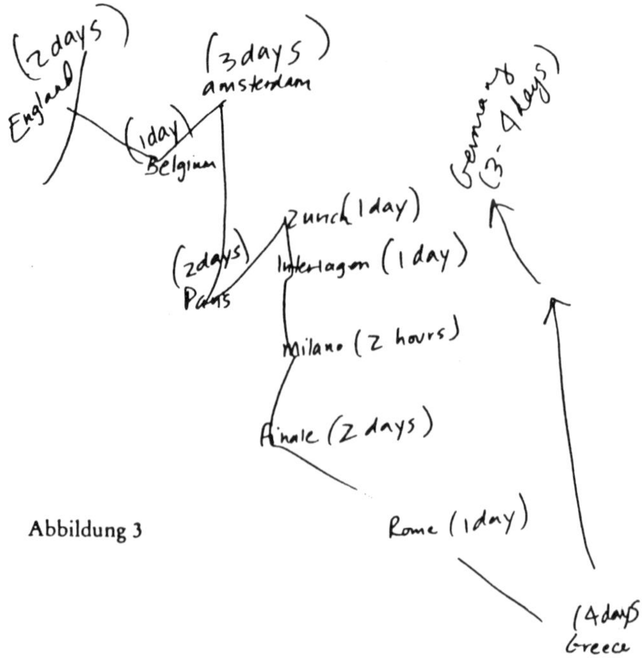

Abbildung 3

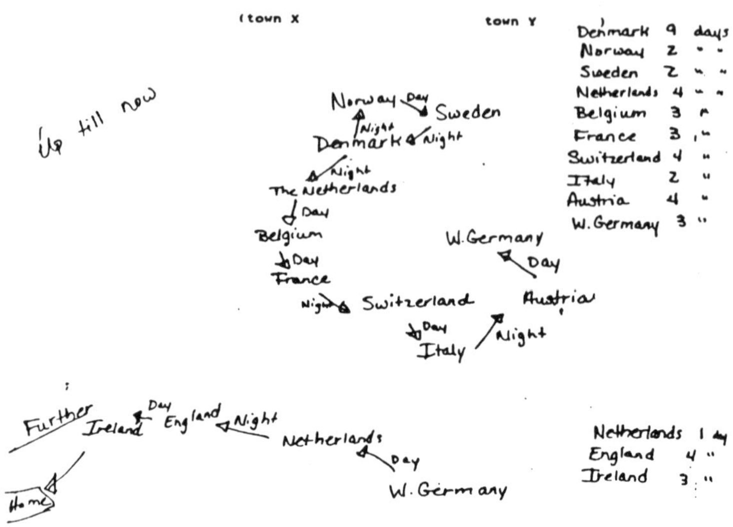

Abbildung 4

man sich diesbezüglich Entlastung erhoffte. Anscheinend aber ohne große Resonanz: auch 4 DM mehr sind für die meisten Interrailer 4 DM zuviel. Man kommt also meist nicht besonders ausgeschlafen an.

Eine Überlegung zum Kalkül der Bahn: In den IR-Reiseführern ist oft die Rede davon, die Gesellschaften des internationalen Eisenbahnverbandes hätten sich das IRT anläßlich des 50jährigen Bestehens dieses Verbundes im Jahre 1971 quasi selbst zum „Geburtstagsgeschenk" gemacht. Diese Sprechweise hat etwas Mystifizierendes: Den Bahngesellschaften geht es schlicht um die Auslastung von ohnehin bestehenden Kapazitäten. Mit dem IRT als „Ferne im Sonderangebot für Jugendliche" versprachen sie sich offenbar, neue Kundschaft zu gewinnen, ohne solchen Kunden, die ihre Reisen auch zum Normaltarif unternehmen, eine Vergünstigung einzuräumen. Man trat so in Konkurrenz zum damals stark verbreiteten Auto-Stop, der zwar gar nichts kostet, dafür aber weniger Sicherheit und Planbarkeit bietet, in der Konsequenz also nicht eine scheinbar so leicht greifbare potentielle Reichweite. Warum aber eine europäische Netzkarte statt einer Verbilligung des Tarifs pro gefahrenem Kilometer? Vielleicht hat man mehr oder weniger reflektiert auf die Anziehungskraft einer Magie der Ubiquität gesetzt[3]. Was die Verkaufszahlen angeht, ist die Bahn jedenfalls mit der Wirkung ihres Kalküls zufrieden.

Daß die mit der Karte erworbene *potentielle Reichweite* zu einem Handeln führt, das nicht nur als magisches Können, sondern auch als belastend, als einschränkend erlebt wird, zeigte bereits das exemplarisch zitierte Interview. In den einschlägigen Reiseführern wird denn auch meist gewarnt: „Fahrt nicht zuviel!" So versäumen es die Autoren, die sich in der oben zitierten Synthese von fixem Herumkommen und Idylle versuchten – „heute noch am Eiffelturm und morgen schon an einer verträumten andalusischen Bahnstation im Mittagsschlaf" –, nicht, den Ratschlag zu geben: „Plant eure Reise so, daß ihr gemütlich fahren könnt. Bei Hektik ist man nicht mehr offen für die Schönheit des Gastlandes, und es geht erfahrungsgemäß bei großer Eile immer wieder ‚etwas in den Teich' [...]. Außerdem hat die Reise wirklich keinen Sinn, wenn ihr zu Hause nur die Bahnhöfe beschreiben könnt" (Walter & Horn 1982, S. 16). Damit wird auf zwei Aspekte der für diese Art des Reisens spezifischen Relation von *Handlungs-, Orientierungs-* bzw. *Wahrnehmungs-* und *Stimmungsraum* verwiesen (siehe zu diesen Begriffen Bollnow 1963; Graumann 1960; Kruse 1974; Kruse & Graumann 1978):

1. Das IRT löst nicht nur organisatorische Probleme (wie es in der zufriedenen Selbstdarstellung der DB heißt) – es schafft auch welche. Dies kommt auch in den relativ häufigen Klagen von Interrailern über Orientierungsprobleme auf Bahnhöfen zum Ausdruck. Das ist andererseits auch in Verbindung mit der gelegentlich berichteten Desorientierung über das momentane Fahrtziel sowie mit dem in Interviews auftretenden Verhaspeln und Verwechseln bei der Schilderung des Reiseablaufs zu sehen. Grundsätzlich gesprochen: Die zum Manischen tendierende Bewegung im eröffneten Fern-Handlungsraum führt zur Überforderung der Orientierung in diesem Raum, die Perspektiven des Handlungsraums wachsen manchem über den Kopf.
2. Die manische Bewegung in die Ferne, der ausgedehnte Aufenthalt im Transportmittel und am Bahnhof, der tendenziell (um den Ausdruck zu verwenden,

mit dem Molt [1986] das setting Straße definiert) vom Durchgangs- zum Bleibe-Setting wird, diese Bewegung, die kognitiv als Aneignung von Weite repräsentiert und mit einer in den Interviews oft spürbaren Hochstimmung des Ichkann verknüpft ist, diese Bewegung bzw. dieses sich Bewegen-lassen engt zugleich den aktuellen Horizont des Erlebens erheblich ein. Diese Einengung ist nicht nur einfach als Abschneiden zu verstehen, sondern als leibhaftige Enge: Das Umfeld Zug bzw. Bahnhof rückt den Interrailern so auf den Pelz, daß Zugerfahrungen zum häufigsten Klagegrund werden, daß ihnen – im Gegensatz zu den befragten Nicht-Interrailern – Bahnhöfe weniger als Stätten des Aufbruchs erscheinen, denn als Behausungen aufstoßen, die wenig Behaustheit bieten. Hier gilt also, was Maurice Merleau-Ponty (1966) über eine Variante des „erlebten Abstandes" sagte: „[...] bald wieder ist der erlebte Abstand zugleich zu gering und zu groß: die Mehrzahl der Ereignisse hört auf für mich noch zu zählen, indessen die nächsten mich bedrängen" (S. 332). Ich will versuchen, „Magie und Entzauberung der Ferne" der soweit veranschaulichten Reiseform auf den Begriff zu bringen:

These 1: In Anlehnung an die von Sartre (1939, 1971/72) formulierten Begriffe „Magie" und „Geste" läßt sich sagen: In dem geschilderten Handlungsraum verselbständigt sich das Handeln gegenüber dem Erleben, d. h. die Aneignung von Reichweite löst sich partiell vom Erleben, bzw. das Tun – und getan wird ja unleugbar etwas – nimmt den Charakter der Geste an. Der Stimmungsraum, der diese gestenhafte Praxis umhüllt, oszilliert zwischen einem Vollgefühl von Sinn und Können einerseits und beengter Leere andererseits. „Ferne" wird als Symbol handlungswirksam, ermöglicht so das Erleben einer Faszination, die sich vom unmittelbaren Erleben der Bewegung (im Sinne Erwin Straus', 1965) weitgehend löst. Die Magie erzeugt so die Ernüchterung, von der sie bedroht ist.

Eine eingehende theoretische Diskussion der Begriffe „Magie" und „Geste" ist hier nicht möglich. Ich will lediglich auf gegebene Bezugspunkte hinweisen: Da ist zunächst das, was Lewin (1982) über den „Realitätsgrad" von Handlungen im Zusammenhang mit dem Lebensalter ausführt; von Lewin hat Sartre ja den Begriff des „hodologischen Raumes" – worauf Bollnow (1963) sowie Kruse und Graumann (1978) hinweisen – und wohl auch den der „Geste" entlehnt. Ferner ist da das Konzept des Magischen als „Entlastungsphänomen": das nach der Ansicht von Arnold Gehlen (1957) auch und gerade in der technischen Zivilisation von Relevanz ist; weiterhin bestehen Beziehungen zu dem, was Boesch (z. B. 1976, 1986) zur „fantasmischen Steuerung" von Handlungen bzw. was Oerter (1983) über die Opposition von „subjektiver" und „abstrakter" gegenüber „objektiver Valenz" ausführt.

Kruse und Graumann (1978) schreiben im Zusammenhang mit Lewins Überlegungen zum „Realitätsgrad" von Handlungen: „Wie anders in der Welt werden auch Landschaften, Reisen, Bewegungsarten erträumt und ersehnt, bevor sie (aber auch: ohne daß sie) realisiert bzw. aufgesucht werden. Stellen wir also wenigstens in Rechnung, daß manche Fahrt, manche Reise allein deswegen unterbleiben, weil sie vorher nicht einmal ‚zu träumen gewagt' worden sind" (S. 193). Was von mir oben als gestenhaftes Tun bezeichnet wurde, ist ein davon zu unterscheidendes Phänomen, das durch den Kontrast vielleicht noch verdeutlicht werden kann: der Traum antizipiert, begleitet oder ersetzt hier weniger das Tun, er tritt eher hinter eine quasi schlafwandlerische Praxis, die das Handeln in erster Linie symbolisiert und damit intensives Erleben eher beschwört als realisiert, zurück; mit anderen Worten: Träume können lebendiger sein als Handlungen.

Ergänzung zu These 1: Die gestenhafte, magische Reisepraxis kann nach kulturell unterschiedlichen Mythologien der Ferne differenziert werden. Trotz aller Vorbehalte, die bei der Interpretation kognitiver Karten zu berücksichtigen sind (vgl. Downs & Stea 1973), will ich behaupten, daß die erwähnten Unterschiede in der Darstellung der Reiseroute eine unterschiedliche Valenz der Ferne zum Ausdruck bringen: mir scheint, daß für die europäischen Jugendlichen eher als für die aus den USA – wie auch die Kanadier und Australier – bereits die überbrückten Entfernungen als solche einen Wert bilden, daß Weite im geographischen Sinne ihnen bereits eine Geste wert ist, während bei den jugendlichen Europa-Touristen aus Übersee die Aneignungsgeste hinsichtlich bedeutsamer (europäischer) Orte in den Vordergrund tritt.

Der benannte Handlungs- und der Stimmungsraum werden durch das IRT hervorgerufen? Ja. Diese Behauptung ist jedoch nur die halbe Wahrheit: Seine Macht bzw. Anziehungskraft verdankt diese Reisebedingung erstens dem historisch gegebenen Wert touristischer Weltläufigkeit. Daß diese grundsätzlich ein zweischneidiger Wert ist, ein Wert, der mit dem Wert des intensiven Fußfassens, Kennenlernens bzw. Vertrautwerdens konkurriert, macht es relativ leicht, über diese ‚Weltläufigkeit im Sonderangebot für Jugendliche' den Kopf zu schütteln und sich einmal mehr zu beweisen: „Die Touristen sind immer die anderen" (vgl. Bruckner & Finkielkraut 1981).

Eine zweite konkrete Bedingung für die Bedeutung des Angebots Interrail für Handeln und Erleben der Kundschaft dürfte darin liegen, daß das Gros dieser Kundschaft aus jungen Leuten besteht, die so eine erste Fernreise ohne Aufsicht unternehmen, und das mit beschränkten Mitteln – Mittel, die imaginär, aber auch tatsächlich, durch den extensiven Aufenthalt in der Bahn ökonomisiert werden, wodurch aus einer Möglichkeit ein Zwang werden kann. „Kilometerfressen" ist allerdings auch schon bezüglich anderer Formen des Jugendtourismus – sei es nun der „Wandervogel" oder der „Autostop" – Thema von (so oft ins Moralisieren geratenden) Tourismus-Betrachtungen geworden; im „Let's go Europe" wird übrigens „The urge to be everywhere at once" als grundsätzliche Kankheit von Reisenovizen gebrandmarkt: „My first-time-travellers are imperialists at heart: they yearn for territory" (1986, S. 18). Mit anderen Worten: Interrail-Tourismus kann also nur im Schnittpunkt einer historischen Anthropologie des Reisens mit einer Phänomenologie jugendlichen Raumerlebens umfassend begriffen werden (einige Literaturbeispiele verschiedener Provenienz zu diesem Kontext: Boesch 1971; Enzensberger 1962; Kruse & Graumann 1978; Laermann 1976; Moles & Rohmer 1978; Nitschke 1986). Im gegebenen Rahmen beschränke ich mich auf einige Andeutungen zum Raumerleben im Kontext der Bahnreise. Die mit der These angesprochene Frage nach dem Verhältnis von Handlung und Erlebnisintensität erfährt dabei eine Konkretisierung.

(2) Herkömmliche Überlegungen zur Phänomenologie der Zugreise. Wie verhält sich das Reisen mit dem IRT zu grundsätzlichen Aspekten der Phänomenologie der Bahnreise? In seinem Buch „Vom Sinn der Sinne“ schreibt Erwin Straus (1956):

„Die moderne Form des Reisens, in der ein Zwischenraum gleichsam übersprungen, durchfahren oder gar verschlafen wird, macht den systematisch geschlossenen und konstruktiven Charakter des geographischen Raumes, in dem wir Menschen leben, eindringlich deutlich. Vor der Erfindung der Eisenbahn entwickelte sich für den Reisenden der geographische Zusammenhang aus dem Wechsel der Landschaften; der Reisende gelangte von Ort zu Ort, während wir am Morgen einen Zug besteigen können, uns dann 12 Stunden im Zug, also gleichsam nirgendwo, befinden und am Abend in Paris aussteigen. Bei der alten Form des Reisens war das Verhältnis von Landschaft und Geographie besser abgewogen. Darum war damals wohl eine künstlerische Reisebeschreibung leichter möglich.“ (S. 337)

Der „geographische Raum“ steht bei Straus für Wissen, Erkennen; „Landschaft“ dagegen für Erleben. Die Zugreise sprengt nach Straus die Horizonte des Erlebens des Raumes, verwandelt Raumerleben in das bloße Wissen um die überbrückte Distanz (vgl. auch Virilio 1977). Übrigens hatte schon Heinrich Heine 1843 (zit. n. Minaty 1984) anläßlich der Einweihung zweier französischer Eisenbahnlinien konstatiert: „Durch die Eisenbahn wird der Raum getötet und es bleibt nur noch die Zeit übrig. Hätten wir nur Geld genug, um auch letztere anständig zu töten“. An die Strausschen Überlegungen anknüpfend postulierte Wolfgang Schivelbusch (1977) in seiner „Geschichte der Eisenbahnreise“, die Bahnreise induziere eine neue Art der Landschaftserfahrung, den „panoramatischen Blick“, der als verarmte Form des Erlebens zu charakterisieren sei. In diesem Zusammenhang sei ein Befund der Fragebogen-Erhebung genannt: Nur 12 der 160 Interrailer nannten Landschaftserleben als grundsätzliches Ziel oder erfahrenes „High-Light“ ihrer Reise, 26 jedoch werteten mit Feststellungen wie „the possibility to watch scenery“ die belastende Bahnreise auf: Auch wenn Landschaft nicht besonders interessiert, nimmt man das Panorama vor dem Zugfenster gerne mit. Die Verarmung der Raumerfahrung beim Bahnfahren (das er in diesem Zusammenhang, unter Absehung von nicht unbedeutenden Differenzen, mit dem Autofahren gleichsetzt) thematisiert auch Bernhard Waldenfels (1985) in dem Aufsatz „Gänge durch die Landschaft“. Seine Argumentation ist teils analog zu der von Schivelbusch. Zudem variiert er die Straussche Bemerkung vom „Nirgendwo“ folgendermaßen:

„Das geographische Hier der Reise nähert sich dem fiktiven Hier einer Romanhandlung. Wo bin ich, wenn ich in meinem Abteil Fontane lese, in Remagen oder in Berlin? Die Studentin aus Übersee, die während ihrer Europareise im Zug übernachtet, wird später kaum behaupten können, sie sei in Heidelberg gewesen, wenn sie es schlafend passiert hat wie ein Gepäckstück“ (S. 190).

Dem möchte ich entgegnen: das würde sie auch gar nicht behaupten, nicht einmal wenn sie Heidelberg wachend und weder lesend (zwei Drittel der Befragten haben auf ihrer Reise Bücher dabei), noch musikhörend (ein Viertel der Befragten reist mit Walkman) passiert. Das Aussteigen scheint mir für den Akt der Aneignung von bedeutsamen Orten unerläßlich (und der Besuch von bedeutenden Orten und Ländern rangiert in der Hälfte der Fälle bei den Interrailern [Vergleichsgruppe1/5] als primäres Urlaubsziel), auch wenn man sich meist wenig Zeit zum Bleiben gönnt, auch wenn die Anstrengungen des vielen Fahrens die Aufnahmekapazität beim Zwischenstop reduzieren. Mit anderen Worten: auch und gerade wenn die Aneignung nur eine Geste ist – die Geste will vollzogen sein.

Ich möchte diesen Ausflug zu grundsätzlichen Aspekten der Bahnreise mit einigen Hinweisen auf die Relativität der ausgesprochenen Urteile über die Raumerfahrung beenden:

1. Das Urteil, das Transportmittel deformiere die Raumerfahrung und beschränke den Reisenden auf das Warten, wurde nicht erst anläßlich der Eisenbahn formuliert: „Schlafend in einer fest verschlossenen Postkutsche“ zu sein, „die Zeit zwischen Abfahrt und Ankunft auslöschen und sie durch unsere Marschgeschwindigkeit verlieren, um sie zu gewinnen“ war schon einem früheren Reisenden ein Greuel, demgegenüber er postulierte: „Wir denken nicht allein an die beiden Endpunkte, sondern an die Spanne, die sie trennt. Die Reise selbst ist ein Vergnügen für uns. Wir machen sie nicht traurig sitzend wie Gefangene; in einem kleinen, fest verschlossenen Käfig. [..] Wenn man nur ankommen will, kann man ruhig mit der Post fahren, wenn man aber reisen will, muß man zu Fuß gehen“ (Rousseau 1971, S. 449ff.; Orig. 1762; vgl. auch Linschoten 1954).

2. Willi Hellpach (1977, S. 181) hielt die Intensität der Raumerfahrung eher für eine Frage individueller Differenzen als für eine Frage des gewählten Transportmittels. Bergmann und Boehnke (1984) stellen Ludwig Tiecks, Ernst Moritz Arndts und Johann Gottfried Seumes Polemik gegen das Fahren in der Kutsche und Eichendorffs Klage über die Eisenbahnfahrt eine Ehrenrettung der Bahnreise aus der Feder Hans Christian Andersens gegenüber, in der es heißt: „[..] und in Betreff der Meinung, daß alle Reisepoesie verschwindet, bin ich ganz entgegengesetzter Meinung“.

3. Natürlich ist es in gewisser Weise lediglich eine Fortsetzung des Urteils über die Vernichtung der Raumerfahrung beim Bahnfahren, wenn die Negation der Raumerfahrung beim Fliegen angesprochen wird, wie Downs und Stea (1982) es (ohne einen Vergleich zum Bahnfahren) tun. Der Hinweis darauf, „that aeroplanes have made us insensitive to space“: kann aber auch als grundsätzlicher Kontrast zum Bahnreisen gemeint sein, wie im Falle des mit dieser Äußerung zitierten zeitgenössischen amerikanischen Literaten der Bahnweltreise Paul Theroux (1977, 1980), der zugleich über die Bahnreise sagte: „the journey is the goal“. Keine Rede vom „Nirgendwo“: Kann man das auf die Interrailer übetragen? In einer Hinsicht sicher nicht: „Better to go first class than to arrive“: In einer anderen gewiß: „I sought friends: I found passengers“.

3 Magie und Entzauberung der Nähe

Die Phänomenologie der Bahnreise generell und die mit dem IRT im besonderen ist auf gravierende Weise unvollständig, wenn man übersieht, daß das landschaftliche „Nirgendwo" ein Ort ist, der einen lebhaften Sozialraum birgt. Ich will in diesem Abschnitt umgekehrt vorgehen wie im vorhergehenden; d. h., ich werde mit einer Skizze grundsätzlicher Charakteristika des Sozialraums Bahn beginnen, um dann auf Spezifika der Interrail-Kultur einzugehen.

(a) Reisende im setting Abteil. Im Zug treffen Reisende aufeinander. Schon für sich begegnende Wandernde hatte Georg Simmel (1908, S. 500ff.) in seiner „Soziologie" postuliert, die gemeinsame Situation des Unterwegsseins, also der Verlust des Sicherheit stiftenden Aufenthalts im vertrauten Bereich ebenso wie die Stimmung des Aufbruchs, führten zusammen mit dem Bewußtsein des alsbaldigen Wieder-Auseinandergehens zu dem Erleben einer Art überindividueller Identität, zu einer eigentümlichen Verschmelzung.

Die besondere Situation im *setting* Abteil beschrieb Franz Kafka (zit. nach Minaty 1984) so: „ [..] es gibt kaum einen Ort, wo die größten Gegensätze der Lebensführung so nah, unvermittelt und überraschend aufeinandersitzen wie im Kupee und infolge der fortwährenden gegenseitigen Betrachtung in kürzester Zeit aufeinander zu wirken angefangen."

Die Dimensionen der Hallschen (1976) „Proxemik" geraten hier also durcheinander. Der proximale Handlungsraum des Zugreisenden ist ja zugleich ein Wahrnehmungsraum, in dem nicht nur die Blicke, anders als diejenigen in die Landschaft draußen, nicht unbedingt flüchtig sind, sondern in dem sich Wahrnehmungen der anderen Modalitäten – Hören, Berühren, Riechen – in intensiver Weise aufdrängen.

Nicht von ungefähr findet sich in der Belletristik (wie auch in der Spielfilmproduktion) ein reichhaltiges Material zu einer Sozialpsychologie des Abteils, wobei die Erotik dieser Situation ein bedeutendes Kapitel darstellt (siehe z. B. Nadolny 1984). Hellpach (1951) konstatierte in seiner „Sozialpsychologie", wo er Grundgedanken der „Proxemik" (soweit ich sehe, ohne Resonanz in der einschlägigen Literatur) vorwegnahm: „Zweisamkeit bei enger Zusammendrängung führt raumgetrieben u.U. zu Intimitäten (Zärtlichkeiten), die ursprünglich nicht beabsichtigt waren, ja nicht selten gegen die eigentliche Absicht; der Raum, die Enge, wird hier zum ‚Kuppler', daher sich, neben anderen mitwirkenden Umständen, im Gewühl von Volksfesten, in eng gefüllten Ballsälen, vollgestopften Bahnabteilen [...] besonders leicht ‚intime' Zweierbeziehungen anknüpfen" (S. 109f.).

Schivelbusch (1977) spricht in seiner „Geschichte der Eisenbahnreise" zwar von der Vereinsamung des Passagiers, allerdings mit dem Blick auf die erste Klasse. Und er zitiert sehnsüchtige Bemerkungen von Reisenden der ersten Klasse, die sich auf das pralle Leben in den schmuddeligen und überfüllten Abteilen der unteren Klassen beuiehen. Die Sozialpsychologie der Bahnreise gibt also Anhaltspunkte für durchaus attraktive Aspekte einer „Crowding-Situation". Diese Anhaltspunkte bestätigen Kruses (1983) Zweifel am Postulat des rein aversiven Charakters von „crowding".

(b) Besonderheiten der Interrail-Kultur. Für die Interrail-Kultur gilt nun zweierlei: 1. ist hier trotz verschiedener konkreter Zielorte ein Höchstmaß an gemeinsamer Reisesituation gegeben; schon der vollbepackte Rucksack signalisiert diese Identität markant – nicht nur für Außenstehende; 2. ist das Maß der Verdichtung hier außergewöhnlich hoch. – „Meeting people", ein Ziel, das überhaupt für Jungtouristen besonders wichtig zu sein scheint (Gayler 1975) und das bei Interrailern hinter dem Wunsch, wichtige Orte zu besuchen, an zweiter Stelle rangiert, wird so leicht realisierbar. Diese Chance wird der Bahn auch zugute gehalten und als Entschädigung für die Strapazen der als zu lang empfundenen Fahrtdauer ins Feld geführt. Das gilt auch für den Aufenthalt auf dem Bahnhof. Warum ist von „Magie und Entzauberung der Nähe" die Rede?

These 2: 1. Die Art, wie hier zwischenmenschliche Entfernung überwunden werden kann, hat – im alltagssprachlichen Sinn – etwas Zauberhaftes, das mit dem Erleben der eher festen Distanzen des Alltags kontrastiert. 2. Die aus dem hohen Maß an Gemeinsamkeit und Dichte resultierende Quasi-Automatik der Herstellung von Kontakt, Nähe, gibt dem Handeln analog zur Praxis der Eroberung der Ferne einen teilweise imaginären Charakter, macht das Handeln zur Annäherungsgeste. Die Quellen (siehe die Belege in Schönhammer 1987) belegen nicht nur die Faszination angesichts von Verschmelzungserlebnissen – also *'ozeanische Gefühle'*, um den Begriff zu verwenden, mit dem Sigmund Freud (1974) den Zustand der Verliebtheit umschreibt, und den Karl Philipp Moritz (1972/ 1785) in seinem „Anton Reiser" bereits zur Beschreibung des Reiseerlebens seines Helden vorwegnahm: „Das Andenken an diese Leute [...] gab ihm zugleich wieder Mut und Zutrauen zu den Menschen, unter die er sich nun, wie in einen Ozean, verlor" (S. 404). Die Quellen belegen auch die Ernüchterung angesichts des rituellen Charakters dieser Annäherung, die Stereotypie der Kommunikation: gerade im Gesten-Charakter der Annäherung liegt auch der Grund der Entzauberung der Situation. Sowohl Faszination als auch Ernüchterung werden nicht zuletzt an begeisterten wie distanzierten Stellungnahmen zur verbreiteten Verewigungs-Geste der Annäherung – dem Adressentausch (s. Schönhammer 1987, S. 45ff.) – deutlich (bei weit entfernt lebenden Adressentauschpartnern verbindet sich übrigens die Magie der Nähe, der der Handlungsspielräume in aktueller Reichweite, mit der Magie der Ferne, der der potentiellen Reichweite). Der Stimmungsraum der magischen Annäherung hat in gewisser Weise erotischen Charakter, allerdings führt die Situation stark verminderter Kontakt-Grenzen oft zugleich zu einem Verlust von Spannung.

Ergänzung zu These 2 (interkulturelle Differenzen): Reisenden aus den USA wird ein besonders hohes Maß an Lockerheit im Umgang gutgeschrieben, sie sind Katalysatoren der Annäherung; andererseits hält man ihnen Oberflächlichkeit vor, trifft sie der Widerwille gegen die profane Stereotypie, die Banalität des Miteinander (siehe Schönhammer 1987, S. 175ff.).

4 Zur Ambivalenz von Freiheit und Erwachsenwerden

Es gibt praktisch keinen Phänomenologen, der nicht die Ambivalenz der Freiheit, die Ambivalenz der Überschreitung von Grenzen – sei es in unbekannte Weiten, sei es in Normal-Distanz überwindende Nähe zu anderen – thematisiert hätte: die Ambivalenz von Sehnsucht und Angst. Die oben beschriebene Praxis illustriert diese Ambivalenz auf eigentümliche Weise: die Situation bietet einen gleichzeitigen Zuwachs erreichbarer Ferne wie Nähe (erweitert also Spielräume) ohne großes Risiko, quasi automatisch. Der Terminus Magie wurde von mir doppeldeutig gebraucht, um diesen Sachverhalt zu beschreiben. Einmal als Ausdruck der Sehnsucht, des Angezogenseins, zum anderen als Begriff einer Praxis, die das Ziel der Sehnsucht durch ein gestenhaftes (bzw. symbolisches) Tun sich aneignet. Gestenhafte Praxis und Automatismus der Situation sind zwei Seiten des nämlichen Sachverhalts: eines Spielraumes, in dem mit dem tendenziellen Verschwinden zu überwindender Grenzen nicht nur die Angst, sondern auch die Lust abnimmt (nicht umsonst sprach schon Martha Muchow [1978/1935] im Zusammenhang mit dem Reisen von einer „Wonneangst"; vgl. auch Balints [1960] Begriff des „Thrill".

Interrailer sind oft das erste Mal unabhängig von ihren Eltern unterwegs: sie genießen diese Freiheit und absolvieren die regelmäßigen Telefonate mit den Eltern ebenso als lästige Pflicht wie als Beleg ihrer relativen Unabhängigkeit.[4] Sie erobern einen Spielraum, wie sie ihn oft bei den Reisen ihrer Eltern, der Erwachsenen, vermissen – insofern erleben sie sich nicht nur als frei von den Eltern, sondern auch freier als diese, die Erwachsenen. Zu ungesichert mögen die Interrailer es aber doch nicht: vom Trampen, dem Autostop, halten sie in der Mehrzahl nichts. Andererseits erleben sie ihr Angewiesensein auf die Bahn, die Knappheit ihrer Mittel als Schranke der eigenen Freiheit, heißt für sie Erwachsenwerden also auch freier werden. Die Nougat-Paste, die sommers in Zügen und Bahnhöfen überall in Europa auf billiges ungeröstetes Toastbrot geschmiert wird, hat so durchaus den Geschmack von Freiheit und Abenteuer, aber sie versinnbildlicht zugleich nicht nur eine kindliche Geborgenheit, sondern auch den Übergangscharakter dieser Art des Tourismus zu anderen Varianten. Anderen Varianten des Tourismus, die andere Bahnen nutzen, um der Ambivalenz der Freiheit ein Schnippchen zu schlagen.

Anmerkungen

[1] Als auswertbar erwiesen sich Kartenskizzen, Schemazeichnungen und Namenslisten. Die daran ablesbaren Routen wurden auf eine Bahnkarte im Maßstab 1:10 Mill. übertragen und dann mit einem Kartenmesser „ausgeradelt" (auf 100 km gerundet). Bei der

Beurteilung der Darstellungsweise konnten auch drei Typen von Routendarstellungen berücksichtigt werden, die für die quantitative Bewertung der Routen ausfielen: jene, die noch nicht lange unterwegs sind, ohne Angaben über ihre weiteren Pläne zu machen, jene, die erkennbar ein Ticket mit einer mehr als einmonatigen Dauer benutzen (möglich beim Eurail-Ticket) und schließlich jene (der Reisenden aus Übersee), die das Ticket nur für einen Teil ihrer umfangreichen Reise benutzen, aber nicht genau kennzeichnen, welches dieser Teil ist. - Der Vergleich mit Reisenden ohne IRT ist in seiner Aussagekraft dadurch eingeschränkt, daß die (unvollständigen) Angaben über die Reisedauer nicht berücksichtigt werden konnten. - Dennoch: Die Relation von zurückgelegtem Weg und Zahl der Zielpunkte ist als grober Indikator für das Maß des Herumkommens brauchbar; bei Interrailern dürfte die Reisedauer durchschnittlich drei bis vier Wochen (bei vier Wochen Geltungsdauer) betragen.

2 Allerdings zeigt sich in der Stichprobe, je nach Ursprungsland, eine gewisse Verschiebung der Schwerpunkte: Skandinavien (N = 12; alle erfaßten Skandinavier waren Interrailer) fahren mit dem IRT häufiger auf Umwegen in ein südeuropäisches Urlaubsland in dem sie sich langer aufhalten (der Durchschnitt: 5 600 km bei 8 Stationen); diese Tendenz ist wenngleich deutlich verschoben in Richtung Umwege auch noch bei den Briten festzuhalten (Durchschnitt: 6 600 km bei 13 Stationen; N - 50); Rundreisen ohne deutliches Zentrum (bei gleichzeitiger Bevorzugung mitteleuropäischer Ziele) sind bei den Reisenden aus den USA die Regel (Durchschnitt: 5 800 km bei 15 Stationen; N = 42); die (wenigen) erfaßten Interrailer aus der Bundesrepublik Deutschland reisten sämtlich „flächendeckend" (Durchschnitt: 5 500 km bei 12 Stationen; N = 11).

3 Die quantitative Auswertung der Routen wie das verbreitete Achselzucken auf meine Frage nach absolvierten bzw. intendierten Entfernungen (in Kilometern) sprechen dafür, daß die permanente Verfügbarkeit des Bahnnetzes den Interrailern wichtiger ist als eine kilometermäßige Kosten/Nutzen-Rechnung. Rechenbeispiele, wie sie in manchen der Führer gegeben werden, bemessen den ökonomischen Vorteil meist am Normaltarif; in welchem Umfang die ausgewerteten Routen durch Kilometer-Tarife mit Jugendrabatt (z.B. Transalpino) preisgünstiger gewesen wären, ist schwer zu durchschauen; jedenfalls wurde mir von britischen Nutzern des IRT vorgerechnet, daß sich dieses bei einer Reise nach Griechenland erst ab einem gewissen Umfang der Umwege lohne (gegenüber Transalpino). – Wenn es in einer Presseverlautbarung der Bundesbahn heißt, die IR-Tickets seien „keinesfalls knallhart kalkuliert" (Spiegel Nr. 37/ 1987, S. 89), so bezieht sich das sicher auf einen nicht unerheblichen Teil der Kunden. – Telefonisch wurde mir seitens der Bahnverwaltung übrigens inzwischen bestätigt, die Quantifizierungen der – nicht repräsentativ angelegten Stichprobe – deckten sich weitgehend mit den Zahlen der internen Statistik; eine schriftliche Bestätigung blieb allerdings aus. -Bemerkenswert ist auch, daß in einem der neuesten Spezialreiseführer („Interrail Praktisch und Preiswert, Bd. I/ Südeuropa". Alexandria 1987), der mit einem Routenvorschlag das Interrail-Reisen erstmals baedekerisiert, eine Route vorgegeben wird, die deutlich den durchschnittlichen Umfang der hier ausgewerteten Routen übersteigt.

4 Das spiegelt sich (quasi im Negativ) in den pädagogisierenden Ratschlägen, die der in Anm. 1 erwähnte Führer den Interrailern zumutet: „10 goldene Inter-Railer-Regeln: 1. Möglichst nicht allein, sondern in Gesellschaft eines verläßlichen Freundes/Freundin verreisen. [..] 2. Karten nach Hause zu Eltern und Freunden schicken; ab und zu anrufen und sich melden. [..] 4. Stets für ein gutes äußeres Erscheinungsbild sorgen. [..] 5. Stets höflich und zuvorkommend verhalten. [..] 6. Zugabteil sauber und ordentlich halten; dem Zugschaffner gegenüber korrekt und höflich verhalten. [..] 8. Positive Einstellung an den Tag legen, den Trip genießen. [..] 9. Den Inter-Railer-Trip unter dem Gesichtspunkt betrachten, erst einmal mehrere fremde Länder und Städte kennenzu-

lernen und zu erleben; solche Stellen, die einem besonders gut gefallen, lassen sich immer noch später, wenn man mehr Zeit hat, intensiv besuchen. [..] 10. Da gibt es manchmal tatsächlich skrupellose Menschen, die auf freundschaftliche Art versuchen, sich an junge Reisende heranzumachen. Standfest bleiben und vorsichtig sein" (S. 10). „10 Punkte, gesund und wohlbehalten zu bleiben: 1. Wer zu Hause gewöhnt ist, sonntags in die Kirche zu gehen, sollte unterwegs ruhig die Gelegenheit nehmen, einen Gottesdienst zu besuchen. [..] 2. Ab und zu zu Hause anrufen, um sich zu melden. Die Eltern sind glücklich und erleichtert zu wissen, wo ihre Sprößlinge stecken. Außerdem fühlt man sich auch besser, nachdem man mit den Eltern gesprochen hat. [...] 4. Lachen nicht vergessen [..] 8. Mädchen und Frauen unterwegs [..] Der Schlüssel zum Erfolg des Inter-Rail-Trips ist, keine heiklen Situationen zu schaffen; [..] Immer mit voller Bestimmtheit unerwünschtes Anquatschen, Zeichen der Bewunderung oder eindeutige Anträge ignorieren; [..] Vorsicht, nicht allzuschnell Freundschaften schließen." (S. 14) – Ein Stilvergleich: „Sex im Zug. Soll ganz toll sein, empfiehlt sich aber hauptsächlich in leeren Abteilen oder - Luxus - im Schlafwagen. Toiletten sind wegen der bekannten Enge nur bedingt geeignet." (Kretz & Peter, 1984, S. 11)

Literatur

Andritzky, M. (1986). Nichts wie weg! (S. 249–252) In: Deutscher Werkbund (Hg.), Schock und Schöpfung. Darmstadt: Luchterhand.

Balint, M. (1960). Angstlust und Regression (2. Aufl.). Stuttgart.

Barnickel, W. (1984). Interrail. Ein europäisches Jugendangebot. (S. 45ff.) In: Studienkreis für Tourismus (Hg.), Jugendtourismus. Sammelbericht über drei Tagungen. Starnberg: Studienkreis für Tourismus.

Bergmann, K. & Boehnke, H. (1984). Siebenmeilenstiefel, Ballon und Eisenbahn. (S. 11–38) In: K. Bergmann & S. Oekenfuß (Hg.), Neue Horizonte. Reinbek: Rowohlt.

Boesch, E. E. (1971). Zwischen zwei Wirklichkeiten. Bern: Huber.

Boesch, E. E. (1976). Psychopathologie des Alltags. Bern: Huber.

Boesch, E. E. (1986). Verhaltensort und Handlungsbereich. (S. 129–134) In: G. Kaminski (Hg.), Ordnung und Variabilität im Alltagsgeschehen. Göttingen: Hogrefe.

Bollnow, O.F. (1963). Mensch und Raum. Stuttgart.

Bruckner, P. & Finkielkraut, A. (1981). Das Abenteuer gleich um die Ecke. München.

Downs, R. M. & Stea, D. (eds.) (1973). Image und environment. Chicago.

Downs, R. M & Stea D. (1982). Kognitive Karten: Die Welt in unseren Köpfen. New York: Harper & Row.

Enzensberger, H. M. (1962). Einzelheiten I. Frankfurt/M.: Suhrkamp.

Freud, S. (1974). Fragen der Gesellschaft. Ursprünge der Religion. Studienausgabe Bd. 9. Frankfurt/M.: Fischer.

Gehlen, A. (1957). Die Seele im technischen Zeitalter. Reinbek: Rowohlt.

Graumann, C. F. (1960). Grundlagen einer Phänomenologie und Psychologie der Perspektivität. Berlin.

Hall, E. T. (1976). Die Sprache des Raumes. Düsseldorf.

Hellpach, W. (1951). Sozialpsychologie (3. Aufl.). Stuttgart: Enke.

Hellpach, W. (1977). Geopsyche (8. Aufl.). Stuttgart: Enke.

Jörger, M. (1985). Ferienreisen – die schönste Zeit des Jahres. (S. 89–100) In: Deutsches Jugendinstitut (Hg.), Immer diese Jugend. München: Kösel.

Kretz, M. & Peter, K. (1984). Handbuch für Bahnreisen in Europa. Rielsingen.

Kruse, L. (1974). Räumliche Umwelt. Berlin: De Gruyter.
Kruse, L. (1983). Crowding: Dichte und Beengtheit. (S. 142–146) In: D. Frey & S. Greif (Hg.), Sozialpsychologie. München: Urban & Schwarzenberg.
Kruse, L. & Graumann, C. F. (1978). Sozialpsychologie des Raumes und der Bewegung. (S. 177–219) In: K. Hammerich & M. Klein (Hg.), Materialien zur Soziologie des Alltags (Kölner Zeitschrift für Soziologie und Sozialpsychologie, Sonderheft 20). Köln: Westdeutscher Verlag.
Laermann, K. (1976). Raumerfahrung und Erfahrungsraum. (S. 57–96) In: H. J. Pichotta (Hg.), Reise und Utopie. Frankfurt/M.
Lewin, K. (1969). Grundzüge der topologischen Psychologie. Bern: Huber.
Lewin, K. (1982). Psychologie der Entwicklung und Erziehung. Werkausgabe Kurt Lewin, Bd. 6. Bern/ Stuttgart: Huber/Klett.
Let's go Europe '86. Harvard student agencies. Columbus Books.
Linschoten, J. (1954). Die Straße und die unendliche Ferne. Situation, 1, 235–260.
Merleau-Ponty, M. (1966). Phänomenologie der Wahrnehmung. Berlin: De Gruyter.
Minaty, W. (Hrsg.) (1984). Die Eisenbahn. Frankfurt/M.: Insel.
Moles, A. A. & Rohmer, E. (1978). Psychologie de l'espace (2. ed.). Paris: Casterman.
Moritz, K. Ph. (1972). Anton Reiser. Stuttgart.
Molt, W. (1986). Die Behavior-Settings Straßen. (S. 71–126) In: G. Kaminski (Hg.), Ordnung und Variabilität im Alltagsgeschehen. Göttingen: Hogrefe.
Muchow, M. & Muchow, H. H. (1978). Der Lebensraum des Großstadt-Kindes. Bensheim: Päd. extra.
Nadolny, S. (1984). Netzkarte. München: Piper.
Nitschke, A. (1986). Raumerfahrungen und Selbsterfahrungen. (S. 591–609) In: J. Martin & A. Nitschke (Hg.), Zur Sozialgeschichte der Kindheit. Freiburg/Br.
Oerter, R. (1983). Emotion als Komponente des Gegenstandsbezugs. (S. 282–315) In: H. Mandl & G. L. Huber (Hg.), Emotion und Kognition. München: Urban & Schwarzenberg.
Rousseau, J.-J. (1762). Emile oder über die Erziehung. Paderborn: Schöningh 1971.
Sartre, J.-P. (1939). Esquisse d'une théorie des émotions. Paris.
Sartre, J. -P. (1971/72). L'idiot de la famille. Paris.
Schivelbusch, W. (1977). Geschichte der Eisenbahnreise. München: Hanser.
Schönhammer, R. (1985). „The foreign" as an evaluative reference in the thoughts of young travellers (Posterpräsentation, Eighth Biennial Meeting, International Society for the Study of Behavioral Development, 1985, Tours, France). [Abstract in: Cahiers de psychologie cognitive 5 (3/4), 1985, p. 446.]
Schönhammer, R. (1987a). Jugendliche Europa-Touristen. Starnberg: Studienkreis für Tourismus.
Schönhammer, R. (1987b). Magie einer Fahrkarte. Frankfurter Rundschau, 6.6. 1987.
Schönhammer, R. (1989). Interrail. Zum Verhalten und Erleben jugendlicher Touristen. Zeitschrift für Sozialisationsforschung und Erziehungssoziologie, 9 (1), 59–76.
Schütz, A. & Luckmann, Th. (1975). Strukturen der Lebenswelt. Neuwied: Luchterhand.
Simmel, G. (1908). Soziologie. Berlin: Duncker & Humblot.
Straus, E. (1956). Vom Sinn der Sinne (2. Aufl.). Berlin: Springer.
Theroux, P. 1977). The great railway bazaar. London: Penguin.
Theroux, P. (1980). The old Patagonian express. London: Penguin.
Waldenfels, B. (1985). In den Netzen der Lebenswelt. Frankfurt/M.: Suhrkamp.
Walter, F. & Horn, H.J. (1982). Mit dem Inter-Rail-Ticket durch Europa. Köln: Hayit.
Wanninger, K.-Ch. (1985). Das Inter-Rail-Reisebuch. Frankfurt/M.
Wood, K. & McDonald, G. (1986). Europe by train. London: Fontana.
Virilio, P. (1978). Fahren, fahren, fahren ... . Berlin: Merve.

Quellenverzeichnis

Was amerikanische Reisende lernen *(Ithiel de Sola Pool)* zuerst erschienen in: Antioch Review 1958, 18, 431–446; übersetzt von Elke Fischer, München.

Urlaub als Auszug aus dem Alltag *(Helmut Kentler)* zuerst erschienen in: Heinz Hahn (Hg.) (1965), Jugendtourismus. München: Juventa.

Tourismus, Geschäftspraktiken und ethnische Kategorien in einer mexikanischen Stadt *(Jeffrey D. Brewer)* zuerst erschienen in: Valene L. Smith (Ed.) (1978), Studies in Third World societies, vol. 5 (pp. 83–100). Chico, California; übersetzt von Stefan Granzow, München.

Marginale Paradiese. Bungalow-Tourismus auf den Inseln Südthailands *(Erik Cohen)* zuerst erschienen in: Annals of Tourism Research 1982, 9, 189–228; übersetzt von Elisabeth Haury, München.

Urlaub auf Amerikanisch *(Alma Gottlieb)* zuerst erschienen in: Annals of Tourism Research 1982, 9, 165–187; übersetzt von Elisabeth Haury, München.

Zwischen Dankbarkeit und Verpflichtung. Eine Analyse des Trinkgeldgebens *(Boas Shamir)* zuerst erschienen in: Annals of Tourism Research 1984, 11, 59-78; übersetzt von Elisabeth Haury, München.

Sonntags nie? Mexikanische Touristen am Strand *(Phyllis Passariello)* zuerst erschienen in: Annals of Tourism Research 1983, 10, 109–122; übersetzt von Stefan Granzow, München.

Interrail *(Rainer Schönhammer)* zuerst erschienen in: Zeitschrift für Volkskunde 1989, 85 (2), 235–251.